朱媛媛 著

城镇化进程中的城乡文化整合研究

Integration of Urban and Rural Culture in the Process of the Urbanization in China

★国家自然科学基金资助项目
（项目编号：41501145）

★教育部人文社会科学青年基金资助项目
（项目编号：13YJCZH284）

★湖北省社会科学基金资助项目
（项目编号：2014277）

★中央高校基本科研业务费项目
（项目编号：CCNU16A05014）

科学出版社
北 京

图书在版编目(CIP)数据

城镇化进程中的城乡文化整合研究 / 朱媛媛著. —北京：科学出版社，2016

ISBN 978-7-03-048897-8

Ⅰ. ①城…　Ⅱ. ①朱…　Ⅲ. ①文化发展-城乡一体化-研究-中国
Ⅳ. ①G12

中国版本图书馆 CIP 数据核字(2016)第 136720 号

责任编辑：杨婵娟　张翠霞 / 责任校对：高明虎
责任印制：徐晓晨　/ 封面设计：楠竹文化

科学出版社出版
北京东黄城根北街 16 号
邮政编码：100717
http://www.sciencep.com

北京凌奇印刷有限责任公司印刷
科学出版社发行　各地新华书店经销

*

2016 年 6 月第 一 版　　开本：B5 （720×1000）
2025 年 2 月第五次印刷　　印张：16 1/2　插页：2
字数：314 000

定价：88.00 元

(如有印装质量问题，我社负责调换)

序　　言

长期以来，中国城乡“二元化”发展方式已导致城乡文化堕距（culture lag）日益加大、城乡文化冲突日益严峻、中国特色城乡文化日益消失等不协调格局。从文化地理学视角考察，众多的中国城市圈尚存在时序发展（现代文化与传统文化）与空间发展（文化中心与边缘）的诸多矛盾，亟待进行城乡文化发展的时空整合研究。实际上，新型城镇化进程中应该如何凸显文化特色和输送文化血液？如何把握新型城镇化进程中的文化引领和文化意蕴？如何通过时空整合来化解城乡文化发展的各种难题？在城乡文化的冲突与融合中如何保护和传承乡村文化？如何把文化建设作为新型城镇化的重要内容和推动力量？诸如此类，都将决定中国城乡文化时空整合发展的体制机制运行的性质、特征、影响及其发展方向。该书出发点是保障公民基本文化权益，构建社会主义和谐的城乡现代文化，把握社会主义先进文化建设的规律，并以促进文化与经济、政治、社会协调发展为价值导向，努力尝试建构和谐的城乡文化时空整合的理论框架，力图为推进新型城镇化提供智力支持。

国家“十二五”规划提出“发展文化事业和文化产业，满足人民群众不断增长的精神文化需求，充分发挥文化引导社会、教育人民、推动发展的功能”，党的十八大报告中提出“扎实推进社会主义文化强国建设”。如何在加快城乡文化建设的指导方针下，深入开展研究城乡文化时空整合发展的政策制定、探索有效措施和可操作性方案？城乡文化时空整合建设如何从宏观、中观到微观有效运作？这些问题不仅要求我们在理论上进行解读，更重要的是我们要关注在制度层面如何安排、在操作层面如何实施。该书以武汉城市圈为研究对象，通过测算其城乡文化时空整合度，重点探索了城乡文化时空整合的分异规律及形成机理，科学地总结了城乡文化时空整合的发展规律和发展模式，并提出了富有针对性和可操作性的城乡文化整合实施方案，力求构建城乡文化时空整合建设的新格局。

随着科技进步和社会发展，学者所面对的问题更复杂和综合，融合多学科的研究手段和研究方法能够有效解决人类面临的重大科学问题和社会问题。该书的价值与其说是解释和探讨中国城乡文化发展现象，不如说是突显了研究该问题域所表现出来的科学思想和科学视野，尤其是基于新型城镇化背景下的城乡文化发展的时空整合思维。该书所研究的新型城镇化进程中城乡文化时空整合的形成机理、基本路径、时空结构、驱动机制与演变规律涉及文化社会学、文化类型学和文化动力学等多学科视角，体现了人文社会科学相关领域日趋交叉融合的特点，对于立足多学科解析复杂性的社会文化地理现象具有积极意义。

现阶段中国城镇化的浪潮，也是一种文化重建的过程。城镇化进程需要有文化的支撑，满足城镇化进程中人与自然、人与人、人与社会不同的文化诉求。从某种意义上讲，新型城镇化是一个复杂的、多层面的社会经济时空演变过程，是多因素综合作用的结果。其中，文化要素承担和扮演着重要角色。种种迹象表明，时下中国城乡文化发展的时空矛盾已影响到城镇化的健康运行，因此新型城镇化进程中要未雨绸缪。该书所研究的城乡文化的时空整合，意指城乡两种文化系统的诸要素在时空变迁过程中相互吸收、融化、调和而趋于一体化的过程。该书在简析案例区城乡文化的时空格局基础上，通过解析城乡文化整合时间维、城乡文化易感知人群、城乡文化信息流量及城乡文化最短传播路径，创新性地构建了城乡文化时空整合测度模型。该书使用大量数据，综合运用熵权法、因子分析法和网络分析法，从整个武汉城市圈域、市域及县（市）域空间尺度上，探究了1980～2010年城镇化快速推进时期城乡文化时空整合的空间特征。不仅如此，该书作者还利用人口的流动传播和现代传媒的传播两大要素系统，建构了城乡公共文化服务、现代城乡文化传播和传统文化传承三大体系，意在重塑有利于新型城镇化发展的城乡文化时空整合的网络关联形态，创建新型的城乡文化交流范式，不断拓展和延伸现代城乡文化链。综观全书，不难发现作者探讨的城乡文化时空整合的价值取向，即在谋求增强国家文化的整体实力和区域文化发展竞争力。

在城乡文化的时空演替中，尤其是在现代城乡文化的时空整合中，客观上存在城乡文化的时空竞争。作者在探讨城乡文化时空整合的地理规律过程中，主要做了三方面的富有价值的研究工作：一是有效解决新型城镇化进程中城乡文化的时空矛盾，即通过对案例区城乡文化发展的现实格局调查研究，多尺度分析城乡文化整合的萌芽、形成、聚散和兴盛阶段的时序性特征，还提出了文化节点、文化廊道及文化域面（网络）等要素的空间整合路径；二是构建了城乡文化时空整合的测度模型，即通过界定城乡文化整合的时间维，解析城乡文化传播的时间顺序特性和和时间间隔特性，并以其与城乡文化易感知人群、城乡文化信息流等人文现象的整合关系，构建城乡文化时空整合的测度模型；三是科学地探究了城乡文化时空整合的演化规律，即从城市文化和乡村文化的变迁、重构和再生的时空规律入手，从政府、企业、非政府组织及城乡社区四个角度来诠释城乡文化整合的内外驱动力。

该书作者的学科专业背景是人文-经济地理，就读博士研究生期间参加了一项与文化地理相关的具体工作，于是走上了专攻文化地理之路，而且博士论文的选题就是城乡文化整合研究。或许是该书作者具有较宽的人文社会科学研究背景，加之勤于劳作，善于学习，富有执著探索和孜孜不倦的追求精神，故容易涉足研究社会文化地理学的新问题域，也能获得丰硕的果实。治学的路漫长且艰辛，但苦中有乐。有一句网络语说得好“做自己喜欢的事是自由，喜欢自己做的事是幸福”，愿该书作者在社会文化地理学领域的耕耘中增加幸福指数。

曾菊新

二〇一六年阳春三月于武昌桂子山

前　言

本书是笔者主持的国家自然科学基金资助项目“武汉城市圈城乡文化信息流的时空整合模式研究”（项目编号：41501145）、教育部人文社会科学青年基金资助项目“城乡文化整合的时空结构与发展模式研究——以武汉城市圈为例”（项目编号：13YJCZH284）、湖北省社会科学基金资助项目“城乡文化时空整合的发展模式研究——以武汉城市圈为例”（项目编号：2014277）的系列研究成果之一。

中国快速城镇化进程中的城乡文化建设失衡问题已引起世人关注。城乡文化堕距日益加大、城乡文化冲突渐趋严峻，以及城乡特色文化日益消失等无疑是中国城乡文化发展的新问题。面对快速和规模化的中国城镇化，我们似乎缺乏文化准备，是否会丢掉传统文化或导致文化缺失？在加快城乡文化整合发展方面是否应该有更多的新构想？不仅如此，我们还期待在思考中的突破。

譬如，从社会发展导向看，应该将文化因素纳入可持续发展战略；从学科发展导向看，应该在经济地理研究中突显文化转向。文献检索表明，现有的文化整合研究要么是企业文化偏向，要么理论与实际研究脱节，由此导致针对中国城乡文化建设实践的指导性相对不足，无法有效地满足中国城乡文化一体化发展的重大应用需求。因此，无论是国家城乡文化发展的现实需求，还是人文地理学科发展的内在需求，都越来越彰显出对城乡文化整合研究的重要性和紧迫性。

城乡文化整合，意指城乡两种平行文化系统中的各种要素相互交融而形成有机、和谐的文化体系的过程。城乡文化整合既不是两种文化形式的简单相加或机械拼凑，也不是一方同化或吞并另一方，更不是毫无原则地折中调和，而是一种创造性的综合，同时也是城乡两种比较接近的文化体系消失或改变形貌的过程。城乡两种文化的差异是城乡文化整合的基础，差异化整合是城乡文化整合的前提，差异化发展是城乡文化整合的目的。

本书遵循“问题意识—理论基石—多维视阈—模型建构”的逻辑思路，通过探讨城乡文化发展中的困境，运用文化地理学、文化社会学和文化生态学等相关理论知识，多维度、多视角解析城乡文化整合的冲突与融合、渐进与突变、异质与同构等问题，探讨城乡文化整合的时空结构与发展导向。本书的总体目标是揭示城乡文化整合的地理规律，为促进新文化地理学发展提供研究范本；为确保城乡广大人民群众享有均等的公共文化服务和推进城乡文化一体化发展提供智力支撑和理论菜单；为突破城乡文化二元结构，形成城乡文化优势互补和整合发展新格局提供政策选择。全书共包含七个方面的重点研究内容，共分为八章。

第一章，绪论。从中国快速城镇化进程中的中国城乡文化发展的新问题出发，思考面对快速和规模化的中国城镇化，在加快城乡文化整合发展方面的新构想，提出本书的预期目标、主要内容和框架，以及行文中的分析方法和展开路径。

第二章，解析中国城镇化进程中的城乡文化二元结构。从中国城镇化进程出发，解析中国城镇化进程中的城乡文化二元结构的演化过程、表现特征和现阶段存在的问题，从逻辑上回答城乡文化整合的缘由或背景是什么。

第三章，寻求研究城乡文化整合的理论支撑。从文化地理学、文化社会学、文化生态学、区域科学等多视角对城乡文化这一社会现象进行多维视阈分析，解决整合的依据问题。

第四章，阐述城乡文化整合的空间要素。文化节点、文化廊道、文化域面（网络）是城乡文化整合空间结构的基本要素，探究城乡文化整合的空间结构必须系统分析诸要素的空间组合、关联和演变规律。

第五章，构建城乡文化整合的时空测度模型。通过界定城乡文化整合的时间维，解析城乡文化传播的时间顺序特性和时间间隔特性，并以其与城乡文化易感知人群、城乡文化信息流等人文现象的整合关系，构建城乡文化整合的时空测度模型。本章为城乡文化整合的时空结构分析奠定数理基础，也是城乡文化整合的主体行为解读的根基。

第六章，解读城乡文化整合的时空结构。通过对社会、文化发展的时空特性相关理论的介绍，以城乡文化底蕴深厚的武汉城市圈为例，以改革开放以后30多年快速城镇化发展为研究背景，系统分析武汉城市圈县域层面上城乡文化整合的时空结构，并从历史与现实相结合的视角分析城乡文化空间结构特性形成的原因。

第七章，解释城乡文化整合的主体行为。从政府、企业、城乡社区、非政府组织四个角度诠释城乡文化整合的内外驱动力，从系统动力视角研究城乡文化整合的机理。

第八章，提出城乡文化整合的发展模式。通过武汉城市圈城乡文化整合的发展模式分析，从不同运作层面、空间载体、度量维度和构成主体的研究，科学探讨城乡文化整合的发展模式的基本特性、空间结构、运行规律、衡量标准、形成机制和实施方略等。

总之，本书既注重调查实验分析，又重视理论总结和提升，在理论和实践有机结合的基础上，提出加快城乡文化整合进程的具体政策建议和操作方案。然而，信息化和信息技术正在重塑城乡文化的空间结构。信息技术的进步不仅加快了对现有文化系统的编码整理，也使得大量被编码的文化得以迅速扩散。城乡文化的空间结构也越来越受信息科技要素的影响，在信息化背景下城乡文化的空间结构更加趋于高级化。基于信息流视角下城乡文化整合的空间结构探究是笔者需要进一步研究的重点。

由于研究涉及面广，虽力求完整准确，但限于笔者的学术素养和知识水平，挂一漏万之处在所难免，不足之处敬请各界同仁批评指正。

朱媛媛

2016 年 4 月 5 日于武汉桂子山

目　　录

1 绪　　论

1.1 问题的缘起

本书的写作源自三个方面的考量：首先是发展中的忧虑。当今社会，物欲观念甚嚣尘上，不难发现文化价值沉沦的现象。与此同时，城乡文化堕距渐趋加大、城乡文化冲突日益严峻及城乡特色文化日益消失等无疑是中国城乡文化发展的新问题。中国快速城镇化进程中的城乡文化建设失衡问题已引起世人广泛关注。其次是忧虑中的思考。面对快速和规模化的中国城镇化，我们似乎缺乏文化准备？是否会丢掉传统文化或导致文化缺失？在加快城乡文化整合发展方面是否应该有更多的新构想？最后是期待思考中的突破。譬如说从社会发展导向看，应该将文化因素纳入可持续发展战略；从学科发展导向看，应该在人文-经济地理研究中突显文化转向。

1.1.1 中国城乡文化发展中的新问题

正如孟德拉斯（Henri Mendras）所言，工业化和城市化的铁律打破了原有的平衡，震撼和改变了整个社会结构。伴随城镇化进程的推进，中国城乡文化发展出现了一系列新问题，充分认识和解剖这些新问题也就构成了城乡文化整合研究的起点。

1. 城乡文化堕距日益加大

奥格本（1985）认为文化堕距是社会变迁过程中，文化系统中的一部分落后于其他部分而呈现滞后的现象。一般而言，物质文化的变化发生在非物质文化的适应性变化之前，而非物质文化一旦形成，又表现出相对的独立性和稳定性（刘奔，1996）。梁漱溟（1989）认为，由于西方帝国主义文化的入侵和中国封建社会自身文化的腐朽，特别是改革开放以后，快速城镇化进程促使我国原有的社会、文化、经济等结构发生了急剧变化，表现出了极度严重的文化失调。主要体现在以下两个方面。

第一，物质文化与精神文化的失衡。改革开放以来，居民在物质文化方面获得了快速发展，人们的吃、穿、住、用、行得到了根本性保障。但是，相对于物质文化的高速发展而言，精神文化的增长速度相对缓慢。在改革开放进程中，在精神文化方面一部分率先富裕起来的人们，并没有起到模范带头作用，反而过度地追求奢华的物质享受，加剧了社会的不良风气。传统的“不患寡而患不均”的均等主义思想，小农经济的“均贫富”“等贵贱”社会理想，便使大众产生了相对剥夺感、不公平感、挫折感和社会焦虑感等，物质文化和精神文化发展失调问题随之产生。

第二，物质文化、观念文化和制度文化的失调。制度文化介于物质文化、精神文化之间，是物质文化、精神文化发展的滋养油。精神文化通过制度文化影响物质文化，进而推动物质文化的发展。而物质文化的发展需要更新制度文化，进而推动精神文化的发展。一直以来，我国政府优先发展经济的政策方针，使得在基础设施建设、人民收入水平和居住环境等方面取得了大幅度的提升和发展。然而，非物质文化方面和物质文化发展的速度不匹配，人们的精神文化不能与物质文化共同发展，于是，产生了文化发展失衡问题。甚至，伴随城镇化进程的推进，中国城乡文化堕距呈现日益加大的趋势（张岱年和方克立，1995）。

2. 城乡文化冲突渐趋严峻

亨廷顿（2009）认为：在这个新的世界里，最重要的、最普遍的、最危险的冲突不是穷人与富人之间、社会阶级之间或其他社会经济集团之间的冲突，而是不同文化特质的人们之间的文化冲突。工业化、信息化、现代化、城镇化推进的过程中，我国城乡文化正遭遇一场空前的碰撞，在这个冲突过程中，城乡发展差距、制度差别，以及人们主观上的、心理上的排斥等诱因，引发了一系列城乡文化发展碰撞，其实质是城乡两种不同的文化系统在交流过程中内在要素的不融合，具体表现在时序上的现代文化和传统文化、空间尺度上的中心文化和边缘文化、主观上的强势文化和弱势文化等方面的冲突（张小飞和郑小梅，2012）。

第一，现代文化和传统文化的碰撞。改革开放以来，中国城市和乡村不同频率的高速发展，受工业化、信息化的影响，城市文化的现代元素、时尚元素不断增加，而乡村文化则较多地保留着传统文化特质，具有深厚的传统文化色彩。随着城镇化进程的加快，人口流、物流、信息流、资金流等的流动性增强，城市文化所推崇的现代、创新与乡村文化所体现的传统、守旧往往会产生巨大的冲突。

第二，中心文化和边缘文化的不协调。城市是政治、经济、文化和军事的核心，其文化特质因地理位置和较强的辐射力成为“中心”文化。乡村则大部分零星地分布在偏远地区，经济发展水平、交通基础设施等相对落后。另外，伴随城乡间发展差距的不断加大，城乡间居民的文化差异也在日益加剧，广大乡村地区逐渐被边缘化，乡村文化也日趋沦为“边缘”文化。例如，打工妹、农民工等一直生活在城市的“边缘地带”，得不到城市主流文化的认可。在强烈剥夺感的作用下，生活在“边缘地带”的人们往往产生失范、茫然、冲突的心理状态，反社会的倾向日益加剧。因此，经常发生来自“边缘地带”的一系列暴力事件，其实质是城乡两种文化灼热的对峙。具体特征是：①表层文化冲突较多，融合较快。打工妹和农民工等进城务工人员、城中村原有居民等“新市民”和“老市民”在日常起居等方面产生冲突，但是这些碰撞相对容易化解。②中层文化碰撞多，融合较慢。“新市民”和“老市民”在生活规范、人际关系协调和行为选择等方面的冲突，融合相对较慢。③深层文化冲突多，难以融合。“老市民”的心理优越感让“新市民”对自身身份较为敏感，加上城市文化和乡村文化间的差异，双方很容易因价值观念、心理问题等产生碰撞，而且在短时间内难以调节。

第三，强势文化和弱势文化的碰撞。长期以来，城市文化在社会中处于主导地位，控制着较多的文化资源。相对于城市文化，乡村文化处于弱势位置，辐射力较小。伴随越来越多的乡村人口流入城市，一方面，乡村人渴望成为“名正言顺”的城市人，却又发现始终无法融入城市生活；另一方面，乡村人试图用自身的弱势文化进行抵抗，却又遭遇来自城市文化的各方面排挤（专栏 1.1）。

专栏 1.1　如何理解强势文化与弱势文化

在全球化的浪潮中，广袤的地球因为现代交通工具的普及和互联网大量应用而形成了一个“地球村”，在北京、上海、武汉等大城市的街道上，不同国家、不同肤色的人们往来穿梭，给人以“世界大同”的印象，甚至街头巷尾的大爷大妈也能熟练说出几句外语，轻松应对本来很复杂的跨国文化交流。但当我们认真分析国际时事，分析同一事件国内外不同媒体的评述时，蓦然发现，不同文化之间的差异并没有因为相对距离的拉近、语言障碍的减少、先进通信手段的应用而越来越小，反而呈现加大的趋势。因此，在进行城乡文化整合时，能否互相尊重、理解和包容，依然是文化整合成败的基础，是能否实现有效整合的关键。

1. 关于文化“强”和“弱”的评判

其实，强弱之分从《两小儿辩日》中已经有了启示，连孔圣人也无法给出正确的答案。文化本身是一种软实力(soft power)，强势文化之所以强势，首先是其本质上对易感知人群具有强烈的吸引力，可以满足其虚荣心，而且，这种文化是易感知人群心甘情愿地主动接受甚至趋之若鹜的。有部分学者，尤其是西方学者认为文化是有优劣的，强大的文化会取代弱势的、落后的文化。

长期以来，西方文化给我们以一种强势的感觉，我们的衣食住行等方方面面都能看到来自欧美文化影响的影子，这种变化很快波及政治层面，中国领导层提出“反对全盘西化”的口号，这是一种守势姿态，传递了一个明显信息：面对强势的西方文化，中国本土文化有沦陷的危险，暂时处于弱势。但经过改革开放，中国经济建设取得了巨大的成就，面对西方文化咄咄逼人的进攻态势，中华文化“损有余而补不足”，几千年的文化积淀蕴含了极强的包容性，中华文明的代表人物老子、庄子、孔子等重新焕发夺目的光辉，西方的哲学家们突然发现，他们困惑已久的问题已经被几千年前的中国人解决了。

笔者认为，在判断一个文化的强弱时，主观因素起到决定性作用，所以本专栏作者将很主观地对文化的强弱进行分析，并不考虑其客观性，是的，我们就是认为油条和豆浆比牛奶面包好吃，具体到整合环节，就是各选各的，我不强迫你喝豆浆吃油条，你也不能非得让我选牛奶面包。因此，东西方文化彼此可不分强弱，强弱之分是不必要的，是危险的，相互的尊重和包容是世界文明内部融合的必要条件，只有这样才能成功进行跨文化沟通，否则沟通的基础将不复存在，只能引起冲突。强和弱是一种瞬间状态或者暂时状态，彼此的位置是可以变化的，三十年河东三十年河西。面对西方文化的进攻性，我们要从战略上藐视对手，在战术上重视双方文化背景的差异。

2. 关于文化整合中的“势”

强势文化和弱势文化中的“势”是个很有意思的概念。“势”是法家思想的一个重要范畴，法、术、势是法家思想的三个关键词。就整合中的主体和客体而言，所谓势，是说因为身份或政治地位而产生的权力和威势，势的存在就意味着有高低之分，势均力敌的情况是比较理想的。在整合中有势的存在，具体反映在整合的双方是不平等的，这种势伴随着整个整合过程并影响整合的效果，这种势是可以利用的，同时也是可以转化的，这需要整合双方善于利用各种整合技巧，弥合文化差异，为整合的有效性做出努力。强势的一方要放低身段尽量平视自己的整合对象，弱势的一方也要不亢不卑、坚持原则，双方才可能达成可能的妥协；任何一方企图利用其强势或弱势达到一种一边倒的满盘皆赢的结果都是不切实际的。

——资料来源：Andlei.如何理解强势文化与弱势文化. http://btdcw.com/btd_7bou78j4i568ub00wple_1.html[2013-05-24].

（3）中国特色城乡文化日益消失

经济全球化带来了文化全球化，文化全球化促进了中国与世界各国文化的交流、融合，同时也改变着人们的生存状态、生存条件及思想道德准则。中国传统文化内涵丰富、博大精深，在文化全球化进程中传统文化正遭受“现代文化”（衣俊卿，2002）的冲击，表现在乡村传统文化日渐衰微（邹蓓等，2011）、城市文化缺乏个性（罗科萍，2012）等方面。

第一，乡村传统文化的衰微。一方面，许多乡村沿袭下来的传统文化因子正面临着消失的命运。在外来强势文化的剧烈冲击下，脍炙人口的娱乐文化、流行文化、快餐文化、网络文化等，因其通俗易懂的优势而更容易被广大的农民群众接受，很快就占领了农村思想文化阵地，迅速地将“晦涩烦琐”的传统民俗文化排挤到边缘地带。改革开放以后，农村越来越多的青壮年常年在外打工，村里剩下的多为妇女、儿童、老人，老年人在组织开展文化活动方面早已力不从心，年轻人也无心去操作这些“保守陈旧”的文化活动仪式，一些优秀的农村传统文化民俗面临着“后无来者”的尴尬境地。另一方面，在国外“洋节”的冲击下中国传统节日渐渐淡化。悠久的传统节日承载着中华民族厚重的文化，是中华民族智慧的结晶。节日活动因时因地制宜，春节迎新，元宵赏灯，清明踏青，端午备夏，七夕乞巧，中秋赏月，重阳登高，冬至品水饺等，它们凝聚着中华文明的精华，是中国人的自然观、哲学观、历史观、伦理观、审美观、爱情观、生活观的体现。但是近年来，传统节日日渐冷落，失去了以往的魅力。反而在商家的“轰炸式”炒作下，圣诞节、愚人节、万圣节、情人节等“洋节”吸引着越来越多的年轻人。总之，在强势文化的渗透之下，我国传统文化日渐失去色彩，不被国人认同，更谈不上发展，取而代之的是来自他国的外来文化。

第二，城市文化个性的匮乏。一方面，快速城镇化进程中“千城一面”的城市建设留下了种种遗憾。改革开放以后，城镇化进程不断加快，大规模的建设使各地城市的面貌发生了巨大变化。从繁华的商业步行街到高耸林立的写字楼，现代化的“面子”装点了城市。但随之而来的是许多城市各具特色的原有风貌逐渐消退，“南方北方一个样，大城小城一个样，城里城外一个样”（夏冬莹，2014）。走在许多城市的繁华街道上，一样的玻璃幕墙、一样的大广场、一样的立交桥、一样的连锁店……漫步其中，会让人产生一种“不知此时身在何处”的错觉（阿木，2005）。“千城一面”是现今中国的城建、城改之悲，其所造成的缺憾，随着时间的流逝而愈加凸显。另一方面，城市居民对民族文化冷漠。对于一个拥有上下五千年灿烂文化的文明之邦，沉淀下来的优秀传统文化需要我们去认同和发展，然而生活在这片土地上的人们却几乎完全否定了自身的文化。面对西方文化的冲击，中国人对传统文化失去了信心，往往把“传统”作为“落后”的代名词。他们认为西装就是高雅绅士的代表，染着黄发就是时尚美丽的标志，优秀的戏曲文化则被历史的风尘掩盖了花容，取而代之的是那些动感十足的摇滚。

1.1.2 中国加快城乡文化整合发展的新构想

（1）缩小城乡文化发展差距

刘曙东（2007）认为地理环境的影响、城乡社会经济发展的不平衡，以及近代乡村文化的都市迁移造成了城市文化的繁荣和乡村传统文化的衰落，形成了中国近代城乡文化发展的巨大差距。大力加强乡村文化建设，缩小城乡文化发展差距，是推进中国新型城镇化进程，构建中国特色社会主义和谐社会的重大历史课题。张瑞琴（2005）从文化和心理领域入手，分析了城乡差异，并从城市如何接纳、农村如何融入、政府如何提供制度保障等三个方面，对我国缩小城乡差异的方法进行了探讨。缩小城乡发展差距是构建中国和谐社会、促进社会经济文化全面发展的关键步骤，必须得到全社会的高度认同和重视，有针对性地解决已经存在的各种问题，为我国小康社会的全面建设创造良好的条件。总之，缩小城乡文化发展差距，可以通过以下手段来实现。

第一，优化社会环境，强化城乡融合。要尊重乡村居民的人格地位，尊重农民的创新精神。城市要主动降低农民进城的门槛，为农民创造有利的进城条件，帮助农民尽快适应城市生活，扶持农民实现历史性重大转变。第二，充分发挥中心城市的辐射效应，大力开展乡村文化服务活动。通过加强文化信息流的传播，使广大农村居民及时接受先进的文化信息，开展形式多样的文化集训，切实提高乡村居民的思想道德水平和文化素质，培养新型城镇化进程中的新型农民。第三，政府保障，促进城乡融合。建立健全相关的法律法规以及配套的政策措施，切实维护农民工依法应当享有的各项权利。与此同时，要有法律、政治、义务、政策、道德、权力等人文各方面的教育，有意识地使农民融入先进的社会文化发展系统，成为有现代文化意识的社会人。第四，构建区域性“文化服务圈”，缩小城乡文化发展差。以区域中心城市作为“文化服务圈”的原点，围绕其配置完善的社会公共文化服务设施，包含文体场所、社区卫生中心和商业网点等，为该区域城乡居民及时提供各种优质文化生活的服务需求。通过打造区域内城市“十分钟文化服务圈”与乡村“十里文化服务圈”，使乡村居民和城市居民享有同等水平的公共文化服务设施，实现城乡平等和社会资源的最大化利用。

（2）构建完善的城乡文化服务体系

加快城乡文化整合进程，需要加大对乡村文化建设的投资。随着人口流动量的增加，一些乡村空心化的现象越来越明显。乡村居民有文化消费的需求，却没有足够的消费能力和消费产品，因此，加大公共文化基础设施建设、构建完善的公共文化服务体系是必不可少的环节。

第一，建立完善的公共文化服务系统，保障城乡文化整合的健康运行。为了增加乡村文化服务总量，减小城乡文化发展差距，必须构建完善的公共文化服务体系，发展现代传播体系，建设优良文化传承体系，促进城乡文化整合发展的进程。构建完善的城乡公共文化服务体系，旨在保障人民群众的文化权益与维护公民文化权利，提供思想健康、内容丰富的各类文化产品和服务，培育社会主义核心价值观，有效缩小城乡间、区域间和群体间的公共文化服务水平差距，逐步实现全社会基本公共文化服务的均等化。

第二，分级设定公共文化设施标准化建设目标，实现基础设施全覆盖。公共文化服务要建成一个体系，农村无疑在网底。要建成农村公共文化服务体系，必须有更多的财力、物力投向基层，把更多的资源引向农村。城乡文化发展差距，是我国文化在发展中因文化资源配置有别所造成的差距。一是确立省、市、县（区）、乡镇（街道）、村（社区）五级公共文化基础设施标准化建设，对县（区）级的群众艺术设施进行统一规划。二是乡镇（街道）在重点推进综合文化站和村（社区）文化室建设的基础上，继续完善广播电视网络“村村通”工程。三是高度重视和加强城镇文化设施和乡村文化设施的紧密关联互动，“以城带乡”加强城镇居民的“十分钟文化服务圈”和乡村居民“十里文化服务圈”两圈之间“文化帮扶”。

（3）合理配置城乡文化资源

合理配置城乡文化资源事关城乡社会经济文化的协调发展、广大人民群众的文化权益、我国新型城镇化建设的大局等多个方面。着眼于新型城镇化的建设和满足人民群众日益增长的精神文化需求，积极构建城乡互动、共同发展的统筹机制，从缩小城乡文化资源差距、构建城乡文化关联体系等方面入手，使城乡文化资源实现优势互补、协调发展，实现城乡共享优质文化资源。

第一，缩小城乡文化公共服务资源差距。善于挖掘农村文化资源，实现农村文化产业化发展；有效组织文化活动团体，利用传统节日举办特色文化艺术节，积极开发具有地域特色的民间工艺项目；提高农民综合素质，使乡村文化服务业的投入与经济社会发展相协调，满足乡村居民日益增长的物质生活、文化精神生活需求。实现城乡文化基础设施共享，统筹城乡文化建设规划以实现城乡文化建设协调发展，发挥城市文化和乡村文化的建设优势，使之相互辉映，实现城乡文化资源共享共建。信息不仅是符号的表示，也是文化的重要载体之一，更是一种资源和生产力，全国文化信息资源库共享工程的建设对城乡文化的传播、交流、融合、统筹发展做出了巨大贡献。

第二，构建城乡文化关联体系，实现城乡共享优质文化资源。城乡文化关联是城乡文化的物质、精神、行为、制度等要素的动态交换过程。城乡文化系统本身具有差异性、传递性、发展性和习得性，为城乡文化关联提供了依据和可能。城乡文化关联的不断加强，也为城乡文化整合提供了前提和必要条件。在城乡文化进程中，试图利用城市先进文化精神，旨在抵制西方工业文化带来的人际关系冷漠以及精神生活的贫乏，防止破坏传统优质的本土文化生态系统，继承和有效利用历史悠久的民俗文化。通过城乡文化关联发展使城乡文化的对立方面形成优势互补、彼此促进、共同协调发展的文化系统。构建合理的城乡文化关联体系，不仅可以弱化城市文化和乡村文化的对立面，而且可以保持城乡文化的异质性，并有可能滋生区域城乡文化新特质。

1.1.3 国际社会和学术界的新视阈

（1）经济地理研究的新领域：突显文化转向

20 世纪 70 年代，随着克利福德·格尔茨（Clifford Geertz）、皮埃尔·布迪厄（Pierre Bourdieu）及福柯（Michel Foucault）等人的著作的问世，一个对历史学、人类学、社会学与文学批评等领域都有深远影响的“文化转向”(cultural turn)逐渐酝酿成形。20 世纪 90 年代以来，西方经济地理学从文化角度解释经济地理现象的一些新变化，这无疑为经济地理学研究开辟了新视角和新领域——文化转向。虽然经济活动仍是当今经济地理研究极为重要的内容，但文化等非经济因素对经济活动的影响以及它们之间的相互作用已成为新的研究焦点（Sayer，1994）。“文化和许多与其相关的思想已成为主要的研究论题和最有活力的知识源泉，在某种程度上，它引导我们改写对现代世界中生活的理解。”（Chaney，1994）21 世纪初，国内相关学者对“文化转向”进行了概述，并对 20 世纪 90 年代西方经济地理学的文化研究趋向进行了分析（唐晓峰，2000）。苗长虹和王兵（2003）根据西方经济地理学对文化与文化转向的理解，分析了文化转向得以形成的原因，探讨了文化与经济的关系以及经济对社会文化的根植性，率先提出了我国经济地理学开展“文化转向”研究的一些建议。王兴中认为现代人文地理学自“文化转向”以来，是用“微观动力系统”方法论在探讨“存在空间”及其构成单元的抽象“地点理论”，并从“社会—文化”转型的角度认定“新”人文地理学的“社会—文化”空间性为其他社会科学挖掘其学科内涵拓展了思路，并为它们指引空间延伸的方向与内容(王兴中，2004；王兴中和李永刚，2007）。总之，国内外经济地理学界正掀起一股“文化转向”的热潮。

（2）发展模式的新转向：将文化因素纳入可持续发展战略

联合国呼吁将文化因素纳入可持续发展战略。2013 年 6 月 12 日，在纽约举行了第 67 届“文化与可持续发展”主题辩论会，该次会议由联合国和联合国教科文组织共同举办。为了确保文化的多样性，避免因文化差异造成的冲突和对经济发展的阻碍，会议呼吁各国在制定发展战略规划时应将文化因素考虑在内。

联合国教科文组织现任总干事伊琳娜·博科娃（Irina Bokova）认为，各国必须充分认识到文化在社会繁荣和可持续发展战略中的重要性。有代表认为，文化已经成为社会包容、经济发展及可持续发展的动力源泉。在经济危机时期，文化产业仍旧创造了大量的就业机会和收入，并为很多国家消除了贫困，为该国的经济发展做出了巨大贡献。作为新兴经济体的文化产业在各国国内生产总值（GDP）中的比重越来越大。例如，2012 年，阿根廷的文化产业占 GDP 的 3.8%，每年创造的价值总量约合 5600 万美元，远远超过该国渔业、农业等自然资源产业。

第 67 届联合国大会主席武克·耶雷米奇（Vuk Jeremić）认为，文化可以使人们获得强烈的归属感、认同感，维护世界和平与文化有着密切的联系。联合国秘书长潘基文在总结致词中提到，过去拟订的发展计划有很多以失败告终，其实质原因就在于没有将文化因素考虑在内。现在社会需要寻找一种新的发展模式，并且应该把文化置于首要位置。

1.2 来自国内外的启发

由于不同国家社会发展阶段及文化语境的差异性，国际学术界少有“城乡文化整合”的相关研究。国内文献中，企业文化整合研究较多，综合研究区域文化与城乡文化的文献极少；城市文化与乡村文化专题研究较多，城乡文化的整合研究极少；诠释政府有关文化建设政策的文献较多，从地理学视角进行理论研究并与实际相结合研究文化的文献较少；文化产业发展研究较多，城乡文化的空间研究较少。

1.2.1 国外的启发

由于不同国家社会经济发展阶段及文化语境的差异性，国际学术界少有“城乡文化整合”的相关研究。通过对与此相关问题域的国际前沿态势分析以及多种渠道和大量文献检索，以下几个方面对本书具有启发意义。

（1）城乡融合理论萌芽

城乡关系的演变伴随了产业分工、制度变迁、社会经济发展的整个过程，在不同时期城乡关系呈现不同的特征、形态和功能。中外学者对城乡关系始终保持浓厚的研究兴趣，19 世纪末，霍华德提出的“田园城市理论”、沙里宁提出的“有机疏散理论”、赖特提出的“广亩城理论”等共同构成了“城乡空间二元结构”的理论基础。1898 年，英国著名城市规划学家埃比尼泽·霍华德（Ebenezer Howard）在《明日的田园城市》一书中说：城市和乡村都各有优缺点，而“城市-乡村”系统避免了两者的缺点。因此，城市和乡村应该“通婚”，这种正确的结合将促进新生活、新希望、新文明的迸发。此外，霍华德还倡导“田园城市”是一种社会改革思想，即用“城乡一体化”的新社会结构代替城乡分离的旧社会结构形态，城市和乡村的各要素将被归置到一个高渗透性的区域综合体之中，并作为一个整体持续运行。进入 20 世纪，费景汉-拉尼斯、刘易斯、乔根森等学者相继提出了“城乡二元经济理论”，该理论是“城市偏向论”的理论发源地。

空想社会主义理论中的工业生产和农业生产相结合、体力劳动者和脑力劳动者合作的思想是城乡融合理论的萌芽。早在 100 多年前，马克思就从历史的视角揭示了城市与乡村相互关系演变的过程：“古代的历史是城市的发展史，不过这是以农业和土地资产为基础的城市。中世纪是从乡村这个历史舞台开始的，亚细亚的发展史是城市与乡村无差别的统一。然后，在城市和乡村的对立中它取得了进一步的发展。现代的发展史是乡村城镇化，而不是像古代那样的城镇乡村化。”（傅崇兰，2003）20 世纪中后期，马克思、恩格斯首次提出了“城乡融合”这个概念（马克思和恩格斯，2001a），并强调城乡融合是发展的目的和方向。他们认为实现城乡融合的标志有两个，其一是工人和农民之间的阶级差别基本消失；其二是城乡人口分布不协调现象的基本消失（马克思和恩格斯，2001b）。斯大林认为，“城市和乡村有同等的生活条件”，这是实现城乡一体化的标志之一（斯大林，2001），城乡对立彻底消灭后将出现新的大都市，它们是文化最发达的中心，这种情况下将促进全国文化的共同繁荣，城市和乡村将有同样的生活条件。20 世纪 80 年代 McGee 的 Desakota 模型、Douglass（1998a）的区域网络模型、Tacoli（1998）的“城乡连续体”和 Lynch（2005）的“城乡动力学”等理论，均主张将城市和农村作为一个整体来研究，目的在于促进城市和农村之间的共同繁荣。至此，城乡融合理论萌芽。

（2）西方经济地理学的文化转向

20 世纪 90 年代以来，西方经济地理学界出现了一个新的研究方向——文化转向。西方经济地理学者从文化的视角阐释经济地理学中的一些现象的新变化进而形成了“文化转向”的潮流（Crang，1997），为经济地理学研究开辟了新领域和新视角。其研究领域涉及高科技研发地（Massey，1997）、乡村（Cavanagh，1998）、劳工市场（Bauder，2001）、企业（Shackleton，1998）、文化景观（Clanval and Entrikin，2004；Cosgrove，1985）等多个研究方面。部分学者认为，“过去十年来激进学术文献最突出的一个特征就是由经济向文化的转移”（Sayer，1994），“文化和许多与其相关的思想已成为主要的研究论题和最有活力的知识源泉，在某种程度上，它引导我们改写对现代世界中生活的理解”（Chaney，1994）。Crang（1994）认为，文化转向体现并进一步促进了经济地理学自身的重构，成为学术界内外明显的关注对象。在学术界内，文化研究是主要的跨学科研究领域；在学术界外，在某种意义上，文化转向挽救了经济地理学，把它从令人厌倦的、垂死的边缘境地拯救出来（Thrift，2000）。

新文化地理学的出现是“马克思主义转向”与继“数量革命”之后的新地理学的第三次范式转型（Gregory and Martin，1994）。从文化地理学自身来看，在 20 世纪 80 年代，在对传统文化地理学批评的基础上，英国一批文化地理学者建立起了极为不同的知识体系——新文化地理学（Duncan，1980）。新文化地理学派认为以美国地理学家索尔（Sauer）为代表的伯克利（Berkeley）学派是传统文化地理学的主体(Price and Lewis，1993)。新文化地理学认为传统学派偏重历史和乡村景观的研究，无法体现城市生活的经验和现实，甚至地理学家不得不运用社会学家的思想来研究诸多的城市问题(克朗，2003)，对于“文化”自身的问题讨论传统学派欠缺，进而刺激了新一代地理学者逐步从文化的象征视角阐释人地关系，将研究领域拓展到非物质文化，如观念、信仰和期望的功能等，关注人和行为主体的能动性，也就是人地关系中“人”的一面。1989 年英国文化地理学家彼得·杰克逊（Peter Jackson）出版的专著《意义的地图》(*Maps of Meaning*)被看成是新文化地理学诞生的标志(Mitchel，2000)。

（3）新文化地理学对文化时空结构的再认识

文化被视为新文化地理学的“根”，新文化地理学强调对“文化”的理论研究，认为文化是人与人之间的社会、经济和政治等各种关系，认为文化是平台、是中介、是生活圈等空间隐喻(Anderson et al.，2003)，将文化研究“空间化”。新文化地理学研究关注文化的空间性和空间的文化性(克朗，2003)，重新界定了“文化”与“经济”的关系(Lee and Wills，1997；列斐伏尔，2003)；另外，新文化地理学关注空间和地方如何成为文化体验的意义“地图”。总之，一方面新文化地理学将文化看作根植于地方的、现实生活情境中的现象；另一方面，和过去数千年物质文化的空间扩散而形成文化核心等主题不同，全球化时代，新文化地理学强调“文化杂交”形成的新地理现象，文化不再有随时间演化的区域特性，而是迅速演变为一整套关系，这些关系未必能形成有机的、系统的文化区，而是形成多种文化共处的“第三空间”。新文化地理学采用了文化研究、后现代主义中的文化观念，能够形成与各种空间、地方相结合的微观性文化理论。新文化地理学更倾向于将空间关系看成是社会关系，而非几何的、拓扑性的关系，空间的科学研究将转向为空间的文化研究，研究空间如何作为意义、文本、象征等所指系统，进而表达意识形态、价值观、信仰、民主主义和地缘政治。采用文化分析视角的空间概念，提倡空间自身的生产而非空间中的事物生产，进而促使传统的零售业、商业地理学转到消费、商品地理学的文化研究之中；偏重于生产的传统经济地理学转向为企业的文化地理学研究；旧的地缘政治学转向为全球化杂交时代民族、国家的身份和认同感，以及城市公共空间和公民权的研究等。

在对待时间、过去和历史方面，新文化地理学则强调文化的空间性作用所导致的快速变化，以及“时间—空间”的二律背反（詹姆逊，2000），在这个意义上，新文化地理学更像传统的地理学，注重空间（鲍曼，2001）。新文化地理学关注全球化背景导致的“时空压缩”体验（哈维，2003）和“流空间”（卡斯特尔，2001）形成的环境，强调的是即时生产系统，同时性、无时间之时间的效益，以及对过去和历史的怀念和乡感（罗伯森，2000），也推动了人们的想象。人们想象拥有一个可以记录万年的时间巨钟，以便记录快速的时间体验，通过时间策略寻求可持续发展模式，以承担对未来世代的时间责任。在空间转向的喧嚣中，人们重写着时间地理学，关注时间的空间体现、历史的终结和地方在流空间中的摒弃，“时间—空间”问题再度成为文化转向后地理学界的重要关注主题(May and Thrift，2001）。新文化地理学对待“地方—全球”关系中，提倡全球地方化的观点，强调全球化的地方和地方化的全球。与此同时，地方间的全球网络关系比地方感更重要，“关系路径”比地方之“根”更重要，并提出了“世界体系模型”“马赛克模型”和“网络模型”(Crang et al.，2005)。

（4）城乡文化整合进程中城乡两种文化的碰撞

1）在城乡文化形成与交互影响过程中，现代文化对传统文化构成挑战。Benet(1963)在他的文章中提到，自从20世纪以来，对于城乡发展的学术争论中，城市和乡村的互动发展是一个宝贵的思想。Milošević（2003）则认为，城市聚集着不同生活经历、价值观念、风俗习惯、信念和行为方式的人，在开放的社会环境下，城市文化正面临现代文化的挑战。传统乡村文化和城市文化在种族、宗教、通信、政治、职业、性别等方面均存在明显的差异。城市文化的发展和内部增长机制对周围乡村的文化结构和社会基础均有较大的影响，对传统乡村文化，如自给自足、重男轻女、均匀化环境等有所改变。城市文化作为一个多元文化的发展，不抑制代理人的出现，特殊性和文化中的个人主义直接挑战着传统文化。传统文化面对着来自现代文化的约束和压力。Petković（2007）认为，城乡文化的交融，现代文化和传统文化的融合，全球文化和本土文化的交织，是现实社会文化的主要特征。农村现代化进程的一个后果就是现代文化和传统文化更贴近彼此，两者在城乡文化的形成过程中相互影响。城乡系统中个人的生活方式、社会形成的价值体系，以及各种文化交流形式的不断融合，促使城乡文化系统日益接近。伴随着工业化和新型城镇化的进程，以及城市文化的传播，传统文化的实现方式和生产方式以及社会价值观将有所改变。

2）城镇化进程中要防止传统文化的流失。在文化人类学中传统文化的消失和融合有着至关重要的作用。传统文化表现了人类的遗传性和多样性，其消失所带来的损失是不可逆转的。例如，比印第安人失去土地和生活贫困更为严重的是，他们面临即将消失的北美印第安人的语言、价值和物质文化（杨晴川，2007）。Rudmin（2003）认为随着时间的变化，在文化人类学中文化融合的含义也不断变化，但是现在这个词意味着传统文化的消失和被现代文化所取代。交替使用文化融合与文化变迁以表明传统文化和现代文化相互作用时发生的演变，通常是指某种文化的消失。Brown（1994）认为亚马孙采取了广泛的措施来保持他们的传统文化。一种是采取乌托邦的方式来保持当地的文化，即保护自己处于一种封闭状态，避免与外界接触。一些被称为抵抗性团体的亚马孙人采取另一种方式来保持他们的传统文化，面对现代文化的入侵，进行抵抗而不是退缩，拒绝接受外来的文化，避免被现代化的工业文明所同化，以保护本土的传统文化。

（5）城乡文化发展中的共同性和差异性

1）城乡文化发展中的共同性。Hoshino（2006）认为，城乡文化存在诸多相似和共通之处。Dewey（1960）认为，在现实和历史的基础上，城乡文化一体化的实现需要一种新的文化发展观。现代人面对族群间的文化差异应保持足够的理解和宽容。Castle 等（2011）认为，在同一个国家，在同一个文化脉络中成长起来的城乡文化系统更应该追求多元一体化的发展。在城乡之间建立“和而不同”“多元一体”的文化关系，是构建城乡一体化制度体系的理论基石。

2）从历史背景来考察城乡文化差异形成的根源。Dewey（1960）在 *The Rural-Urban Continuum: Real but Relatively Unimportant* 中提出，由于二元经济结构，形成了两种不同的文化模式。城市因其较早形成了商品经济，塑造了城市居民的开放心态。乡村一直以来具有传统农业社会所特有的乡土气息，文化变化较为缓慢。Ye（2009）在 *China's Urban-Rural Integration Policies* 中指出，近代以来，美国政府的制度安排加剧了城乡居民生活方式的文化差异，这种本无高低贵贱区别的城乡文化被转变为城乡文化二元对立的格局。Dewey（1960）认为，城乡文化的差异仅仅是生活环境不同造成了人们应对环境的生活方式不同。在历史上，城乡文化本无实质性的差异。Cohen 等（2009）认为，美国乡村和城市之间的差异建立在不同的地理环境以及长期存在的二元经济体系的基础上。Ben（2002）在 *Between Rural and Urban* 中提到一个国家的文化混乱源于其创始的历史、反对的政治思想、不同的文化背景和宗教信仰冲突的群体。

3）城乡文化差异的实证研究。Petković（2007）认为，经济全球化背景对城乡文化造成了不同程度的影响。全球化已经把一些世界文化交融的城市变成了一个个国际性的接口；而受全球化影响较小的乡村地区，依然按照特有的传统文化习俗生活着。Ferrell（2005）认为，美国的城乡差异并不太大，如在休斯敦、洛杉矶等大都市周围 100 千米以内，难以分清城市和乡村的界限。Zhang（2010）提出，在美国大都市外围不少产业链上的村镇居民"幸福指数"较高，甚至高于城市内居民。中产阶级家庭沿着产业链向市外扩展，传统城乡结合部的工作环境、居住环境、生活质量好于市中心。Carson 等（2011）认为，居住在美国得克萨斯州的城乡青少年的某些心理活动和行为的差异要比加拿大安大略省的小。这是因为美国政府重视城乡居民接受义务教育的机会公平性，致使城乡文化发展水平的差异小，文化之间的共通性多，所以由文化精神所表现出来的思维方式和固定行为的差异不大。但是加拿大政府多注重城市文化的建设，忽略广袤的乡村地区，因此城乡青少年的文化水平差异较大，思维和行为也有很大不同。

（6）为缩小城乡文化差异而努力

Bain（1939）在 *Cultural Integration and Social Conflict* 中提到，加拿大实行城乡公共文化服务体系一元化。政府全力提高公共文化服务供给能力和增加公共文化服务产品，丰富公共文化产品和服务的内容，城乡居民享受共同的公共服务产品和教育等社会保障与福利。Archer（1985）在 *The Myth of Cultural Integration* 中说道，日本在城镇化进程中高度重视城乡统筹发展，其中包括统筹城乡文化发展。在经济高速发展时期，Ray（1998）认为，日本政府的一系列根本性制度是日本避免"城乡文化二元化结构"出现的关键因素。2000 年年底，美国总统签署了农村教育成就项目（Rural Education Achievement Program，REAP），旨在通过补偿性政策来缩小城乡教育差距、推动城乡教育均衡发展；2002 年年初，美国总统又对 REAP 进行了重新授权，力图通过专项拨款实现该项目对农村学区教育发展的积极影响，并通过有利教育政策的引导，为美国农村社区教育机会均等提供更强有力的财政支持和法律保障。Hathout（2002）认为，在农村居住的地方和城市就业的地方之间的通勤带是最明显的城乡一体化的形式。在加拿大乡村的政策中，运用通勤这种方式加强城乡社会文化联系，可以有效地促进当地农村的发展。根据城市的需要建立起合理的交通基础设施，通过提高交通通达性，加强城乡之间的物资人员来往，更加方便快捷，增强农村社区的可居住性。Vandermotten（2010）在 *Urban-Rural Interaction Revisited* 中提出，美国政府通过实行城乡教育机会均衡发展政策来提高乡村文化发展水平，促进城乡文化系统的融合。Castle 等（2011）曾经说道，美国使得城乡居民接受教育的机会，特别是高等教育的机会均等。例如，20 世纪美国实施的《平权法》和得克萨斯州居民 21 世纪初实施的相关法规可以确保黑人等少数民族，特别是中低收入家庭的子女，享受优质高等教育的机会均等。

（7）启发

城乡关系演变伴随着人类经济社会发展、产业分工与制度变迁的整个过程，在不同时期呈现不同的城乡关系特征、形态与功能。国外学者对城乡关系研究始终保持浓厚兴趣，从 19 世纪末的城乡空间二元结构理论基础，到 20 世纪初的城乡二元经济理论。20 世纪 90 年代以来，伴随西方经济地理学研究的文化方向，城乡融合理论萌芽。城乡融合理论准确地把握了城乡之间联系紧密且相互依存的关系，将城市与农村作为和谐、统一的整体，能有效解决城乡发展不平衡等问题，有利于实现城乡协调发展和地区整体利益的最大化。

综上所述，国外相关研究中可供思考和借鉴的研究问题域主要集中在以下三个方面。

第一，正确把握城乡文化交互影响过程及其规律。现代社会的演进客观存在着城乡文化的交互影响，现代都市文化对传统乡村文化构成挑战，传统的乡村文化在区域和城市文化演进中也施加影响。但相比日新月异的城市文化，乡村文化具有较大的稳定性。在城镇化进程中要防止乡村传统文化的流失。

第二，科学认识城乡文化发展中的共同性和差异性。城乡文化存在诸多的相似和共通之处。在现实和历史的基础上，城乡文化整合的推进需要一种新的文化观。现代人应对族群间文化的差异保持足够的尊重和宽容。多元文化交融中的人们应以文化自觉的精神，寻求城乡文化交流的空间。有些国家因政府制度的强制安排拉大了近代社会城乡居民生活方式所带来的文化差异，并将这种城乡文化差别转变为城乡文化二元对立的格局，这是不可取的。

第三，有效推进城乡文化发展的途径选择。部分国家通过实行城乡教育均衡发展政策、建立起合理的交通基础设施、提高城乡通达性、通过一系列制度安排等，旨在提高乡村文化水平和促进城乡文化的融合程度。

1.2.2 国内的启发

新世纪前后，国内学术界就开始研究城乡融合和城乡文化整合发展、城乡文化发展差异和乡村文化建设等问题。近年来，部分学者重视统筹城乡文化发展、城乡公共文化服务体系建设和城乡文化一体化发展研究，主要论点和问题域如下。

（1）倡导城乡融合和城乡文化整合

1983 年，改革开放初见成效，城乡之间交往日趋频繁，人民生活方式和水平的差距日趋缩小，逐渐形成了以上海、天津、江苏等较为发达的地区为中心，对周边乡村地区的发展起到带动作用。国内苏南地区最早使用“城乡融合”这一概念，20 世纪 90 年代前后，城乡融合的研究对象开始向城乡边缘地区转移。到 1990 年前后，则开始了城乡融合理论上的探索，研究城乡融合的战略、目标、特征、阻碍因素及应对策略等。20 世纪末 21 世纪初，伴随我国现代化进程的逐渐深入，人们研究城乡融合的视角从原来的政治、经济、社会等因素，转向生态环境、文化因素的作用和影响。唐晓峰（2000）、庞效民（2000）率先对“文化转向”进行概述，并对 20 世纪 90 年代西方经济地理学的文化研究趋向进行了分析。在多元文化的倡导和人本主义思潮推动下，文化与建筑设计、城市规划、地理学等空间学科与日俱增地交叉渗透，国内学术界出现了“文化转向”的趋势。曾菊新和祝影（2002）提出，城镇化是城乡关联发展的过程，城镇化的本质是城乡文化整合。城乡文化整合是城镇化在城乡关联基础上的扩展和深化，体现了城镇化过程中城乡居民共享现代文化的最终目标。苗长虹和王兵（2003）根据西方经济地理学对文化与文化转向的阐释，率先提出了经济地理学开展“文化转向”的一些对策和建议。王兴中从社会—文化转型的角度认定“新”人文地理学是一门探索性的社会科学，是用“微观动力系统”方法论在探讨“存在空间”及其构成单元的抽象“地点理论”（王兴中，2004；王兴中和李永刚，2007）。兰勇和陈中祥（2006）就城镇化过程中对城乡文化整合的影响因素进行了灰色关联度分析，并且提出通过加强小城镇的建设进而推动我国的城乡文化整合发展。程渝（2012）从心理因素、价值观、行为方式等层面分析了乡村居民和城市居民所处的城市文化和乡村文化的差异、碰撞，并从生活方式、心理、价值观层面提出了文化整合的对策。

（2）减小城乡文化冲突和统筹城乡文化发展

近年来，国内学者对城乡文化冲突的研究视角更加多元化，总体来说，从社会学的角度进行论述的较多。翁志超（2004）认为城市文化与农村文化的冲突表现在城市文化和乡村文化为了争夺主流文化的位置、城市文化中的自主意识和乡村文化中的权力崇拜的碰撞等方面，并指出只有找出两种文化的共性才能解决这些冲突。朱虹（2004）认为大学校园内的城乡文化碰撞所引发的适应性危机造成农村大学生心理问题。蔡正非和李喜景（2008）认为城乡文化的冲突和差异是影响少数民族地区乡村剩余劳动力向城市转移的主要因素之一。张荆（2009）认为我国当前城乡文化冲突与犯罪方面的联系紧密。张梦晨（2010）从价值观念的层面对文化冲突进行了研究，并指出主流文化的建设是社会转型期文化价值重建的道路。杨浩（2010）认为城市文化与农村文化存在物质层面、制度层面、行为层面和精神层面的差异，并提出要不断提高农民收入水平，缩小城乡差距。张弛（2010）以农民工及其子弟为研究对象来透视城乡文化冲突。

在城镇化进程中，因为城市和乡村存在发展上的空间异质性，所以乡村存在着先进文化的真空现象。刘曙东（2007）认为，地理环境的影响、城乡社会经济文化发展的不均衡及近代乡村文化的都市迁移造成了城市文化的繁荣和乡村传统文化的衰落，形成了近代中国城乡文化的巨大差异。城乡文化的差异在现代社会依然存在。张瑞琴（2005）则认为，城乡文化差异主要表现在主流意识形态、思想观念、科技教育和社会心理等方面，并提出从乡村如何融入、城市如何接纳和政府如何提供制度保障等方面来减小城乡文化差距。李君如（2011，2012）认为统筹城乡文化最难的是统筹价值观的矛盾，统筹城乡文化发展是衡量“文化自觉”的重要尺度，并提示要认真面对城乡文化发展的差距，正确认识城乡文化统筹的特征，完善覆盖城乡的、功能健全的、结构合理的、实用高效的城乡公共文化服务体系。向小川（2010）提出，统筹城乡文化发展的根本动力源自乡村居民的精神文化需求、新农村文化和谐的建设需求和政府的政策需求，不同的动力在统筹城乡文化发展动力构成中发挥着不同的作用。

李秀忠（2009）则认为统筹城乡文化建设的基本途径是探讨用先进文化占领城乡思想文化阵地、强化政府的主导地位、发挥非政府组织的力量、制度保证、科学管理、统筹规划和因地制宜等。

（3）完善城乡公共文化服务体系建设

近年来，国内关于城乡公共文化服务体系的研究日渐增加。吴理财（2011）认为，公共文化服务既是文化治理的一种形式，又是一项内容。由于行政压力、部门利益和政绩考核等多种因素的综合影响，公共文化服务在具体的执行环节中出现了各种偏差，偏离了国家文化治理的逻辑。胡菁菁（2009）认为应该构建覆盖城乡的公共文化服务体系。王凤青（2010）研究了城乡公共文化服务体系一体化建设面临的问题，并提出了应对措施。她认为城乡公共文化服务体系的主要问题是乡村建设严重滞后于城市，城乡之间严重失衡，没有确定好建设的出发点和目的性，供需矛盾现象日益突出以及有效供给严重缺乏。解决问题的对策包括：①尽快建立城乡公共文化服务体系一体化的绩效评估系统；②加快乡村公共文化服务体系建设；③创新城乡公共文化服务体系建设一体化的良性互动机制。周晓丽和毛寿龙（2008）论述了我国公共文化服务体系及其发展模式选择。李少惠（2007）则认为公共文化服务体系建设的主体构成应该是以政府为主导，企业、社区、非政府组织等各方共同参与。

（4）构建城乡文化生态系统

李少惠和裴玲（2008）认为长期以来我国的非均衡的经济社会发展战略，使农村与城市居民的文化权利呈现出了不平等的现象。姚小玲和张越（2012）认为主流文化、精英文化和大众文化是一个国家文化生态的构成要素。王丽和杨永志(2013)认为重构我国的文化生态格局使文化生态由自在到自觉、由实然到应然的和谐发展十分必要，并提出了重构我国文化生态格局的途径。路幸福(2012)认为文化生态保护应该分为不同的研究尺度，宏观尺度研究文化生态系统、文化多样性，中观尺度研究特定区域、民族的文化生态变迁与保护，微观尺度研究文化生态因子的变迁和发展。

城市文化与乡村文化既是两个独立的文化系统，又是一个相互关联的复杂巨系统。任何文化的发展都有其生长和发育、传播和发展的过程，这一过程总是在一定的空间上进行的。因此，城乡文化的形成过程构成了城乡文化生态系统。20 世纪中后期，在西方国家兴起了“文化生态学”，由美国新进化论者、伟大的人类学家斯图尔德（Steward，1979）率先提出。文化生态学是一门人类学和生态学的交叉学科，主要研究环境差异对文化的影响和对不同宗教（Halishi，1968）、种族的地域环境制约影响(Silverman，1981)。斯图尔德倡导建立“文化生态学”，并提出了一整套完整的文化生态学理论，以探究具有地域性差别的文化特征和文化模式的起源。

（5）加快城乡文化一体化发展

现今国内有关“城乡文化一体化发展”的研究成果甚少。自 2011 年 10 月，党中央做出关于深化文化体制改革以推动社会主义文化大发展大繁荣若干重大问题的决定后，蒋建国（2011）在《求是》上率先发表了《加快城乡文化一体化发展》的文章，主要阐述了加快城乡文化一体化发展的重要性、可行性、必要性和发展路径。另外，高善春（2010a，2010b，2010c，2011a，2011b）分别就城乡文化一体化的内涵、发展途径、建设意义、发展条件和措施、建设原则与路径选择、制约要素及应对策略展开了一系列的初步研究。虽说国内学者对城乡文化关联发展的研究始于 2000 年前后,但城乡文化一体化发展研究则是一个全新的问题域。

（6）启发

现有的国内研究尚处在起步阶段，研究中的缺项对本书的写作很有启发，本书撰写中有待注意的主要问题如下所示。

第一，总体研究的不完备性。已有研究较为零散，缺乏高水平的研究成果，因此，需要对城乡文化一体化进行系统研究，包括理论体系的架构、评价标准的确立、实施模式的构建和实现途径等方面的深入探索。

第二，研究范围和方法的局限性。已有研究聚焦于城乡文化发展差异、乡村文化发展、城乡文化服务体系建设和城乡公共文化服务均等化等，而缺乏对城乡文化一体化发展的程度和水平的指标与评价研究，更没有确立一套系统、合理且可操作的评价标准体系。现有的分析对城乡文化整合率、城乡文化系统定量均采取灰色关联分析法（顾丽娟和曾菊新，2013），指标体系涉及量庞大，欠科学。现有研究模式和方法大都是现状报告式、总结式和媒体报道式等，缺乏对城乡文化一体化发展的多视角和实证研究。

第三，研究重点的模糊性。从城乡文化一体化的实现途径来看，已有研究主张通过弘扬乡土特色文化、统筹城乡文化发展规划、统筹城乡文化公共服务机制、统筹城乡文化设施建设和实现城乡文化市场双向对接等途径逐步实现城乡文化的一体化，可谓面面俱到，但并没有切实回答与解决“谁来建设、如何建设，以及如何保证建设”等重大理论与实践问题。

第四，基金立项的稀缺性。从国家和教育部社会科学立项资助研究项目来看，几乎没有与本书研究项目高度相关的立项。经查询，与“城乡文化建设”有部分关联的立项课题，尽管国家社会科学一般立项资助与部分结题成果共有44 项，教育部社会科学立项资助及结题成果有 18 项，但是，以上立项课题绝大部分是乡村文化建设和公共文化服务体系建设。在此期间，国家自然科学基金与“城乡文化建设”没有立项，其中 2010 年与“文化建设”有部分关联的立项课题仅有 1 项。2012 年关于“统筹城乡文化一体化发展新格局研究”有 2 项，分别是 2012 年国家社会科学基金重大项目——复旦大学国际关系与公共事务学院唐亚林先生的“包容性公民权利视角下统筹城乡文化一体化发展新格局研究”，国家社会科学基金重点项目——华东师范大学资源与环境科学院林拓先生的“统筹城乡文化一体化发展新格局研究”，两个课题均是从管理学的视角诠释如何实现城乡文化一体化发展新格局。这可能是人文社会科学研究的阶段性和时效性缘由。

1.3 预期目标和意义

1.3.1 预期目标

本书的总体目标是揭示城乡文化整合的地理规律，包括不断提高城镇化进程中城乡文化的含金量，有效解决城镇化进程中城乡文化冲突与融合的现实问题，重新审视城镇化进程中乡村文化变迁与重构的基本规律，科学探究城镇化进程中文化缺失与文化再生的基本规律等。具体可概括为以下几点。

1）不断提高城镇化进程中城乡文化的发展质量。改革开放以来，中国城市人口不断增加，城市规模不断拓展，城镇化整体水平得到显著提升。然而，全球化时代与中国城镇化的共时性特征，以及社会转型期时空压缩的矛盾境遇，形成了快速城镇化过程中的文化缺失倾向。本书着力研究与回答“如何在城镇化进程中防止文化的缺失？如何用先进文化引领城镇化进程？如何实现新型城镇化与文化的可持续发展”等相关重大理论与实践问题，为城镇化进程中不断提高城乡文化的质量提供理论层面、政策层面和实际操作上的指导与支持，从而推进城乡文化整合的科学持续发展。

2）有效解决城镇化进程中城乡文化冲突与融合的现实问题。工业化、信息化、现代化推进的过程中，我国城乡文化正在遭遇一场空前的碰撞。在这个碰撞过程中，如何正确处理城乡文化冲突和融合问题？本书将从现代文化与传统文化的冲突和融合、中心文化与边缘文化的冲突和融合、强势文化与弱势文化的冲突和融合等角度着力回答。

3）重新审视城镇化进程中乡村文化变迁与重构的基本规律。农村文化是中国文化的重要组成部分，要实现社会主义文化的大发展大繁荣，必须推进农村文化的科学转型和深入发展。改革开放以来，我国农村文化处于剧烈变迁和更新重构状态之中：一方面，农村文化与现代化、城市文化全面对接融合；另一方面，农村传统文化在现代化和城镇化进程中不断丧失、恢复与发展，农村文化的内涵和建设路径在这一深刻转型中不断发生变化，其核心内容和关键环节亟须重新梳理和清晰界定。只有考察并重新审视城镇化进程中乡村文化变迁与重构的基本规律，才能把握问题实质，科学推进农村文化建设顺利进行。

4）科学探究城镇化进程中城市文化缺失与再生的基本规律。中国在不到 30 年的时间里，走过了发达国家一二百年的城镇化历史进程，社会的历史转型与中国快速城镇化并行，使得中国城市文化建设面临市场支撑的物欲主义、消费主义和功利主义等的严重挑战，城市文化的继承与发展面临着严重的缺失。本书将从时间轴、空间轴两个角度着力回答“如何正确地认识城镇化进程中城市文化缺失？如何科学地探究城镇化进程中城市文化再生的基本规律”等问题。

1.3.2 主要意义

现有的文化整合研究要么是企业文化偏向，要么是理论与实际研究脱节，由此导致针对中国城乡文化建设实践的理论指导性相对不足，无法有效地满足我国城乡文化一体化的重大战略需求。因此，无论是我国城乡文化发展的现实需求，还是人文地理学科发展的内在需求，都越来越彰显出对城乡文化整合研究的紧迫性和重要性。本书旨在为促进新文化地理学发展提供研究范本；为确保城乡人民群众享有均等化的基本公共文化服务，推进城乡文化一体化发展提供理论支撑；为突破城乡二元文化结构，形成城乡文化优势互补和整合发展新格局提供政策选择。

（1）为促进新文化地理学发展提供研究新场域

一般认为，1980 年以来地理学中的政治转向和文化转向是新文化地理学与传统人文地理学的区分标志（Linda，1994）。当人文地理学从描述文化要素的分布差异和空间格局转向对描述的解释的时候，文化生态学开始占据人文地理学的核心。Jordan 等（1997）在文化生态学基础上增加了“文化扩散”和“文化整合”，同时将文化要素的空间差异用“文化区”来概括或取代，最后用“文化景观”来统筹。他认为人文地理学家可以对任何人文地理现象（或称文化要素）从其空间分布出发，通过扩散过程将时空结合，并以其与自然环境的生态关系、和其他人文现象的整合关系来分析文化景观（赵荣等，2005）。新文化地理学特别强调从地方的研究转移到对地方之再现及其含义的研究（Peach，2002）。这个新领域产生于对传统人文地理学的挑战，特别是对传统的“文化景观”概念以及地理学中“空间”这个核心概念的重新认识（图 1.1）。

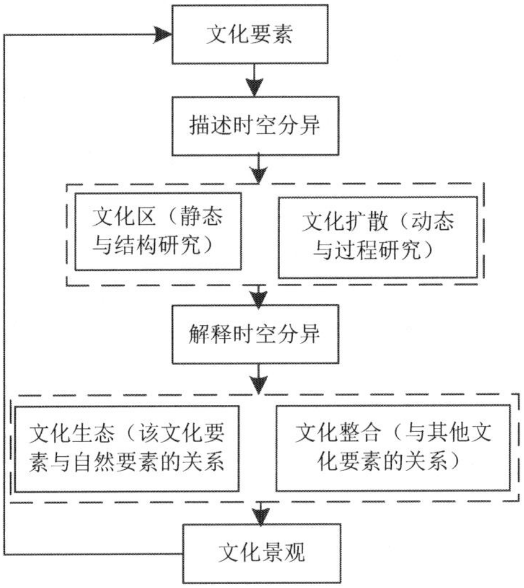

图 1.1 新文化地理学的文化整合研究框架

本书以保障城乡居民基本权益为基点，以构建社会主义和谐的城乡现代文化以及把握社会主义先进文化建设规律为重点，根据文化生态系统的要素进行城乡文化的培育及传承，根据文化要素间的作用进行有效文化传播并促进文化发展，城乡文化整合理论作为建立统筹城乡文化一体化发展模式的理论依据。在社会转型期多要素作用下，创新性地构建城乡文化整合测度模型；综合运用MATLAB、SPSS数理统计与ArcGIS网络分析，探究城乡文化整合的空间结构特征及其折射的社会问题，并深度探析城乡文化整合的时空规律与发展模式，为促进新文化地理学发展提供研究新场域。

（2）为推进城乡文化一体化发展提供理论支撑

长期以来，城乡二元化发展方式导致城乡社会经济发展极不平衡，在文化上表现为城市文化日益强化，乡村文化日渐衰落，人民群众在文化权益实现方面的差距日益拉大。因此，进行统筹城乡文化一体化建设的研究十分迫切。近年来，在统筹城乡文化发展，包括城乡公共文化设施建设、公共文化产品生产与供给、公共文化服务形式和内容创新等方面的实践探索中取得了一系列成绩。学术界对城乡文化发展、城乡公共文化服务体系建设也进行了一些理论研究，形成了一定的理论成果，但广度和深度还不够，系统性研究也不多，仍没有形成一套完整科学的理论体系，在一定程度上影响和制约了统筹城乡文化的建设与发展。

实际上，在什么样的理论基础上建构统筹城乡文化一体化发展？在缩小与改善城乡文化差别过程中秉持何种价值导向？这都将决定其城乡文化一体化发展的体制机制运行的性质、特征、影响及其发展方向。我国城乡文化建设的价值导向十分明确，即以保障公民文化权益为出发点，以坚持社会主义先进文化前进方向为原则，以激发全民族文化创造活力、促进社会主义文化大发展大繁荣与提高国家文化软实力为目标。本书将以保障公民基本权益，构建社会主义和谐的城乡现代文化，把握社会主义先进文化建设的规律，促进文化与经济、政治、社会协调发展为价值导向和出发点，努力尝试建构有关和谐的城乡文化建设的理论框架，并为建构更为完善的统筹城乡文化一体化发展提供学理依据和理论支撑。

（3）为形成城乡文化整合发展新格局提供政策选择

党的十六大报告和党的十六届三中、四中、五中全会提出了促进农村文化和经济、政治、社会协调发展的有关精神，党的十七届六中全会又提出了“加快城乡文化一体化发展”的决定，党的十八大报告明确指出“扎实推进社会主义文化强国建设”，“十二五”规划进一步确定“发展文化事业和文化产业，满足人民群众不断增长的精神文化需求，充分发挥文化引导社会、教育人民、推动发展的功能”（新华社，2011）。如何在党中央和国务院出台的一系列加快城乡文化建设的指导方针下，深入开展研究统筹城乡文化一体化发展的政策制定、探索有效措施和可操作性方案？特别是在城乡劳动主体与文化生产的差异性、城乡文化需求的差异性及城乡文化传承的差异性等客观背景下，城乡文化一体化建设如何从宏观、中观到微观有效运作？这些问题，不仅要求我们在理论上给予解决，更重要的是在制度层面如何安排、在操作层面如何实施。这些都是迫切需要解决的现实问题。只有在这些具体问题的理论研究和具体实践操作中，发现规律、总结经验，提出符合城乡文化发展实际模式以及有针对性、可操作性强的实施方案，才能形成统筹城乡文化一体化建设的新格局。

从既有研究看，对上述问题，学术界的实证研究还较为缺乏，因而提出的政策建议和操作方案也较为宏观，针对性不强，缺乏可操作性；实践者的实践探索有成果，但经验总结还需要深入。另外，既有实践探索也多是集中于经济发达城市或地区，对于中西部地区城乡文化协调发展还缺少深入的实践探索和理论研究。本书既注重调查实验分析，又重视理论总结和提升，在理论和实践有机结合的基础上，提出加快城乡文化整合进程的具体政策建议和操作方案。具体而言，本书针对当前城乡文化建设存在的突出矛盾和问题，根据案例地区和城乡差异的具体实际和文化供需之间的结构性矛盾，通过调查研究、结合典型示范和地方实践创新以及域外经验借鉴，探索符合中国国情、符合市场运作规律、符合社会主义文化发展规律的城乡文化整合建设的最适宜模式和操作性途径，同时改革和创新现行公共文化服务体制和机制，建立城乡公共文化生产与服务的居民参与机制以及城乡文化整合发展的政府绩效评估机制，推动我国统筹城乡文化在科学理论指导下形成建设新格局。

1.4 主体内容和基本框架

经过系统思考，本书有七个方面的重点研究内容。第一，解析“中国城镇化进程中的城乡文化二元结构”，从逻辑上要回答城乡文化整合的缘由或背景是什么。第二，寻求研究城乡文化整合的理论支撑，即解决整合的依据问题。第三，研究城乡文化整合的主体要素，即从要素构成的方面进行城乡文化整合的类型分析。第四与第五则应用计量分析方法，系统分析城乡文化整合的时空结构。第六，从系统动力视角研究城乡文化整合的机理。第七，通过典型案例

（武汉城市圈）提出可供选择的城乡文化整合的发展模式。总体研究框架与重点研究内容参见图 1.2。

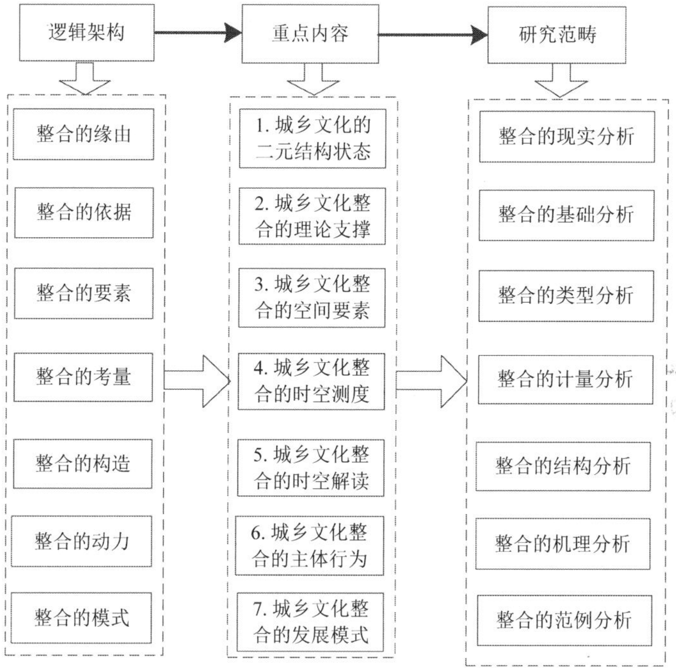

图 1.2　本书总体研究框架与主体内容

1.5　分析方法与展开路径

1.5.1　分析方法

（1）规范研究：综合运用文化地理学、文化社会学及文化生态学等学科的理论和方法，通过深入系统的认知构建和科学严密的逻辑推演，提出和解读城乡文化整合发展的一系列新命题。

（2）计量研究：本书将以规范分析为基础，构建计量模型；通过各类统计报表、遥感影像等获取数据，综合运用 SPSS、MATLAB、ArcGIS 等分析软件，进行数学建模和空间分析。

（3）案例研究：针对性选择典型案例区（武汉城市圈）进行历史和现状解

析，揭示其城乡文化整合发展规律，并通过个体审视全局，能够为城乡文化整合发展的目标体系构建提供参考信息。

（4）试验研究：专著中的“评估指标体系”和“城乡文化扩散域”必须经过实践检验，以典型案例区进行试验研究。

1.5.2 展开路径

文化整合属于文化地理学和文化社会学、文化人类学的研究领域。城乡文化系统的高度综合性和有机性，亦决定了其研究视角的跨学科性与综合性。基于此，本书遵循“问题意识—理论基石—多维视阈—模型建构”的逻辑思路，在思考如何走出城乡文化无序发展中困境的初始状态下，运用文化地理学、文化社会学和文化生态学等相关理论，多维度、多视角解析城乡文化整合的冲突与融合、渐进与突变，以及异质与同构等问题，探讨城乡文化整合的时空结构与发展导向，其研究思路与技术路线参见图 1.3。

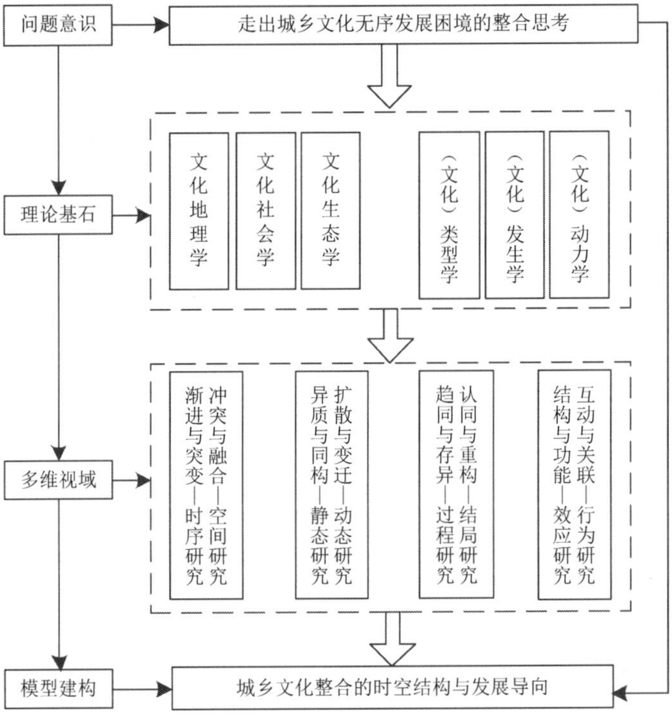

图 1.3　本书研究思路与技术路线图

1.6 关键问题和创新期待

1.6.1 关键问题

1）构建城乡文化整合的时空结构模型，揭示城乡文化整合的时空演化规律。本书以创新为使命，通过对案例地区城乡文化整合发展的现实格局的调查研究，构建城乡文化整合的时空结构模型，从定量化视角分析城乡文化整合的时空格局，以深度揭示城乡文化整合的时空演化规律。对城乡文化整合发展的实践、创新和经验进行理论概括，揭示城乡文化整合发展中存在的问题，并进行城乡文化整合发展的理论探索与创新，为城乡文化整合建设提供理论支持，同时，进一步推动我国城乡文化整合发展的学术研究与理论发展。

2）探索城乡文化整合的时空发展模式，提出城乡文化整合的可选政策方略。紧紧围绕如何推进城乡文化整合发展为目标，着力研究与回答“城乡文化整合过程中其时空发展模式规律？如何实现城乡文化整合发展？实现的可操作途径和实施保障体系是什么”等重大理论与实践问题，对城乡文化整合发展模式等进行专门研究，为城乡文化整合发展的实践提供理论层面、政策层面和实际操作上的指导与支持，从而推进城乡文化整合的科学持续发展。本书以问题为导向，对城乡文化整合发展中的法律、制度及政策问题进行专题研究，向中央和地方有关部门提供案例分析、经验总结、立法建议、制度设计及政策咨询等，为中央和地方推进城乡文化整合建设的立法和政策制定提供支持。

1.6.2 创新期待

第一，构建城乡文化整合的时空结构模型。本书以保障城乡居民基本文化权益为基点，以构建社会主义和谐的城乡现代文化以及把握社会主义先进文化建设规律为重点，以促进文化与社会、经济、政治、生态协调发展为价值导向和出发点，在梳理国内外相关理论研究的基础上引入现代城乡文化整合理论。在社会转型期多要素作用下，创新性地构建城乡文化整合测度的修正引力模型，综合运用 SPSS 数理统计与 ArcGIS 网络分析，探究了城乡文化的空间整合结构特征及其折射的社会问题，并深度探析城乡文化整合优化对策，为中国城市群地区构建城乡文化建设新格局提供研究范本和理论菜单。

第二，揭示城乡文化互动演化的基本规律。城市文化与乡村文化是两个相互独立、相互关联的城乡文化生态系统。基于城乡文化时空结构的视角，通过不同运作层面、空间载体、度量维度和构成主体的研究，本书试图科学地探讨城乡文化互动演化的基本规律。应用系统科学与熵增的基本原理，根据文化生态系统的要素进行城乡文化的培育，根据要素间的熵增作用进行有效文化传播以保持城乡文化生态系统健康和有序发展。

2 城镇化进程中的城乡文化二元结构

城镇化是经济社会发展的必然趋势，也是推动经济社会进一步发展的动力，是国家现代化的重要标志。城镇化（urbanization），又称为城市化，是当今世界上重要的社会、经济、文化现象之一。国际学术界对城镇化的研究已有数十年的历史，然而，由于各个学科对城镇化的阐释不一，迄今关于城镇化的含义并没有一个统一的、完整的解释。城镇化率或称城市化率、城市化水平、城市化度、城市化指标等，是反映一个国家或地区城镇化水平高低的一个重要量化指标。从某种意义上来说，也侧面反映了一个地区（国家）的经济发展水平、社会组织程度与社会管理水平的高低；也是描述一个地区（国家）的农村人口转化为城镇人口，向城镇集聚过程的量化体现。本书中城镇化率采用一个地区（国家）常住城镇人口数占该地区（国家）总人口数的比例来测度。

城市中的社会转型所引起的人口、社会运动作为对城市负面影响反馈的城市规划理论和城市空间的变迁，城市化动力机制与城市文化成长动力机制之间存在的耦合效应；城市化这一社会过程逐渐被理解为城市生活方式的一种变革了的形式，这种城市生活的新方式在各个方面影响着城市的发展，推动城市文化进入新的成长阶段。改革开放以来，我国城镇常住人口增加了 5 亿多人，如此大规模的城乡人口迁徙，不仅改变了亿万农民的命运，还是经济高速发展的重要原因。在快速城镇化进程中出现了一些问题，如土地城镇化快于人口城镇化速度、城乡文化二元结构加剧、城镇化水平质量差、大规模人口流动带来的挑战等。本章试图从中国城镇化进程出发，解析中国城镇化进程中的城乡文化二元结构的演化过程、表现特征和现阶段存在的问题，阐释中国城市文化的发展转型和乡村文化的发展变迁。

2.1 中国城镇化的进程

国家统计局发布的数据显示，2015 年我国城镇化率已达 56.1%。改革开放以后，中国一直处于快速发展时期。从世界范围看，中国大规模、高速度的城镇化史无前例，如何最大限度地发挥城镇化的积极作用，消除或减少其负面影响，建立起符合国情的城镇化格局，中国还有相当长的一段路要走。在快速城镇化进程中，如何统筹城乡发展，改变二元经济结构，整合城乡二元文化结构，实现城乡人口转移，合理使用资源，大力保护环境，优化城镇空间布局，完善城镇产业结构，跨越“中等收入陷阱”，促进社会公平公正等方面，中国还将面对城镇化的重大挑战。

1949 年新中国成立以后，中国步入一个新的历史时期，作为一种社会经济文化、空间现象的城镇化也开始了新的征程。伴随社会主义建设的全面发展，原有的老城市不仅得到了改造和发展，也兴起了一大批新城镇。根据我国城镇化发展的速度，将当代城镇化进程划分为以下四个阶段（图 2.1），分别是：1949～1960 年，城镇化起步阶段；1961～1977 年，城镇化波动和徘徊阶段；1978～2000 年，城镇化快速发展阶段；2001 年至今，新兴城镇化阶段。

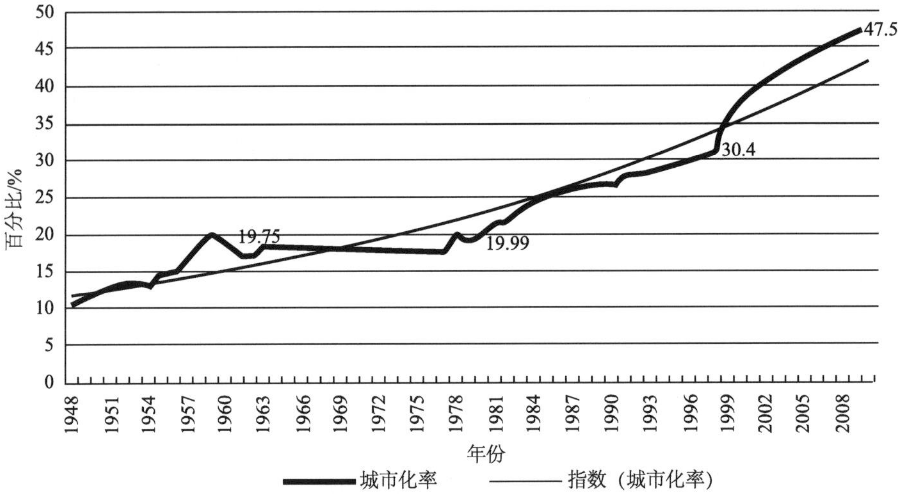

图 2.1 中国城镇化水平曲线（1949～2011 年）

资料来源：《中国统计年鉴 2012》

2.1.1 起步阶段

1949～1952 年，随着国民经济的恢复和发展，社会秩序日益安定，战争期间逃往乡村的人口陆续返回城中。1949 年我国城镇人口为 5765 万人，1951 年城镇人口占总人口的比重为 11.8%，1952 年我国城市人口数量为 7163 万人，占总人口的 12.5%。1953 年，第一个五年计划开始，伴随国家工业化的发展，苏联支援 156 项工业项目的实施等，各省要建立自己的工业体系，市、县也逐渐建立地方工业，城镇人口迅速增加。“一五”期间是我国经济快速发展、城市人口数量增长最快的时期之一。其中城市人口的自然增长率达到了 3.3%，是新中国成立以来的最高时期，并且城市人口的机械增长率甚至高达 4.5%，平均每年机械增加人口为 250 万人。1957 年我国城市总人口数为 9949 万人，城镇化发展水平为 15.4%。截止到 1960 年，我国城镇人口达到了 1.31 亿人，城镇化发展水平为 19.7%。

总之，1949～1960 年，设市城市从 136 个增加到 199 个；整体上，“一五”计划的实施使新中国开始了大规模的工业化和城市建设，城镇化水平从 1949 年的 10.64%上升到 1960 年的 19.75%，平均每年增加 1 个百分点左右。

2.1.2 徘徊阶段

这一时期城镇化的曲折发展与国民经济大起大落息息相关。具体表现在经济建设上的“大跃进”，带来城镇化建设上的“大跃进”，1960 年城市人口比重迅速上升到 19.75%，形成“过量”城镇化的局面。1961 年，我国开始了国民经济的大调整，动员大批城镇人口返回乡村，成为我国特殊时期的“逆城市化”现象。1961 年至 1963 年上半年期间，返回乡村的城镇人口达 2600 万人。1963～1965 年，由于市镇建制标准调整等因素，经济增长没有促进城镇化水平的上升。到 1965 年，我国城镇人口仍保持在 1.3 亿人左右，但城镇化发展水平下降至 17.9%。1966～1976 年“文化大革命”时期，短期经济波动十分频繁，经济增长速度日益下降。大规模的“上山下乡”运动的推行，工厂内迁，大批干部、知识分子前往农村，在我国城市发展史上再次出现了特殊的“逆城镇化”现象。1971年后，“上山下乡”运动逐渐取缔，伴随“五小工业”的发展，城镇企事业单位也开始从乡村居住人口中招收职工。城镇化进程开始逐渐恢复，但由于乡村人口增长速度更快，城镇化水平仍相对下降。1976年我国城镇化水平为17.4%。

总之，1961～1977年，城镇化水平处于波动和徘徊阶段。改革开放前的近30年时间里，我国城镇化发展总体上表现为一种时间上的波动性和空间上的随意性。中国城镇人口从1960年的13 073万人增加到1977年的16 669万人，17年增加3596万人，年均增加约211万人；城镇人口占总人口的比率从1960年的19.75%下降到1977年的17.55%。

2.1.3 快速发展阶段

“文化大革命”结束后，我国进行了国民经济发展的第二次调整。伴随各项政策的落实，下放到乡村的大批人员逐渐返城，这一时期我国城镇化发展速度却较快。继1965年后，我国再次出现了经济波动和城镇化波动不一致的现象。直到1982年以后，两者之间的波动方向才趋于一致。20世纪70年代末，农村实行家庭联产承包制后，极大地解放了农业生产力。为了解决农业剩余劳动力这一问题，我国一方面鼓励乡村大力发展乡镇企业，以吸收消化一部分农村剩余劳动力；另一方面，出台“允许农民自理口粮，进城落户，务工经商和办服务业”的政策，从而开始了20世纪80年代我国乡村城镇化的进程。随着改革开放的深入，社会经济进入高速发展时期，乡镇企业的崛起以及城市经济体制改革，使城镇化迎来新的发展时期。20世纪80年代以来，我国经济逐渐回归发展轨道，1982～1988年，我国国民生产总值的年增长率为10.9%，其增加速度居世界前列。按一般规律，城镇化速度应该有所提高。然而，同期全国非农业人口年增长率仅为3.5%，只是由于放宽了设市、镇的标准，才使城镇非农业人口年增长率达4.8%，但仍远低于国民经济增长速度，这种现象被称为“过低城镇化”（under-urbanization）。1996年我国城镇化水平突破30.5%，2000年我国城镇化水平达36.22%。

2.1.4 新兴城镇化阶段

2001 年至今，信息化趋势使工业化走上一条新的发展路线，世界进入新兴工业化带动城镇化发展的时期。2000 年以后，我国 GDP 的年增率达到 9.75%，2002 年人均 GDP 达到 8214 元，2004 年人均 GDP 超过 10 000 元。在经济发展中，产业结构得到了调整。2004 年第一产业的就业比重从 2001 年的 58.5%降低到 46.9%，第二和第三产业就业比重之和从 2001 年的 41.5%上升到 53.1%。2011 年末，中国共有 657 个设市城市，其中直辖市 4 个、副省级城市 15 个、地级市 268 个、县级市 370 个，各级城市总的行政辖区面积约占中国国土面积的一半，建制镇增加至 19 683 个，中国共有 30 个城市常住人口超过 800 万人，其中 13 个城镇人口超过 1000 万人。中国的城镇人口首次超过农村人口，达到 6.9 亿人，这是中国社会结构的一个历史性变化。城镇化率保持较快的增长速度，2011 年城镇化率比 2010 年提高 1.59%，达 51.27%。2000～2010 年城镇化率上升 13.46%。

总之，这一时期，我国城镇化发展水平高速增长，然而也带来了一系列问题，如土地城镇化速度快于人口城镇化、大规模的人口流动带来的社会危机等。

（1）土地城镇化快于人口城镇化发展

改革开放以来，中国城市在空间上迅速扩展。据统计，全国城市建成区面积年平均扩展速度远高于同时期的城镇化发展速度。与土地城镇化速度相比，我国人口城镇化发展却十分缓慢。所谓人口城镇化，是指乡村居民真正、完全地融入城市生活，享受与城市居民同等的社会待遇。这种情况的发生有制度上的原因，比如不合理的户籍制度阻挡了人口的自由流动。此外，经济上的原因更为重要，地方政府要为外来流动人口提供同等的社会福利待遇，地方政府难以承受巨大的经济压力，如农民工医疗保险问题、子女受教育的问题等。总之，由于社会福利和社会保障措施的缺失，进城务工人员难以在城市中长期生活下去，进而导致我国的人口城镇化发展速度相对缓慢，土地城镇化快于人口城镇化发展的直接后果是我国城镇化水平的虚假繁荣。一方面，集体土地被大范围侵占，不但损害了农民的基本权益，而且难以拉动经济健康发展的效果；另一方面，大量乡村劳动人口“被”城镇化，却享受不到和城市居民同等的社会福利和保障体制，严重影响我国社会的稳定和发展。

（2）大规模人口流动挑战社会融合

改革开放以来，伴随我国城镇化、工业化的快速发展，出现了大规模的人口流动现象，对我国社会经济文化的发展产生了巨大影响。城市经济的快速发展和农村产业结构的转型促进了流动人口的大量增加。截止到2011年，我国人口城镇化水平达到了51.27%，历史性的城市人口超过了农村人口，流动人口规模达到了2.30亿人，比上年增加828万人。农民工总量为25 278万人，其中外出农民工为15 863万人（图2.2）。在2012年的“人口挑战与社会融合国际研讨会”上，我国学者发布了一项报告，报告提到未来20年我国城镇化发展水平仍将以较快速度进展。实际上，“十二五”期间，我国流动人口年均增长约800万人，截止到2014年末，流动人口达到到了2.53亿人。中国将面临一系列重大课题，包括：引导人口有序流动，使人口分布和环境资源承载力、产业布局相匹配；为流动人口提供均等的公共服务水平，促进与原住居民的社会融合；保护和关心乡村留守老人、儿童和妇女，促进其家庭和谐；等等。以农民工为主体的流动人口为我国社会经济文化发展做出了巨大贡献，但却没有享受到与流入地居民均等的公共服务。

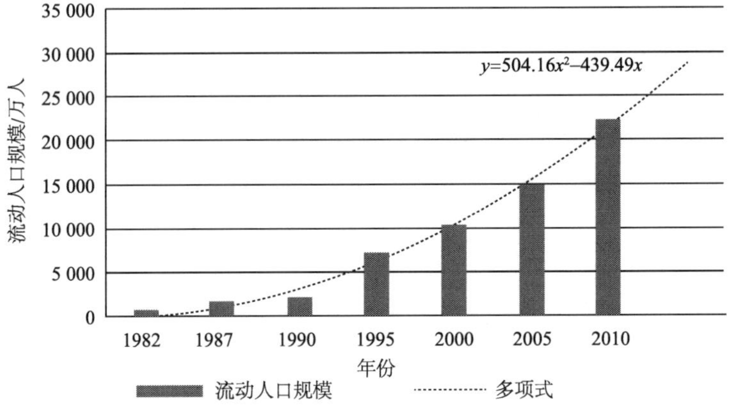

图2.2 中国流动人口数量变动趋势

农民工在流入地居住趋于长期化，相当一部分已经成为事实上的“新市民”。农民工为大城市发展做出了重要贡献，却难以融入其就业所在的城市社会，权益得不到有效保障，福利差距扩大很多。流动人口虽然在就业方面实现了非农化，却在身份方面没有实现市民化。现行的户籍制度大多把乡村流动人口排除在城市公共服务体系之外，即使城与城之间的流动人口也难以享有均等的居住地的公共服务。根据中华人民共和国国家卫生和计划生育委员会的统计，2015 年我国城镇化率达到 56.1%，城镇常住人口达到 7.7 亿人。实现农民工市民化是促进中国城镇化健康发展的重要基础，各级政府必须以推进基本公共服务均等化为核心，以吸纳农民工进城定居、稳步推进农民工市民化为方向，逐步让符合条件的农民工在就业居住地有序落户，合理引导人口流向，优化城镇布局，促进农民工共享改革发展成果。

（3）城市经济发展水平存在显著的地域差异

2000～2010 年我国人均 GDP 年均增长率超过 7.5%的地级城市中，除东莞等个别城市外，其他城市地处中西部地区；人均 GDP 年均增长低于 4.4%的城市，除大庆、玉溪、绥化等资源型城市外，都位于东部沿海地区。自 2000 年以来，我国城市的经济发展水平整体上呈地区收敛的基本态势，发展水平较低的区域开始加速。但也有一些经济发展相对滞后的地区，如河北、黑龙江、湖北、湖南等地，长期没有根本性的转变（图 2.3）。

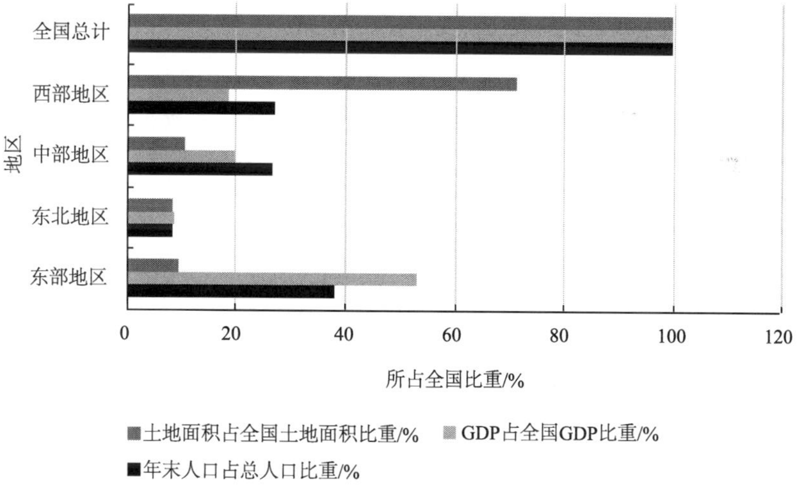

图 2.3 2010 年各区域社会经济基本指标

东部 10 省（自治区、直辖市）包括上海、北京、天津、河北、山东、江苏、浙江、福建、广东和海南；中部 6 省包括湖北、湖南、河南、江西、山西、安徽；西部 12 省（自治区、直辖市）包括内蒙古、广西、四川、重庆、云南、贵州、陕西、西藏、甘肃、青海、新疆、宁夏；东北 3 省包括黑龙江、辽宁、吉林（港、澳、台数据暂缺）

除少数资源型城市外，2010 年人均 GDP 较高的城市主要集中在东部的长江三角洲、珠江三角洲、京津冀这三大城镇密集区和山东半岛、辽中南及福建沿海地区。但是，除了山东半岛和辽中南地区外，过去十年三大城市地区（长江三角洲、珠江三角洲、京津冀）的经济发展速度与人均 GDP 增长均明显放缓；而青海、内蒙古、甘肃、吉林、陕西、山西、安徽、江西、苏北、广西及成渝地区等经济发展水平相对较低的区域则开始有了快速的发展。

（4）城镇化水平质量差

第一，城镇化的资源环境等压力大。城镇建设用地的无序扩张和城镇人口的高速增长，带来了空间资源的紧缺和土地供给的日趋紧张。根据《全国主体功能区规划》，我国适宜工业化、城镇化开发建设的国土面积有 180 余万平方千米，扣除必须保护的耕地和已有建设用地，今后可用于工业化、城镇化开发及其他方面建设的面积为 28 万平方千米左右，约占中国陆地国土总面积的 3%。近 5 年来，由国务院和省级政府批准的每年新增建设用地均不低于 4000 平方千米，2009 年更是达到 5877 平方千米的历年最高水平。根据预测，未来 10 年中国每年仍将新增城镇人口 1000 万人以上，建设用地的供给情况不容乐观。

第二，耕地保护与城乡建设扩展空间有限的矛盾突出。我国粮食的主要产区与适宜城乡建设的地区高度重合，导致耕地与建设用地的关系紧张，需要统筹协调，处理好城乡建设与耕地保护之间的关系。以最为适合城镇发展和人类居住的适宜度“Ⅰ类地区”为例，19%的国土面积集中了我国 55%的耕地面积；适宜度“Ⅱ类地区”面积占我国国土面积的 29%，其耕地面积则为我国国土面积的 31%；而占我国国土面积 52%的“Ⅲ类地区”仅能提供我国 14%的耕地面积。2008 年我国人均耕地约为 1.4 亩[①]，不及世界平均水平的 40%。其中，优质耕地只占全部耕地的 1/3。耕地储备资源潜力 2 亿亩左右，且 60%以上分布在水源不足和生态脆弱地区，开发利用的制约因素较多。

第三，城镇化面临快速老龄化等挑战。我国已经进入“老年型社会”。根据我国第六次人口普查数据，2010 年 31 个省（自治区、直辖市）（不含港、澳、台地区）现役军人的人口中，60 岁及以上的人口为 1.78 亿人，占人口总数的 13.26%，其中 65 岁及以上的人口为 1.19 亿人，占人口总数的 8.87%，我国已经完全进入“老年型社会”。多达 280 个城市的人口老龄化水平超过 7%，城市数目占全国比重的 81.4%；城市的人口老龄化水平超过 10.0%的城市数目

① 1 亩≈666.7 平方米。

占全国比重的 23.5%。从第五次人口普查和第六次人口普查的比较来看，老龄化速度最快的地区往往经济发展相对落后，如人口密度较高的中西部地区，如关中地区、成渝地区、河南省、苏北地区、东北边境地区等。经济发展相对发达的珠江三角洲、长江三角洲、京津冀地区则比较缓慢。除了部分地区，尤其是严寒地区（漠河）人均寿命的提升促成了老龄化程度的增长外，人口老龄化严重的地区大多属于年轻劳动力的外流导致的“老年人空间残留”类型，年轻劳动力流入的城市则老龄化速度缓慢。

第四，我国城镇化质量的综合效益较差。与世界发达国家相比，中国城市总体效益水平差距较大。2004 年我国北京、上海、广州的人均 GDP 分别为 4283 美元、7450 美元、4116 美元，而发达国家人均 GDP 一般为 25 000～45 000 美元，约为我国的 4～10 倍。我国绝大多数城市基础设施落后，严重阻碍了中国的城镇化发展，在大、中、小城市中表现出不同的发展问题：城市绿地少，城市环境差，大气污染严重，水环境质量差；城市管理质量差，管理人员水平不足、素质不高，管理法规不健全，不能满足城镇化高速发展的要求；等等。

（5）城乡二元文化结构掣肘城镇化速度

“经济社会的二元结构”是发展中国家普遍具有的经济特征，在高度集中的计划经济体制下，城市和农村长期作为两个彼此独立的社会系统各自运行。我国城市内部实行多福利、高积累、低消费、低工资的政策，使工业化水平快速提高，但城镇化水平却因人为原因相对滞后。长期以来，国家以价格剪刀差的方式从农业攫取大量原始资本作为工业化的积累，城市经济水平不断提高，农村经济发展长期停滞，经济的城乡二元结构越来越明显。城乡户籍管理体制限制了居民的自由迁移，阻碍了城乡交流的通道，农村在消费、生产、生活、收入方面长期滞后于城市居民的发展水平，随着我国国民经济的发展，城乡差距也日益加大。

人口社会文化结构的区域差异大。近年来，我国大专以上学历的人口主要向东部沿海等社会经济高速发展的地区快速聚集迁移。除北部和西北部等个别省份因受民族和边疆政策的影响外，中西部地区各省（自治区、直辖市）大专以上学历的人口数量增长普遍较为缓慢。2000～2010 年的 10 年间，东部地区的江苏省大专以上学历的人口比重由 3.92%激增至 10.81%；同期，地处西部地区的贵州省大专以上学历的人口比重仅由初始的 3.93%增长为 5.29%。此外，东部地区不同省（自治区、直辖市）之间的不平衡也较为突出。例如，根据我国第六次人口普查数据，2010 年北京市大专以上学历的人口比重为 31.50%，分别是相邻的天津市（17.48%）和河北省（7.30%）的 1.8 倍和 4.3 倍；2010 年北京市的文盲率（15 岁及以上不识字人口所占比重）为 1.7%，广东省为 1.96%，而地处长江三角洲的上海、江苏、浙江三省（直辖市）却分别高达 2.74%、3.81%和 5.62%。伴随城镇化进程的持续推进，人口社会文化结构的区域不均衡特征将进一步加剧，并深刻地影响我国城镇化健康发展的未来。

总之，改革开放以后，我国社会经济处于急剧变革时期，城镇化率由 1978 年的 17.92%迅速提高到 2010 年的 47.5%，城市发展“纳瑟姆曲线”规律显示 2001 年我国已经进入加速城镇化阶段。伴随着中国快速城镇化进程，交通方式变革、信息技术日新月异、城乡间人口流动频繁给文化整合方式、文化传播渠道注入了新的生命活力。为了反映城镇化进程中城乡文化整合具有显著变化的典型年份，本书选取了 1980 年、1990 年、2000 年、2010 年分别代表改革开放初、全面改革、改革开放有突破进展、全面建设小康社会四个时期，以记录中国城乡文化空间整合的时间顺序特性。

2.2 城乡文化的二元结构

从历史上看，在工业化初期发达国家一般都经历了“城乡失衡”的恶性互动状态。在工业化初期，发展中国家普遍存在以农业为代表的传统生产部门和以工业为代表的现代生产部门的“城乡二元经济”反差。“在政治上城市统治乡村，在经济上掠夺乡村，在文化上冲击乡村，在社会关联上摒弃乡村，城乡之间的政治、经济、文化、社会等各方面的关系日益趋于分割和逐步对立。”（国家统计局城市社会经济调查总队，2005）目前，我国是世界上最大的发展中国家，城乡二元化发展是我国社会经济最显著的特征。

城乡二元结构是造成我国城乡文化差距日益拉大的根本原因（王苹，2010）。我国的城乡二元结构转化的进程较为迟缓，这不仅制约着我国经济体制改革的方向，而且影响着我国制度调整的力度（刘元春和罗玉波，2003）。在一定程度上，城乡二元结构已成为我国社会经济发展的瓶颈。城乡二元结构阻碍了城乡文化的交流和融合（甄峰，1999），导致城市和乡村文化发展的分割。目前，我国城乡交流融合、协调发展的体制机制较为匮乏，促使城市文化渐渐发展，乡村文化逐步衰落，甚至在精神、行为层面上表现出城乡文化冲突日益加剧。伴随着城镇化步伐的加快，甚至形成了市民和农民工一系列的社会融合问题（胡杰成，2008）。因此，促使城乡二元结构成功转化是实现社会稳定、科学发展的内在要求。

2.2.1　演化轨迹

城乡二元化的制度和政策是我国城乡文化差距日益增加的根本原因。城乡文化二元结构引发的问题日益凸显，已影响到我国社会主义和谐社会的健康发展。城乡文化二元化的形成除了自然、历史等原因之外，还有更深层次的体制原因，依据我国城乡文化二元结构形成的过程可将其划分为1949～1977年的城乡文化二元结构形成时期、1978～1984年的城乡文化二元结构缓和时期、1985～2003年的城乡文化二元结构固化时期、2004年至今的城乡文化二元结构变革时期（表2.1）。

表2.1　我国城乡文化二元结构发展历程

发展阶段	主要制度、政策
1949～1977年：城乡文化二元结构形成时期	为摆脱贫困落后的局面，加速现代化进程，我国采取了优先快速发展重工业的赶超型战略；通过提供农业税、低价的农副产品（采用统购统销和剪刀差形式）来为工业化提供积累，以降低发展重工业的成本，并减轻工业化过程中由于劳动力的转移而形成的城镇化压力。为此，国家做出了一系列相应的阻断城乡生产要素、产品及人口流动的制度安排，其中最主要的是农产品统购统销政策、人民公社制度和户籍管理制度。这些政策的实施标志着我国城乡二元经济结构的形成
1978～1984年：城乡文化二元结构缓和时期	我国改革开放率先从农村开始，改革的主要内容是农户联产承包制的普及和农产品流通体制的改革；到1983年年底，全国共有98%以上的农户实行了各种形式的承包责任制，其中实行包干到户的农户则达到94.5%。以家庭联产承包责任制为特征的农村经济体制改革，在保证主要生产资料集体所有的前提下，使农民家庭私有的生产资料逐渐增多，城乡居民的收入水平都较改革前有较大的提高，城乡二元强度指数呈下降趋势，城乡二元结构出现缓和的局面
1985～2003年：城乡文化二元结构固化时期	1984年，我国启动城市经济体制改革。在体制转轨时期的工业化和城镇化道路上，虽然工业和城市经济发展速度加快，但是工业和城市的发展并没有直接带动农业和农村的发展并最终消除二元结构，反而形成了计划经济体制和市场经济体制对农业和农村发展的双重挤压
2004年至今：城乡文化二元结构变革时期	我国经济经过近30年的持续快速增长，经济总量已居世界第4位，工业化进入中期阶段，政府的财力大大加强，整体上具备工业反哺农业，城市带动农村的实力。2004～2007年，国家连续四年出台中央一号文件，解决三农问题；2005年10月，党的十六届五中全会通过《中共中央关于制定国民经济和社会发展第十一个五年规划的建议》，提出建设社会主义新农村的重大历史任务；2006年3月，第十届全国人民代表大会第四次会议审议通过了每年拿出1200多亿元用于乡镇财政支出，从教育、基础设施、医疗卫生等方面加大对农村的投入；2007年6月，批准重庆、成都设立全国城乡统筹综合配套改革试验区……

（1）1949～1977 年：城乡文化二元结构形成时期

1）城乡有别的户籍制度，是城乡文化交流和融合的分割器。城乡分立的户籍制度，人为地隔断了城乡之间的社会文化要素的流动，阻碍了城乡文化间的交流和融合。社会学研究证明，社会流动是社会发展的重要表现形式，频繁的流动能增进或加强各阶层居民之间的联系和了解，有助于社会在动态中求得平衡和协调地发展。我国城乡隔离的户籍制度在城市和乡村之间筑起了一道厚厚的屏障，造成了城镇人口和乡村人口的身份分层、城市和乡村的空间分层、社会结构分层等现象（陆益龙，2004）。

城乡户籍制度对城乡文化二元结构具有强化效应。严格的城乡户籍制度阻碍了城乡间人口的正常流动，将城乡分割为两个市场。新中国成立前，伴随我国工业化进程的推进，农民大量地涌入城市。1950 年前，我国农民享有一定的流动自由，我国乡村城镇化曾经有一个良好的开端。我国的城镇化率由 1949 年的 10.64%上升至 1960 年的 19.75%，这 11 年间城镇人口比重增长了 9.11%，每年平均上升 0.83%；城市数由原来的 136 个上升到 1960 年的 196 个，平均每年增加 5.5 个。然而，良好开端的背后却蕴藏着不和谐的因素。由于对劳动力流动缺乏科学合理的引导，大量的乡村居民盲目地流入城市，引起社会治安混乱、粮食供不应求等一系列社会隐忧。为应对乡村人口盲目流动带来的社会危机，1956 年 12 月，周恩来总理签发了《国务院关于防止农村人口盲目外流的指示》，禁止农村居民外流。1958 年 1 月 9 日，在第一届全国人民代表大会常务委员会上，我国公布实施了第一部户籍管理法律法规——《中华人民共和国户口登记条例》。该法规确立了城乡二元分割的户籍制度，限制了乡村居民流入城市。从农村迁往城市的居民，必须持有学校的录取通知书或城市劳动部门的录用证明等系列文件，或者拥有城市户口登记机关批准的迁入证明，向居住地户口登记办理机关申请迁出证明。这一规定确保了计划经济体制的有效运转，维持了社会秩序的稳定，同时也人为地更改了城乡关系的局面，城市和乡村被截然分开，并且被不同的政策治理，这样就严格制约了乡村居民向城市的合理流动。

2）城市偏向政策，逐步拉大了城乡文化发展差距。偏向城市居民的收入再分配方针，使我国城乡公共产品的供给严重失调，城乡文化发展的差距逐渐加大。新中国成立以来，我国一直执行城市偏向和工业发展优先的战略，政府通过金融、财政等政策措施将各种资源主要配置到非农产业和城市地区。反之，我国农业向财政提供的税收总量远远大于财政向农业的投资额，我国农业始终处于资产净流出状态。一直以来，财政投入倾向城市，在乡村地区文化设施建设、基础设施、义务教育、社会福利保障等方面的投入严重不足，造成城市和乡村在文化、经济、社会发展等各个方面的差距越来越大。特别是教育水平的差距较为明显，国家一直投资城市中小学教育，而乡村中小学义务教育一般是以摊派形式由农村居民自己投资（刘新，2009）。

因为我国长期存在的城乡二元结构，中国城镇化进程中出现了许多社会矛盾和问题。新中国成立之际，为了尽快改变国民经济发展水平落后的局面，我国采取了优先发展重工业的战略计划，以启动国家工业化进程。然而，在生产力水平比较落后的农业国自力更生地搞工业化生产，并期望实现“跨越式”的发展，势必要面临工业原材料短缺、资金周转困难、农产品不足等各种现实问题。为了通过农业、农村给城市工业化的发展积累原始资本，我国采用农业合作化统购统销、工农业价格剪刀差等一系列政策，强力压低农民的收入。同时，我国将绝大部分资金投入到工业重大项目中，而忽视了轻工业和农业的建设，致使我国产业发展极度不均衡，以及乡村地区发展严重落后于城市等问题。

3）城市偏向制度，抽掉了乡村文化发展的物质基础。“以乡养城、以农养工”的政策制度安排，加剧了我国对乡村剩余劳动的侵占，抽取了农村文化发展的物质根基。新中国成立后，为推进工业化进程，我国实行了一系列政策，以推进工业化进程。其中，农产品的统购统销，使农村居民劳动所得的粮食大多都被收购，农民能剩余的劳动成果几乎没有。所谓“工农产品剪刀差”（李炳坤，1981），就是工农业产品在交换过程中价格违背实际价值，农业产品价格大大低于价值，工业品价格远远高于价值，工农业呈现非等价交换的剪刀状状况，其实质是人为地压低农产品价格，而抬高工业产品的价格。以较低的价格收购农产品，却以较高的价格将工业产品卖给农民，以“工农产品剪刀差”的形式将农业剩余价值转化成工业原始资本积累。

新中国成立以后，由于受外部国际环境的制约，我国难以从国外获得工业化发展的原始资本和销售市场，只能将工业原始资本积累的来源定位于国内。新中国成立以后的很长一段时间里，“工农产品剪刀差”是我国工业发展资金的来源。1949～1977年，我国农民收入较少，农村生产力水平较为低下，在这样的情况下，国家通过“工农产品剪刀差”从农村、农业、农民攫取了大量的原始资本。新中国成立后的很长时间里，在苏联“生产资料优先增长”理论的影响下，1953年毛泽东同志亲自主持并起草了《关于党在过渡时期总路线的学习和宣传提纲》的纲领性文件，文件指出国家的社会主义工业化实现的中心环节是优先发展重工业。于是，在我国第一个五年发展计划里，首要任务就是集中主要力量促进重工业的发展。据推算，1953～1978年，在我国计划经济时期的25年里，工农产品剪刀差总额在6000亿～8000亿元。但是，这段时期，国家工业固定资产总量为9000多亿元。可以看出，国家工业化的原始资本积累主要来源于农业（温铁军，2000）。在1950～1978年的28年里，我国政府通过工农产品剪刀差获取了大约5100亿元收入，农业税收入达到了978亿元，我国政府获得农业剩余价值净额高达4500亿元，从农业部门平均每年获取流出资金净额达155亿元（农业投入总课题组，1996）。但是，这段时期没有根据形势变化及时调整发展战略，工农产品剪刀差累积时间过长，累积比例过大，损害了农村、农民、农业的自身发展，激化了城乡矛盾，对我国国民经济的发展带来了不良影响。

（2）1978～1984年：城乡文化二元结构缓和时期

随着改革开放政策的贯彻执行，农业和农村问题得到高度重视和强调。改革开放以后，国家迅速调整、纠正了重工业倾斜的发展战略，轻、重、农发展比例得到了调整，农村市场得到了适度开放，初步实现了党和国家的工作重心转向社会主义现代化建设。这一时期国家对城乡关系、工农关系的认识发生了新的变化：其一，从过去“阶级斗争为主”转向为“经济发展是解决一切问题的关键”，在消除城乡矛盾的模式选择上更强调经济发展的首位性。把农民富裕、农村繁荣和实现现代化建设的目标结合起来，农民可以从事非农产业等其他生产经营活动，进而促进非农产业的发展。其二，充分认识到“三农”（农业、农村、农民）问题是我国经济发展和社会主义现代化建设的基本问题。不再单纯地从工业化建设的视角来思考农业问题，或强调农村为城市服务的属性。对农业地位的理解从过去的“工具层面”升至“目标层面”，把提高农业生产力、促使农民富裕、促进农村发展作为衡量中国社会经济发展的重要目标。这些观念的更替，改变了新时期党处理城乡关系的主旨，为扭转城乡格局奠定了基础，促使城乡二元社会经济结构差距逐渐缩小。

经济改革时期，乡镇企业的突起使我国的工业化发展模式转变为城乡共同发展的二元化格局。计划经济时期，城市发展工业的单一发展方式是我国工业化前进的动力。进入经济体制改革时期，在计划经济体制不变的前提下，经济改革引入了一些市场因素，城乡隔离体制有所破冰，进而引起了结构的变化。农村产业结构和城乡隔离制度的变化，促进了乡镇企业的兴起，使我国的工业化发展方式由城市一元转变为城乡二元工业化发展格局，并在逐渐缩小城乡差距。

（3）1985～2003 年：城乡文化二元结构固化时期

从 1985 年开始，国家将改革重心由农村转向了城市。1992 年之后，在计划经济市场体制向市场经济体制转变期间，中国经济进入全面转型时期。由于经济增速过快过猛，以及宏观调控经验的严重不足，在 20 世纪 90 年代初，我国出现了通货膨胀的局面，局部行业产生了经济泡沫。为化解经济行业中的风险和隐忧，从 1994 年开始我国启动经济“软着陆”的方案。投资增长的速度开始放缓，工业部门的扩张趋势受到控制。同时，一系列扶持农业发展的措施相继出台，农业发展水平得到了一定程度上的恢复。在此情况下，工农业部门生产效率和城乡居民收入差距都呈现出缩小的迹象。1993～1996 年，农业比较劳动生产率从 0.35 上升至 0.4，重新回到了 1978 年的发展水平；非农产业比较劳动生产率则从 1.84 下降至 1.61；相应的二元对比系数从 0.192 提升至 0.251；城乡收入比率从 2.8 下降到 2.51，出现了 1980 年以来少有的下降情况。这一时期，在特定时期宏观政策背景相作用的情况下，我国城乡二元性特征得以暂时缓和——尽管持续的时间较短。1996 年以后，我国进入经济结构转型时期，经济体制的调整和经济结构的转型使二元对比系数逐年下降，二元反差系数逐年上升，这表明我国的城乡差距正在逐年拉大。这一时期，改革前期遗留的系列问题开始涌现，中国经济体制改革步入了攻关阶段，加上 1998 年的亚洲金融风暴冲击，我国宏观经济局势发生了重大转变，物价持续下跌，生产过剩现象开始凸显。

总之，这一时期，我国城乡产业分工泾渭分明，农村发展农业，城市发展工业（殷醒民，1999）。同时，通过“生产资料优先增长”规律采取了优先发展重工业的经济发展战略。通过工农业产品之间的“价格剪刀差”来牺牲农业，补偿工业，这种经济发展战略人为地促进了城乡二元经济社会结构。

（4）2004 年至今：城乡文化二元结构变革时期

2004 年国家作出了建设社会主义新农村的重大战略部署，开始逐步调整农村政策，加大对“三农”的扶持力度。国家虽然大幅度调整了原有的国民经济发展战略，但是城乡二元结构仍然存在，统一的城乡文化要素市场始终没有系统、全面地建立起来。一方面，不合理的户籍制度成为享受不同公共文化福利的依据，进而阻碍了居民在城乡间的合理自由流动；另一方面，城乡完全分割的文化市场使得文化资源难以在空间上得到最优化的配置。这些因素大大地影响了文化产业的集中和人口的聚集，同时也为中国城镇化的发展带来了负面影响。

歧视性就业、统购统销、集体所有制等制度的安排割断了农民和市民、农村和城市的关联，也剥夺了农村居民获得现代性发展的机会。一系列制度的安排，不仅剥夺了农民参与市场活动和融入城市的机会，也侵占了他们接受理性精神洗礼的机会。传统中国的官本位、封建礼制、伦理型的价值观等封建残留文化仍然充斥在乡间，传统自然经济条件下形成的迷信、封闭、保守、安贫乐道等思想意识仍然顽固地存留在农民意识中，影响到农民现代性的获取以及行为方式上和精神意识上的更新。

总而言之，中国城乡分割的破除需要农村的土地政策制度改革。改革开放以来，我国农村发生了一系列深刻的变革，特别是家庭联产承包责任制的推行。这一制度的推行引起了农村政治、社会经济、农民思想等各方面的变化。联产，是指以劳动产品的最终质量和产量作为分配劳动报酬的主要依据；承包是指通过承包合同，以集体所有的土地等生产生活资料或其他经营项目，以规定的某种分配方案交给家庭去经营。

2.2.2 主要特征

城乡文化二元结构突出的表现特征有以下两个方面，其一是直接造成了几乎所有的一流文化人才、文化设施、文化活动和文化资源高度向城市聚集（王晓冬和索志林，2007），城市文化发展水平日益提高；其二是乡村文化系统不断地被边缘化，乡村文化发展水平日益衰落，从而形成了城乡文化发展相对分割、互动机制严重匮乏、文化体系严重失调的城乡文化二元结构。本书根据文化层次的结构将其划分为物质文化、精神文化、行为文化和制度文化（张岱年和方克立，2004），针对文化的四个层面（高善春，2012）分别探讨城乡文化的二元结构问题（表 2.2）。

表 2.2 我国城乡文化二元结构的表现特征

表现方面	城市	乡村
物质文化	建筑风格上，城市高楼林立，规模宏大；交通体系健全，与外界通达度高；基础设施完备，居民生活便利；商业活动频繁，市场发育完善；服饰和饮食文化表现为现代和多元的特征	乡村建筑多为独门院落，房屋低矮，村落布局凌乱；交通不便，与外界通达度低；基础设施简陋，农民生活极不方便；农业生产为主体，市场发育较差；服饰和饮食文化较为传统单一
精神文化	城市人口流动频繁，交往面大，人多注重个人的价值和人格尊严；血缘宗族的观念冷漠，民主和独立意识强烈；文化特质多具理化性；大众艺术活跃，流行时尚多变	乡村人口流动较少，交往范围狭窄，个体意识较弱；血缘关系和地缘关系较浓；姓氏具有很强的凝聚力和向心力；乡村的文化特质多具感化性、传统性，宗教习俗观念重；艺术形式带有浓厚的乡土气息
行为文化	城市行为文化表现为科学理性，敢于求新求异、追求时尚，不怕冒险，讲求效率和实惠实利，带有明显的个人主义和功利主义倾向	农村受封建迷信和宗法思想影响较深，人们长期生活在静态的、伦理至上的熟人社会，行为文化则表现出较强的传统性和保守性，求和、求稳，安心守分，勤俭克己，墨守成规，缺少创造力和探索精神
制度文化	国家经济制度高度向城市倾斜，法律制度、户籍制度、劳动就业制度、社会保障制度、教育制度等一系列制度在城市逐一实施；城市居民的社会结构是由职业、职务、职称、文化水平等因素决定的；社会行为受法律法规、规章制度和公众道德约束	资金缺乏，人地矛盾逐渐增大；各种经济制度、教育制度、社会保障制度不健全；社会结构多呈家族式，有既定的谱系和辈分；宗法和其他约定俗成的非正式制度对其行为影响较大，传统伦理习惯规范较大

（1）城乡物质文化二元化

物质文化是整个文化系统的基础，包括交通、建筑、服饰、饮食、生产生活工具和设施等。物质文化是整个文化系统的有形组成部分，也是城乡文化系统发展失调的最直观体现。突出表现在城市物质文化极度发达，在交通、建筑、饮食、服饰等日常生活起居方面均比乡村优越。城市物质文化的发展水平呈现出明显的马太效应，物质、人才、财产等逐步向城市汇聚，使得城市物质文化日益繁荣昌盛。然而，乡村物质文化水平难以快速提高，乡村物质文化与城市差异逐渐明显。

建筑风格上，城市高楼林立，规模宏大；乡村建筑多为独门院落，房屋低矮，村落布局凌乱。城市交通体系健全，与外界通达度高；乡村交通不便，与外界通达度低。城市基础设施完备，居民生活便利；乡村基础设施简陋，农民生活极不方便。城市商业活动频繁，市场发育完善；乡村农业生产为主体，市场发育较差。城市服饰和饮食文化表现为现代化和多元化的特征；乡村服饰和饮食文化较为传统和单调。

（2）城乡精神文化二元化

由于乡村和城市在生活方式和生产发展水平上差异较大，同时，受到现代文化、传统文化的影响程度也不尽相同，城乡居民的精神方面表现出不同的文化特质。城乡居民的价值观念、审美意识、思维方式等方面存在明显不同。城市居民的精神文化多表现出理性化、世俗化、多元化、开放性的特征，一般都是彰显个人的价值，血缘关系、法治意识、宗教观念等较为淡漠，独立、自由、平等的意识等方面表现得愈加强烈，城市文化的现代性元素较多。相反，乡村居民的文化特质多表现出情感性、保守性、封闭性、传统性，个体意识较弱，家族意识、血缘意识、宗教观念、法规观念等较为浓厚，对邻里关系、血缘关系、地缘关系较为珍视，传统性因素较多，现代性精神较为匮乏。

城市人口流动频繁，交往面大，人多注重个人的价值和人格尊严；乡村人口流动较少，交往范围狭窄，个体意识较弱。城市血缘宗族的观念冷漠，民主和独立意识强烈；乡村的血缘关系和地缘关系较浓。城市文化多具理化性特质；乡村文化多具感化性、传统性特质，宗教习俗观念重。城市大众艺术活跃，流行时尚多变；乡村姓氏具有很强的凝聚力和向心力；艺术形式带有浓厚的乡土气息。

农民作为一个群体，具有特殊的生产生活方式以及特定的社会地位，具有对待人生、社会、世界的基本态度和观念。在这个意义上，农民意识、农民文化确实存在。但是，如果把乡村的思想观念和乡村文化放到线性文化进化论的某个时点之上，认为农民的意识、观念总是传统的、保守的或落后的，那么，这种认识是具有偏见性和绝对性的。例如马加爵案，大多舆论多归因于学校、归于因教育和社会心理救治系统不健全，这些其实都是表象，最根本的原因，在于横在“乡下人”和“城里人”之间日益扩大的鸿沟。

（3）城乡行为文化二元化

行为文化是指人们在社会实践中所贡献的、有价值的、能促进文明和文化及人类社会发展的经验和创造性活动。城市行为文化表现在敢于创新求异、追求时尚，行为方式具有科学理性，冒险精神较为浓厚，做事讲求效率、实惠实利，且具有明显的功利主义和个人主义倾向。乡村行为文化受宗法思想和封建迷信影响至深，乡村居民长期生活在较为静态的、伦理至上的熟人社会里（费孝通，2006），行为文化过多地表现出较强保守性、传统性等特性，乡村居民一直倾向于求和、求稳，安分守己，克勤克俭，对新鲜事物接受较慢，墨守成规，害怕冒险，缺少足够的创造力和充足的探索创新精神。

乡村居民居住在乡野之中，成群而落，聚村而居，靠近草原、田野和大自然。其出生地的原始基因，决定了城乡居民之间的行为差异，以及社会对“农民”这种身份的认知差别。由此，大凡保守的、落后的、歧视的观念似乎都源于农民；而大凡创新的、进步的、高尚的精神似乎是城市居民的专利。“小农行为”“小农意识”及“小农观念”等概念成为农民行为的代表。

（4）城乡制度文化二元化

乡村和城市的制度文化二元对立在中国较为明显。新中国成立以后，我国城乡两个独立的文化系统在制度制定上分别有两种独立的制度嵌入，实施了一系列城乡文化不同的规章制度，如公共财政、公民身份、社会保障、劳动就业等制度，形成了“一国两策、城乡分治”的局面（陆学艺，2000）。另外，由于受社会传统的、规范性的、习惯性的影响，城乡社会内部的规章制度也存在极大的差异。城市居民由于受职业、教育、社会地位等多种因素的影响，公共道德、法律制度等是他们生产生活遵循的准则；由于长期受血缘宗族意识和封闭的生产生活方式影响，约定俗成的非正式规章制度和传统伦理规范是乡村居民生活的主要准则。

我国经济制度高度倾向于城市，教育制度、户籍制度、法律制度、劳动就业制度、社会保障制度等一系列制度在城市逐一实施；乡村资金匮乏，人地矛盾逐步增加，各种社会经济制度、社会保障制度、教育制度等还不健全。城市居民的社会结构是由职业、职务、职称、文化水平等因素决定的；乡村社会结构多呈家族式，有既定的谱系和辈分。城市居民的社会行为受法律法规、规章制度和公众道德约束；乡村居民的社会行为大多受习俗、宗法及其他约定俗成的规则影响。

2.3 城市文化的发展转型

城市发展是一种经济现象，更是一种文化现象，城市是文化的载体。文化是城市的灵魂，在城市发展历程中起着重要的作用，在城市各要素中有着至关重要的地位。许多专家和学者对城市文化进行了研究，但是，在概念的界定上尚没有形成共识。吴良镛先生认为，城市文化的定义有广义和狭义之分。广义的城市文化包括文化的指导系统（主要指对区域、全国乃至世界产生影响的文化指挥功能、高级的精神文化产品和文化活动）和社会知识系统（主要指具有知识生产和传播功能的科学文化教育基地，以及具有培养创造力和恢复体力功能的文化娱乐、体育系统等）。狭义的城市文化，意指城市的文化环境，包括城市的建筑环境缔造的文化以及事业设施的文化建设等（吴良镛，2009）。邓述平（2006）认为，城市文化的概念包含了文化的各方面。从城市建设和建筑领域思考的文化内容实际上是建筑文化。

本书所称城市文化，是指具有城市特征的文化发展模式，是在文化发展过程中城市形成的生活方式、生活环境、日常生活习惯和价值观念结合而成的复杂整体及其在城市物质空间和社会活动中的反映。城市文化是变化的，它随着城市的发展而变化，但它的变化相对于城市的变化是缓慢的，是一种相对稳定的变化形式，通过城市这个人类社会最大限度的汇聚体，把人们的经验、习俗、习惯赋予固定的形式。城市文化的发展代表了一个地区甚至一个国家、民族的文明程度和水平，也是城市发展的动力与基础。随着知识技术的发展和生产性的提高，在城市结构及产业结构也随之向知识化和情报信息化的转变中，人的追求目标也朝着精神的、知识的、人文的方向转变（杨广晖，2006）。依据我国城市发展的时代背景，我国城市文化的发展转型大致分为三个阶段，即 20 世纪中前期以政体转型和建构为中心的近代化主题的“政治型城市文化模式（1949～1978 年）”、20 世纪后期以经济改革开放为中心的现代化主题的“经济型城市文化模式（1978～2005 年）”和 21 世纪初开启的以都市化为中心的后工业化主题下的“文化型城市（2005 年至今）”。

2.3.1 近代化的政治型城市文化模式

新中国成立以来，城市文化第一种发展模式具有明显的政治型特征的，即政治型城市文化模式，大体上可以界定为新中国成立之后到改革开放前，即 1949～1978 年这一时期内。

（1）基本特点

政治型城市文化，实质上是一种以政治理念需要和政治意识形态为中心的、一切服从于国家意识形态和政治利益发展需要的、具有明显“逆城镇化”特点的城市文化模式。如果说，非农人口与非农经济方式是城市区别于乡村的两个最基本的特征，按照政治需要控制非农人口和非农经济的增长是政治型城市文化的核心功能，而不是按照城市自身发展的自然本性。新中国成立不久，我国便快速形成了严格的、军事化管理的户籍制度与资源高度集中的计划经济体制机制，这是我国政治型城市文化模式的本质和主要特征。依照城市文化功能来看，政治型城市文化的主要功能是传授人们怎么控制、如何聚敛物质生活资料和物质财富等的意识。与此同时，为了维持社会秩序的安定，更加有效地夯实统治的物质根基，政治型城市文化总是压迫、限制经济型城市文化发展的潜力。

从新中国成立到改革开放以前，我国虽然摆脱了外来文化的高压，但也丧失了与外来文化交流的机会。新中国成立后，为了使我国社会主义工业体系尽快发展，并改善我国工业分布极度不合理的现象，20 世纪 50 年代前后，我国把工业发展的重点放在内地城市（如兰州、西安、太原、沈阳、长春、成都等），使这些城市的工业发展水平得到快速的发展。但是，这一时期，文化产业严重萎缩，严重影响了城市居民的生活。

近代以来，尽管受西方资本主义文化的影响，中国经济型城市文化也取得了一些发展。然而，近代以来鸦片战争、抗日战争、解放战争等战乱持续不断，特别是新中国成立以后东西双方长达 30 年的意识形态和军事对垒的冷战，在很长时间内政治型城市文化仍是我国的首要大事，并对我国现代城镇化进程产生深远、复杂的影响。城镇化进程中的支柱和引擎是现代工业，现代工业重建了城市的空间、重组了城市功能。与西方现代城市文化历程不同，一直到 1978 年以前，我国城市发展的根本性力量是政治型城市文化。

（2）主要弊端

任何一种城市文化发展模式都是利弊兼有的，控制人口流动和管理经济资源对新中国新生政权的巩固、减轻经济发展压力、维持社会稳定是十分必要的，并且具有较强的历史合理性。政治型城市文化模式的最大问题是城市文化发展进程容易被同时代频繁的政治活动所影响。改革开放之后，我国以“建设四个现代化”（四个现代化即工业现代化、科学技术现代化、农业现代化、国防现代化）为新起点，城市文化发展历程迅速启动了从政治型向经济型模式的转变和推进。政治型城市文化对城市的经济发展有一定的影响。例如，新中国成立前，上海集中了我国50%以上的工业，这个以工业为中心的城市在政治型城市文化的影响下，出现了快速的倒退（熊月之和周武，2007）。

2.3.2 现代化的经济型城市文化模式

城市文化的转型，实质上是生活和生存方式的改变，是人的价值取向、思维方式、生存样式、风俗习惯、伦理道德等各方面的变化。在全面建设小康社会的今天，我们在提高人们生活质量的同时，不要忽略人们精神文明的需求。创建和谐社会文化，弘扬文化创新精神，强化文化创新能力，构成社会文化发展的动力机制，引导社会文化进步，实现人与社会文化的协调发展。

（1）基本特点

在实现四个现代化建设发展背景下，在“摸着石头过河”中迅速形成了一种经济型城市文化模式。与政治型城市文化模式相比，经济型城市文化唯GDP至上，一切服从于经济发展的文化模式，其时间可界定为1978～2005年。经济型城市文化发展的基本特征包括社会主义市场经济模式的确立、城市的文化市场的开放、文化产业和文化服务功能的全面恢复、文化建设和文化设施的快速扩张等方面。改革开放时期，经济型城市文化模式获得了较大的进步，这主要表现在以下两方面：其一是文化产业结构的不断调整和城市经济的快速发展，越来越使城市成为一个活跃的经济实体；其二是经济的繁荣发展直接促进了文化服务设施的建设，使我国的城市文化进入一个前所未有的高速发展时期。改革开放以后，我国城市持续高速发展，这不仅极大地促进了传统农业社会向现代工业社会的转型，同时也为我国甚至世界的可持续发展做出了巨大的贡献。

（2）形成背景

改革开放以后，我国经济不断繁荣富强，特别是市场经济体制改革推动了社会发展转型。快速城镇化的进程直接带动了人口流、信息流、资金流、物流等各种要素向较高发展水平的城镇聚集，使得生产要素重新汇集和重组，从而提高了城镇运行效率，扩大了城镇规模，推动了城镇化发展的步伐，也促使城镇的文化特质发生了改变。总之，城市文化是人类文明的表达方式和手段，不断地转型和演化，不停地超越前人的精神文明、物质文明等。我国城市文化发展进入了一个前所未有的黄金时期，特别是沿海城市或经济特区，作为改革开放的前沿，这些城市是我国社会文化传播的加油站。

我国城市文化发展的背景已大为不同：其一，工业化扩大了“人”的力量，人们可以大幅度地开发和利用自然，以改造周围的居住环境。与传统社会相比，城市扩张规模之大、速度之快史无前例。然而，城市在大规模发展的同时，自然环境却遭遇了前所未有的破坏，城市文化生存发展的前提受到了空前的威胁，于是人们便呼吁“只有一个地球”。其二，传统城市文化的发展主要受军事、政治等因素的影响，现代城市文化发展的基础是社会经济。现代城市的决策民主化程度、城市文化的商业化程度、城市规划科学化程度等均有所提高，同时，城市公共文化服务设施也不断完善，这丰富了市民的文化生活、提高了市民的文化素质和文化品位，也积极塑造了现代城市文化形象。

（3）主要弊端

以发展工业为主题的经济型城市文化模式，从一开始就存在许多问题，特别是目前正逐步暴露愈加严重的问题，如城市文化建设的失调、城市文化的沦落、以“国际化大都市”为口号的“大冒进”、城市文化生态环境的破坏等方面。

第一，城市文化建设的失调。城市发展的根本目的是为居民提供更加美好的生存环境，包括物质环境和精神环境。城市规划是对社会公平的维护的重要手段之一，在对土地资源进行再分配的同时，合理利用公共资源、保护自然和人文环境，建设一个环境优美、社会和谐的文化城市是其根本目的。但是，在快速城镇化发展时期，文化建设中难免会出现一些盲目决策、心态浮躁现象。例如，大多城市采用经营土地、房地产开发等拉动经济增长，直接严重损害了居民和国家的利益。以 GDP 为核心的经济型城市文化给城市生活方式、文化生态环境带来了诸多的负面影响。这已经在很大程度上成为影响中国城市文化健康发展的主要原因。

第二，城市文化生态环境的破坏。在严重污染城市生存环境的同时，经济型城市文化因其越来越残酷的竞争使城市居民重度透支了健康。2004 年有报告显示，我国城市共有近 35.8 万人死于大气污染。大气污染造成的城市生态环境和人们健康的损失，已占我国 GDP 的 7%。Chen 等（2013）认为，空气污染直接对公众健康造成了严重影响，PM2.5 已成为影响中国公众健康的第四大危险因素。如果中国城市 PM10 年均浓度达到《国家环境空气质量标准》中的一级标准限值 40 微克/米 ^{3}，中国每年将减少 20 万人过早死亡。由于都市高昂的生活成本和恶劣的生存环境，“逃离北（京）、上（海）、广（州）”（刘士林，2009）的呼声越来越高，人们将逐渐抛弃“伪幸福”的城市生活（李仁主，2005）。

第三，城市文化的沦落。城市文化与市民的精神面貌、生活态度、行为方式和价值观念密切相关。一个城市的综合实力体现在这个城市的文化氛围、文化资源、文化发展水平等方面，城市的未来几乎由城市文化的发展模式决定。然而，面对外来强势文化较大的包容性、可持续性、兼容性和复制性，我们的城市如何挖掘自身的文化潜力，如何避免文化稀薄、思想平庸、品味低下的城市建筑物填充城市的文化生活，如何使人们更好地理解和继承优秀传统文化。从实质上来说，文化是一种精神现象，它自身不是物质，却反映了物质又作用于物质。文化是无形的，无形的文化可以附着于有形的物质之上，通过物质的形式体现出来。物质承载着文化，保存着文化，传播着文化，发挥着文化的效应。因此，可以通过文化的物质载体对其进行认识和鉴别。

第四，以“国际化大都市”为口号的“大冒进”。统计显示，1995 年我国大约有 50 座城市提出建设“国际化大都市”的战略目标；1996 年增加至 75 个城市打出建设“国际化大都市”的旗号；截止到 2004 年，这个数字迅速上升至 183 个。特大城市北京、上海及几乎所有的直辖市和省会城市，厦门、大连、苏州、珠海、无锡、青岛、威海、烟台、连云港、南通、九江、汕头等规模较次的城市，甚至惠州、丹东、黑河、满洲里、珲春等三线中小城市，也给自己挂上“国际化大都市”的标签（郝涛和李楠，2005）。在一定意义上，这种愈演愈烈的“罗马化”发展理念（刘士林，2009），是我国城市文化普遍出现功能失调、结构失衡的根本原因。作为一种病态的城市文化发展理念，其问题正如陆大道先生所说的“中国城镇化进程对城市面貌和文化古迹带来很大破坏”，正所谓“过犹不及”。

2.3.3 后工业化的文化型城市模式

在经济型城市文化模式受到来自各方面的严厉批评之后，越来越多的城市开始转变发展目标，以“幸福、宜居、可持续、生态”等为评价标准的文化城市应运而生。文化城市是芒福德的“人本主义城市”的延伸，在某种意义上它们具有高度的一致性。可以说，在经过半个多世纪的曲折摸索之后，在发展理念上我国城市才开始步入“以人为本”。在一个更高的历史发展阶段，我国城市发展正向曾经实现过城市本质的希腊靠拢。在经济增长方式转换的时代背景下，中国城市开始进入文化城市的实践始于2005年，我国城市以“幸福、宜居、可持续、生态”等发展观为文化城市的标志。

（1）基本含义

芒福德从文化与城市的关联中揭示城市本质，认为城市是一个巨大、复杂的文化磁体和容器，通过吸引、融合、储存和传播文化而不断丰富人性，发展人，孕育新人类。芒福德对城市本质加以文化指认，他认为城市的深层本质在于城市的文化；城市文化在时空维度所具备的特征决定着城市的特殊功能（芒福德，2005）。芒福德关于城市本质的阐述是“文化城市”理论形成的胚芽。所谓文化型城市是一种以文化审美为主体劳动对象，以文化资源为客观生产条件，以艺术设计、景观创造、文化创意等实践手段为中介过程，城市理念和形态是以适合人的审美生存、空间发展的全面重建、社会进步为终极目标的。它不仅为当今世界可持续发展模式和城市建设提供了系统性、指导性理论，也利于人们改变以GDP为目标的城市文化发展理念，从而从本质上提升城市文化的发展质量。同时，在当代城市文化研究中盛行的人文主义、审美主义等，特别是他们对城市进行的众多批评和非议，也将纳入文化型城市模式中，方能避免沦为鲁莽化的道德批判，并获得更加积极的现代性文化价值。

（2）主要优势

文化型城市不仅在改变经济增长方式方面具有重要意义，同时，也代表在发展方式上中国城市开始全面实施结构性转型和战略性升级。伴随中国城镇化水平的不断上升，特别是在城市文明建设和文化发展的双重需要下，当代中国社会发展的创新模式和更高目标必定是文化型城市模式。主要有以下三方面的主要原因：第一，和政治型城市文化模式、经济型城市文化模式相比，以文化为核心价值的城市发展模式最能直接体现人类文明发展的新要求、新高度，是兼顾了政治和经济、过去和未来，最适合主体需求的城市本质的科学发展模式。

第二，文化型城市对我国实现经济增长方式转型具有重要的示范作用和支撑价值。建设文化型城市，既可通过文化丰富当代生产力体系，也可用文化软资源填补经济发展的资源储备。一方面，农业人口数目巨大、资源相对紧张是我国的国情；另一方面，文化型城市发展模式是以提高发展质量和全面发展为目标的，我国悠久的文化历史、丰富的文化资源，为文化型城市发展提供了重要的支撑条件。第三，建设文化型城市并不排斥城市的经济功能和政治功能，而是要把文化发展作为主题对城市中的诸要素进行科学配制，使城市诸功能进一步优化升级，并最终推动城市的可持续发展。因而，文化型城市也是具有科学示范意义、普世价值的发展模式。

（3）发展导向

我国文化型城市还处于起步阶段，西方文化型城市理论的建设和实践对我国具有重要的示范性作用，特别是在文化传承、空间保护、文化产业发展、提供公共文化服务等方面，西方城市的发展过程为我国城市跨越式的发展提供了一面镜子。从客观上看，在城镇化进程中，文化资源是城市经济系统中重要的新生产要素。因此，文化生产力是城市重要、良性、可持续性的发展支撑。文化发展成为城市全面、和谐发展的更高理想，在全球范围内文化型城市迅速获得了实际的发展空间。伴随经济型城市模式的大量后遗症的涌现，人们开始对经济为主的城市文化模式的反省、质疑、批判声越来越多。这在根本上涉及人生价值和城市本质等问题，也是我国城市经历了片面追求物质发展之后，在特定发展阶段产生的精神觉醒。在 20 世纪末，费孝通先生发出这样的感慨：“美好的生活不仅仅是一个吃饱穿暖的生活……除了物质需求外，还需要 art，也就是艺术……这是高层次的超过一般物质的生活，也是人类今后前进的方向。”（费孝通，1999）

文化和经济天生是一对不和谐的“冤家”。在中国古代，诗圣杜甫曾感慨：“甲第纷纷厌粱肉，广文先生饭不足”（摘自《醉时歌》）。马克思也说：“物质生产的发展例如同艺术生产的不平衡关系。”（马克思和恩格斯，1979）但纵观人类的整个历史进程，经济型城市对其文化功能的损害是巨大的、史无前例的。改革开放以来，我国强烈发展经济的现实要求，是其深陷“经济型城市文化模式”而不能自拔的最根本的原因。经济型城市文化模式在把人类家园推向极端危险边缘的同时，也促使在经济狂热中的城市居民开始重新思考和审视城市的本质。在这一背景下，芒福德的“艺术文化论”很快成为主流思想并迅速渗透到城镇化进程中。文化城市的本质在于，不仅要使人生活得健康、安全、富裕，同时还要使人生活得愉悦、自由和有意义。在已患“不治之症”的大都市中如何实现美好的生活，芒福德提出了“灵妙化”的新理念，其主旨有二：一是在经济刺激下控制已过于臃肿庞大的都市规模；二是在当代大都市中重建“丧失的精神实质”（刘士林，2009）。或者通过科技兴国，进行一场规模宏大的文艺复兴。

近年来我国一直保持高速的经济增长，特别是在一些率先发展、经济较发达、城镇化水平较高的地区，文化艺术建设已经积累了较为雄厚的物质基础。在我国，北京最先以“宜居城市”为发展目标，并率先揭开了文化型城市发展的进程。2005 年，国务院正式批准《北京市城市总体规划（2004 年—2020 年）》，将北京城市的发展目标明确定为“国际城市、国家首都、宜居城市、文化名城”（许灵，2006）。2007 年，上海也明确提出建设“文化大都市”，这既是对现有“四个中心”（国际经济、金融、贸易、航运中心）硬件方面的重要补充，也是在城市文明、精神文化等“软件”方面的重大发展目标（朱易安，2006）。

2.4 乡村文化的发展变迁

乡村文化是指在乡村社会中，以农民为主体，以农村社区为载体，以乡村社会的知识结构、价值观念、乡风民俗、社会心理、行为方式为主要内容，以农民的思维模式、认知方式、价值观念、处世态度、情感状态、生活方式、人生追求等深层心理结构（吕红平，2001）和群众性文化娱乐活动为主要形式（刘豪兴，2008）。我国文化的诞生地是广大的乡村原野，传统的儒家文化、农耕文化、小农经济、宗法意识、家族本位都发源于乡村（陈吉元和胡必亮，1996）。无论是经济制度、社会制度、政治制度还是文化制度变迁都和乡村文化密切相关。乡村文化的发展痕迹串起了我国五千年的华夏文明，也是我国文化进程的鲜明标志（倪姗，2008）。

在中国传统社会中，乡村文化一直处于相对稳定状态，是社会的主流文化。

直到新中国成立，中国社会的政治形态、经济形态相继发生了巨大的变化，主流社会主义意识形态文化打破了传统乡村文化的秩序。社会主义制度的建立使国家政权直接深入到了乡村，于是，我国乡村文化建设具有了明显的政治化倾向。改革开放之后，家庭联产承包责任制在乡村得到了广泛的推行，农村社会的发展重点转向经济建设。但这一时期，由于打破了集体劳作的生产方式，乡村组织的“群际纽带”日益松弛，农民流动性日益加强，基层政府对农民组织的控制也在逐渐减弱，乡村文化生活在日益缺失。今天，快速的工业化、城镇化进程加剧了乡村文化的转型，使得我国乡村社会既有传统农耕文化的痕迹，又有现代新兴文化的特征，而传统乡村文化逐渐被边缘化，城乡文化冲突不断。

2.4.1 近代西方文明冲击下的乡村文化模式

在西方近代理性主义文化的强力冲击下，中国传统乡村文化模式是理性主义文化和经验主义文化同时存在，自然主义文化和经验主义文化模式转型机制并存被迫进行着传统文化的现代转型。

（1）理性主义文化和经验主义文化的并存

理性主义文化和经验主义文化是两种截然不同的文化境遇和文化风格。理性主义文化来自西方，是建立在工业革命的基础上伴随工业文明而产生的，具有革命性、开放性、动态性等现代意义的文化。经验主义文化产生于东方，是建立在农耕文明的基础上伴随农业文明而产生的，具有极强的保守性、封闭性、停滞性等农业文化模式特征。

近代以来，伴随着帝国主义的入侵和资本主义的扩张，中国传统的社会结构和稳定的文化形态系统受到了西方理性主义文化的强烈冲击，打破了我国传统文化的平静，势必改变乡村的传统文化。由于我国传统农业文化模式的保守性、封闭性，乡村文化严重缺乏内在批判精神和自省意识，明显落后于西方新兴工业文明。在熟人社会关系网络、生产力水平低下、自然经济基础牢固的“庇护”下，我国独特的文化价值体系具有超强的稳定性，拥有自己固有的惯性和发展轨迹，仍然具有顽强的生命力。在遭遇到西方理性主义文化入侵时，我国以经验主义为主要特征的传统农耕文化呈现出数千年传统文化的深厚内蕴，也体现出其“保守”“超稳定”的特征。我国传统文化的保守性、封闭性，导致了它的停滞和僵化，在西方先进的工业文明面前，它凸显出不堪一击的脆弱面。新兴文化范式的产生和传统乡村文化的转型是密不可分的，乡村文化模式在交流、融合、互进的过程中实现自身的发展目标。

（2）自然主义文化和经验主义文化的转型

在西方近代理性主义文化的强力冲击下，我国传统的自然主义和经验主义文化模式被迫发生现代化转型，这是近现代乃至今天我们的乡村文化一直面临的基本境遇。中国乡村传统文化面临着现代转型的历史任务，同时也为乡村当代文化的产生提供了可贵的历史契机。当一个沉淀了数千年的文化系统遭遇内部延续和外部冲击的双重挑战时，新兴文化模式或文化精神才会找到现实的生长空间。换而言之，某一文化的生存危机或转型机遇本身就是新文化模式诞生的最佳契机。在中国传统文化面临延续危机的情况下，依靠传统文化内部产生的新特质，外加上西方外来文明的强烈冲击，中国传统文化的现代转型自此启动，一种新的文化模式逐渐生成。例如，近现代对中国产生深远影响的新文化运动，正是在这样的背景下产生的，这场现代转型的积极成果就是形成了以科学和民主为核心的现代文化理念，将逐渐成为近现代甚至当代我国乡村占主导地位的文化模式。

由于我国乡村传统文化的生成、发展延续了数千年，形成了特有的惯性，并具有超强的稳定性。在这种情况下，文化模式要想顺利实现转型，仅依靠其内部文化自觉性是不现实的。因为当乡村传统文化内部的自觉元素还不具备足够影响力的时候，其更新的能力也不足以消除不稳定的内部结构，乡村的各种文化主体就必然受到其自身传统特质的束缚而寸步难行。在这种发展态势下，由文化精英所发起的新文化运动或者出现的文化启蒙思潮，并不能推动整个乡村文化理念的根本性改变，更难以撼动具有超稳定结构的传统文化模式。从我国文化发展的实际情况来看，近现代以来，文化精英们在推崇、传播新文化理念的同时，也在有意和无意地保护文化的传统理念，或者是用文化的传统理念来规范自身传播新文化的方式。乡村传统文化的现代转型，一方面要借助其内部形成的新生文化因子；另一方面也要借助来自外部文化因子的推动，特别是引进西方外来文化理念以实现对乡村原有传统文化的改造。这样，利用内部和外部的合力才能促进乡村传统文化的现代转型以及新文化特质的产生。

2.4.2 计划经济时期的乡村文化二元结构

新中国成立以后，国家政权开始进入乡村，改变了我国由地方绅士掌控的传统乡村社会局面，但高度集中的计划经济体制，又促进了乡村社会的二元结构的产生，与之相适应也造就了不均衡的乡村文化二元结构。

（1）乡村文化二元结构的形成

国家政权通过党政机关、权力机构将国家权力延伸到每个村庄，并建立起村级的权力机构和准政府组织。通过建立村级基层政权，国家社会主义文化意识形态以组织和制度的形式得以在乡村里确立。国家政权的成立，改变了乡村的大传统文化，而小传统文化，特别是农民的传统价值观和封闭落后的乡土意识还处于极其稳定的、保守的状态。因此，便形成了乡村文化的二元结构。

二元的社会经济结构必然会产生二元化文化结构。文化（作为观念形态的文化）是一定政治、经济、社会的综合反映，并作用于一定的政治和经济。在我国传统乡村中，并不存在现代和传统、城市和乡村等文化上的碰撞和分离。新中国成立以后，社会主义意识形态逐渐成为主导性文化，国家权力开始向乡村延伸。通过对社会时空的重新划分，进而直接监控每个人的文化行为，对乡村的控制力也达到了历史的高点。从社会、政治、经济到文化，甚至于村民的生活起居，几乎全部被严密控制。国家权力的延伸，使乡村里的每个人都直接感受到了权威，社会主义主导的文化意识形态也影响到乡村的每个角落。土地改革以后，通过农业合作化和人民公社化运动，国家迅速地把农民纳入到以集体化和计划经济为基础的巨大体制之中。在社会主义意识形态中，农耕代表着较为落后的生产方式。因此，对农民进行文化改造、教育农民是新生社会主义国家文化部门工作的重要任务。通过强制性的文化政策，力图通过社会主义文化教育树立新人、新文化。

（2）大传统文化和小传统文化并存

熟人社会关系的民间组织和基层政府组织村民委员会是我国乡村两个并行存在的社会组织。村民委员会是整个国家结构的基本组织单元，它是所有人都看得见的、公开的正式组织，反映我国政府一系列官方文化意识形态，使我国的法律法规、国家政策、发展目标得以实现，代表着大传统文化。以熟人社会关系为基础的民间组织以内在的、隐蔽的方式存在着，它由乡村的传统价值和规范、习惯和风俗等表达出的成规和作用构成，但没有得到国家的正式认可，代表着小传统文化。

乡村大传统文化代表国家的利益和要求，而小传统文化反映了村庄和村民的感受、利益、需求等。大传统文化的大部分并未被村民接受，也不能进入村民的深层心理文化。在很大程度上，只能作为应对社会大环境的工具化手段。其中，通过大传统文化意识形态建构的并能代表国家在社会生活里所起价值的文化形态，以及伴随社会结构变迁，村落和外界密切互动的文化意识逐渐被村民认知并接受。乡村文化中国家意识形态的引入是我国近代社会变迁的一个方面，是和整个乡村社会文化结构的变迁紧密地联系在一起的。

在乡村文化的二元结构中，存在着传统家庭所有制和传统社会建制，这和现代集体所有制之间存在不协调的文化碰撞和冲突。乡村的合作化、公社化、土地改革这一系列社会变迁过程，不仅塑造了一种社会组织形态，同时也形成了一种乡村“集体主义”的文化模式。在二元文化意义结构中，某一文化意义之所以被选择，不仅因为它是有用的，而且人们还认为它是正确的。在正式的组织制度中所依从的大传统文化是“理”，是具体的条文规定，而在非正式组织制度和人际关系中人们所遵从的小传统文化是“礼”，表现为人情、面子等，它是以“己”为中心并反映差序格局的分位角色。在实际行为中，这两种文化关系是每个人都同时具有的，都对行为方式产生影响和作用。

2.4.3 改革开放以后的乡村文化现代模式

改革开放以后，我国的社会结构在不断发生变化，农村经历了家庭联产承包责任制、建设乡镇企业、发展小城镇到城乡一体化发展的新时期，目前，我国真正开启了农村现代化的历史进程。伴随着村民身份的不断转换和农民流动性的持续增强，在大众传媒和现代文化传播的共同推动下，我国乡村文化发生了历史性的转变。乡村文化主体的观念、形式、结构设置、载体，以及乡村文化社会的价值和信仰体系等都发生了巨大变化。

（1）家庭联产承包责任制塑造了村民的主体人格

改革开放以后，我国乡村地区进行了家庭联产承包责任制的改革，这在很大程度上带动了乡村社会的全面变革，也预示和标志着我国乡村文化建设进入了新的历史发展时期。首先，家庭联产承包责任制充分调动了我国亿万农民劳动的积极性，进而有力地促进了村民文化主体的塑造性。其次，将村民的劳动效率和自身利益直接挂钩，进而更大地调动了村民的创造性、积极性、创新性等。再次，家庭联产承包责任制促进了国家、集体和个人三方面关系的重新调整和组合，恢复了村民及其家庭作为利益主体、行动主体的地位，改变了村民非独立性利益主体的状况，把村民的社会地位置于更高位置。最后，家庭联产承包责任制赋予了农户更多的、相对独立的利益主体地位，进而全面塑造了农民的主体人格。

（2）乡镇企业的崛起转变了村民的文化意识

在中国广大的农村地区，乡镇企业异军突起，促进了村民职业的转变，也改变了村民的文化意识，揭开了我国农村文化发展的新篇章。20 世纪 80 年代初期，在苏南一些地方乡镇企业开始发展，然后迅速扩展到沿海各个省份及内陆广大地区。我国城乡文化二元结构体制背景下，乡镇企业的发展是“乡村工业化”过程的体现；在“离土不离乡”的情况下，村民实现了职业的转变。截至 2003 年末，乡镇企业从业人数已经高达 13 500 万人，占农村劳动力总数的 20%。乡镇企业的发展和农民身份的改变，极大地冲击了我国乡村传统的乡土文化，引起村民文化观念和生活方式的变化。乡镇企业在社会、经济、文化观念、生活生产方式等各方面极大地推动了我国农村文化的发展和变迁。乡镇企业的建设对乡村文化生活有着重要的辐射和影响作用，引导村民的生活方式向现代化转变，进而实现乡村文化的发展。总之，在现代市场经济的大潮中，许多农民不断接受洗礼，思想观念和行为方式都适应了现代市场的经济规律，乡村居民的生活方式也发生了极大的变化，我国乡村传统文化的面貌发生了极大地改变，最终带动了小城镇文化的发展。

（3）“民工潮”改变了村民的乡土意识

我国乡村文化犹如一棵千年古树，它根植于乡土社会，“土”是它的生命之源，是村民生存的根基和基本手段。土地自身的特性和农民对土地的依赖塑造了乡村居民的安土重迁心理。然而，改革开放以来，在工业化、城镇化、社会转型的背景下，我国长期被禁锢在土地上的亿万农民流动了起来。从 20 世纪 80 年代末到 90 年代初，一亿多进城农民工不但实现了职业身份的转变，而且实现了“离土又离乡”的梦想。20 世纪 90 年代后，由于乡镇企业吸纳农村剩余劳动力的能力大幅度下降，农村大量的剩余劳动力开始涌入沿海地区、省会等比较发达的大中城市，逐渐形成了规模巨大、蔚为壮观、具有中国特色的“民工潮”。农民工人数从 1994 年的 4000 万人迅速上升到 2013 年的 2.6 亿人，从而使“三农”问题转化为“四农”（农业、农村、农民、农民工）问题。2006 年，国务院办公厅发布的《国务院关于解决农民工问题的若干意见》明确规定了农民工的迁徙政策，一部分农民走出乡村，走进城市。随着他们生活领域的扩展，个体选择逐渐多样化，农民真正实现了社会人的转变，对于农村的传统乡村文化将产生深刻影响（许灵，2006）。随着城镇化的演进，进城务工已成为一部分农民的生活方式，农民工拥有了双重身份，既是社会学意义上的“工人”也是传统意义上的农民，他们是乡村文化变迁的缩影。

（4）快速城镇化加大了失地村民的文化堕距

20 世纪 90 年代末，我国进入了快速城镇化发展时期，在城镇化的浪潮中，众多农民失去了赖以生存的土地，成为“低保无份、上班无岗、务农无地”的特殊村民。尽管市场化、城镇化、工业化进程不断加快，但农村资源的市场化程度、公共文化服务设施体系建设却严重滞后，导致了城乡文化发展极度不协调现象。由于城乡二元结构政策、自身素质等因素的影响，一部分失地农民难以真正实现市民化，形成了游离于城乡之间的弱势群体、中间群体、边缘群体。尽管失地农民身处现代文明城市之中，但依旧带有较为浓厚的小农意识、平均主义、保守主义、小富即安的思想，进取心和创新精神欠佳。因此，对于失地农民来说，乡村文化和城市文化的互相碰撞，引发了各种文化矛盾、文化危机，甚至引起了一系列社会问题。早期著名的乡村文化建设派代表人物梁漱溟曾经指出：“中国社会是以乡村为基础，并以乡村为主体的；所有文化，多半是从乡村而来，又为乡村而设……在近百年中，帝国主义的侵略，固然直接间接都在破坏乡村，即中国人所作所为，一切维新革命民族自救，也无非是破坏乡村……今日中国问题在其千年相沿袭之社会组织构造既已崩溃，而新者未立；乡村建设劳动，实为吾民族社会重建一新组织构造之运动。”（梁漱溟，2006）失地农民如何转变为城市居民是城镇化面对的首要难题。不仅要在法律上认同失地农民市民化的身份，还必须使农民有合适的职业归属，以及尽快适应城市文化。总之，文化适应是社会变革中的深层次问题，文化变迁是一个漫长的过程，现阶段我国乡村文化发展已经严重滞后于物质结构的发展，形成了文化堕距。

2.5 小结和讨论

1）将当代中国的城镇化划分为以下四个阶段：分别是 1949～1960 年，城镇化起步阶段；1961～1977 年，城镇化波动和徘徊阶段；1978～2000 年，城镇化快速发展阶段；2001 年至今，新兴城镇化阶段。改革开放以来，我国城镇化得到了迅速发展，城市的功能不断完善，但仍然存在以下问题：土地城镇化快于人口城镇化发展，大规模人口流动挑战社会融合，我国城镇化水平质量差，城镇化水平区域差异明显，城乡二元文化结构掣肘城镇化速度等。

2）我国城乡文化二元化的形成有更深层次的体制原因。新中国成立以来，城乡二元的政策和制度是造成城乡文化差距日益扩大的根本原因，二元化的制度安排强化了近代化以来的城乡生产生活方式所带来的文化差异，形成了城乡文化二元对立的格局；城乡分立的户籍制度，是城乡文化交流和融合的分割器；城市偏向政策，拉大城乡文化发展的差距；城市偏向制度，抽掉了农村文化发展的物质基础。

3）我国城市文化发展历程分为三个阶段：中国城市文化经历了 20 世纪中前期以政体转型与建构为中心的近代化主题的“政治型城市文化模式(1949～1978 年)”，20 世纪后期以经济改革开放为中心的现代化主题的“经济型城市文化模式(1978～2005 年)”和 21 世纪初开启的以都市化为中心的后工业化主题下的“文化型城市(2005 年以来)”。

4）我国乡村文化发展历程分为三个阶段：在中国传统社会中的传统乡村文化模式；新中国成立以来，我国长期高度集中的计划经济体制，形成了城乡二元社会结构，与之相适应也造就了不均衡的城乡二元文化结构；改革开放之后，随着农民流动性的持续增强和农民身份的不断转变，在现代教育和大众传媒的推动下，乡村文化的主体观念、信仰体系、形式、结构设置、载体及乡村社会的文化价值等均发生了巨大变化。

3 城乡文化整合研究的多维视阈

文化所包含的内容十分广泛，对文化的研究也不是一门学科所能独立完成的。各门学科只能从本学科的角度出发，对文化这一社会现象进行某些方面的解释。文化社会学从社会发展的角度来研究文化的产生、变化的演变规律及其对社会的作用。文化人类学是从物质生产、社会结构、人群组织、风俗习惯、宗教信仰方面来研究整个人类文化的起源、成长、变迁和进化的过程。文化地理学是从地理学的角度出发探讨各种文化的形成、分布及其与地理环境的关系。随着科技进步和社会发展，以及所研究问题的复杂化和综合化，融合多学科的研究手段和研究方法已成为当前科学研究的新趋势。近几年发布的国家社会科学基金、国家自然科学基金招标选题，相当一部分是需要多个学科共同努力才能完成的交叉科学选题，本书就是这一新趋势的体现。本书研究城乡文化整合的时空结构、形成机理、相互作用方式、文化扩散与发展模式，需要历史学、文化地理学、传播学、文化哲学、经济地理学等多学科的共同参与，体现了社会科学和人文科学交叉融合的特点，对促进多学科的交叉融合具有积极意义。

3.1 城乡文化整合的认知

“文化整合”并非一个全新的概念。但是，如何从学理方面解读文化，如何认识城市文化与乡村文化的本质属性，如何考究城镇化与城乡文化的互动关系，如何思考城乡文化整合的要旨，这些均是本书的研究主题。

3.1.1 城市文化与乡村文化

文化的定义有几百种之多，其内涵源远流长。美国文化人类学家洛威尔

（Lowel）说："我被托付一件困难的工作，就是谈文化。但是在这个世界上，没有别的东西比文化更难捉磨。我们不能分析它，因为它的成分无穷无尽，我们不能叙述它，因为它没有固定形状。我们想用文字范围它的意义，这正像要把空气抓在手里似的。当我们去寻找文化时，除了不在我们手里之外，它无所不在。"（余秋雨，2012）

在中国古代，"文化"最早见于汉代刘向的《说苑·指武》："凡武之兴，为不服也，文化不改，然后加诛。"（刘向，1987）然后，《文选》中收有晋代束皙的《补亡诗·由仪》："文化内辑，武功外悠。"（萧统，1986）这两处的"文化"都指文治和教化。这个意义和今天的"文化"一词是有区别的。总的来说，在中国古代典籍中，文化是"文"和"化"的复合，主要强调人的内在教养、德性，以及与之相关的一些东西，与现代的文化含义大不相同。在西方语源中，英文的 culture 源于拉丁文 culture，其原意是土地耕耘和作物培育。15 世纪以后，逐渐引申使用，把对人的品德和能力的培养也称为文化。在近代，给"文化"一词下明确定义的首推英国人类学家泰勒（Edward Burnett Tylor）。他于 1971 年出版了《原始文化》一书，书中指出："文化或文明，就其广泛的民族学意义来说，是包括全部的知识、信仰、艺术、道德、法律、风俗以及作为社会成员的人所掌握和接受的任何其他才能和习惯的复合体。"（泰勒，2005）尽管后人对泰勒的文化定义褒贬不一，但都不能忽视它的经典性。英国人类学家马凌诺斯基（Bronislaw Malinowski）发展了泰勒的文化定义，于 20 世纪 30 年代著《文化论》一书，认为："文化是指那一群传统的器物、货品、技术、思想、习惯及价值而言的，这概念包容着及调节着一切社会科学。我们亦将见，社会组织除非视作文化的一部分，实是无法了解的。"（马凌诺斯基，2009）他还进一步把文化分为物质的和精神的，即所谓"已改造的环境和已变更的人类有机体"。之后，随着语言的发展，被用来指经过人们耕作后的田园，并融进了培养、教育、发展、尊重等内容，最终主要用来指人类的精神领域。

当我们的传媒在阐述文化时，也只是简单地说它有可能发挥的效果，如"软实力""凝聚力""精神家园"等比喻。近年来，不少地方把文化直接等同于"创意文化产业"，这又混淆了两个完全不同的概念。因为早在千百年前，文化中那些最高尚、最经典的部位就完成了"创意"，却难以成为"产业"。我国当前文化界，在人数上非专业的评论者是文化创造者的几百倍，并且往往在言论上都非常激烈。文化没有科学的定量、定性指标，没有国际标准（余秋雨，2013）。人类学之父泰勒认为文化是一个复杂的系统，具体包括全部知识、法律、信仰、风俗、艺术、道德，以及作为社会成员的个人所接受和掌握的任何其他的才能和习惯的复合体而获得的任何能力与习惯（泰勒，2005）。总体上说，多数学者倾向于从观念形态角度定义文化的观点，即认为“文化是代表一定民族特点的，反映出理论思维水平的精神风貌、心理状态、思维方式和价值取向等精神成果的总和”（Baloglu and McCleary，1999）。文化可以理解为：①广义：人类从长期生活经验中所创造的共同的生产生活方式，包括物质和精神两个方面的内容。②狭义：意指学术思想等精神层面的活动及其成就。

本书认为文化是一种包含精神价值和生活方式的生态共同体，包含精神文化、制度文化、行为文化和物质文化（图 3.1），它通过累积和引导创建集体人格；文化是一种时间上的“累积”，通过“引导”而移风易俗。在这个动态变化过程中，渐渐沉淀成为一种“集体人格”，当文化沉淀为集体人格时，它也就凝聚成了民族的灵魂。

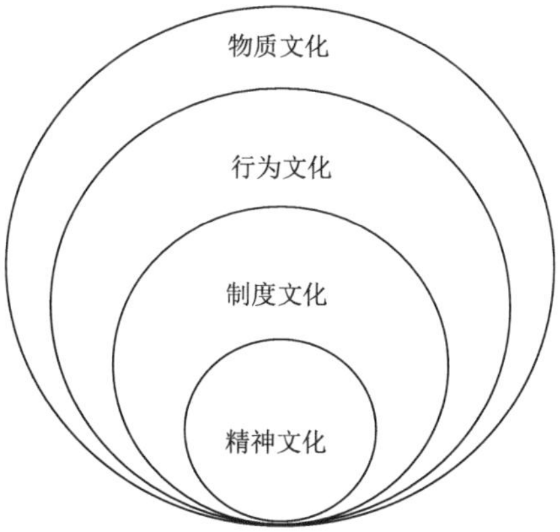

图 3.1 文化的层次

（1）城市文化

芒福德（Mumford，1938）认为城市文化是体现城市的社会制度、结构等，并反映城市居民的生活方式、文化素质的文化，是城市的社会、历史、发展的结果，也反映了城市的文化产品成果、文化建设等。城市文化源于城市的文化资源利用方式，具体表现在市民的人格心理、价值观念、行为习惯特征和模式等方面。城市文化可以分为物质文化、精神文化等几个方面。后期关于城市文化的定义，主要存在两种思路，一方面是以“文化”的定义为基础，推理演绎出城市文化的概念，如章友德（2003）认为城市文化是指居住在城市社会组织中的人们所具有的知识、法律、信仰、风俗、艺术、道德和一切城市社会所获得的能力和习惯。刘滨谊（2004）、郑卫民（2005）援用了广义的文化定义，认为城市文化是居住在城市的人们所创造的物质财富、精神财富的总和，是城市人群的精神特征、行为方式、生存状况及城市风貌的总体意象。另一方面是从城市自身的特征出发，如《中外城市知识辞典》（刘国光，1991）中提到：城市文化有时也被称为“都市文化”，是居住在城市的人们在长期的生产生活过程中，共同创造、形成的具有城市特点的文化模式，是城市生活方式、生活环境和生活习俗的总和。

基于以上分析，我们认为，城市文化是指，居住在城市范围内的人们在改造社会、自然和自身等对象化活动中所创造的道德规范、行为方式、组织结构，以及这种活动所形成的具有地域性的观念形态、知识体系、典章制度、风俗习惯、心理状态、技术、艺术成果等。

（2）乡村文化

乡村文化是相对于城市文化而言的，意指在特定的乡村社会生产方式的基础上，以村民为主体，存在于乡村社区的文化，是农村居民的价值观、文化素质、交往方式、生产生活方式等深层次心理形态的反应。其一是，某种意义上乡村文化是农业文化，是建立在广大农民辛勤劳动的基础上的，“种瓜得瓜，种豆得豆”，中间汇聚了祖祖辈辈农民的汗水、泪水。其二是，乡村文化是一种以继承传统文化为主的文化。儒家思想是我国传统文化中的精华，它是把个人的命运和群体、社会紧密联系起来的思想。儒家讲究“重视人生态度，面对现实，强调协调、贡献、义务”等社会理念，乡村文化具有朴实性、务实性、乡土性特点。生态环境是乡村文化赖以生存的物质基础，如果破坏了生态环境，文化就成了无本之木、无源之水，就会畸形发展甚至直接凋零。然而，乡村文化更多的是一种农业文化，某种程度上具有封闭性、落后性等特点。大多乡村居民无论走到哪里都将自己的生活习俗随身携带，因循守旧的个性一时难以认同当地的思想，这在一定程度上体现了乡村文化的封闭性。乡村居民大多以亲情、权威、伦理等手段处理村里内部冲突和矛盾，主要以道德规范作为生活的准则，重农轻商的观念较为盛行，这在一定程度上体现了乡村文化的落后性。

（3）两者的比较

城乡两种文化的冲突和差异主要体现在心理、思想观念、行为习惯和生活模式等几个方面。首先，思想观念方面：城市文化具有高度的开放性，求新求异，注重现实生活和高效的管理；而乡村文化具有乡土性、朴实性、保守性、务实性、封闭性等特性。由于这两种不同文化的覆盖，在思想观念上城市人和乡村人有诸多差异和冲突。其次，心理层面的差异和冲突：心理层面上的冲突主要体现在城乡两种不同文化的冲突而造成的城镇居民和农村居民之间的心理冲突，即传统文化积淀所形成的阻力和追求利益而产生的动力之间的冲突。改革开放以来，广大群众的心路历程是从改革开放初期的喜悦、中期的盼望，逐渐到中后期的被剥夺感、挫折感、不公平感的转变过程。最后，行为习惯和生活模式的差异及冲突：在完全不同的生产生活方式下，产生了乡村文化和城市文化。于是，城镇居民和乡村居民在思想观念、心理上产生了许多明显的差异，进而他们的生活模式和行为习惯也必然不同。在城乡统筹发展这个大背景下，由于生活习惯和行为方式的不同，城乡居民冲突越来越多，城乡两种文化的建设和统筹是城乡统筹发展的重要工程。

3.1.2 城镇化与城乡文化

从城乡文化关系的角度讲，城乡文化关系与城镇化是一种相互影响的正向关系（蔡云辉，2003）。当城市文化与乡村文化之间消除对抗，变文化对立关系为平衡、融合、协调的分工协作、共同发展时，城乡文化就能以较快的速度健康发展，并由此推动城镇化的健康发展；反之亦然。这是因为，在一定区域内，城市文化和其相邻的乡村文化共同组成一个城乡文化系统，在这一系统中，城市文化和乡村文化是一种相互依存、相互影响的关系。同时，城市与乡村在文化资源上的互补性，在文化生态上的共生性，在文化产业和发展上的相依性，决定了两者在发展变迁上的互动共进关系是不可分割的。

（1）城镇化和城乡文化的发展

城镇化是一个多学科关注的研究视阈。地理学从要素的空间集聚、人口学从务农人口的非农业转移、社会学从生产生活方式的改变、经济学从农业活动的非农化转变等不同视角，给予城镇化以不同的含义。在城镇化的各种释义中，一贯的思维定势是突出“人口向城市集聚”。在我国城镇化发展道路的选择问题上，不论是大城市优势论，还是中等城市适宜论，抑或是小城镇主导论，都未能摆脱人口聚集的窠臼。现阶段中国城镇化过程中出现的种种问题与这种单一地强调要素聚集的理论主张不无关系。实际上，城镇化是一种复杂的社会、经济和文化的整合过程。这个过程不仅包含了要素的空间聚集，而且还包含了要素的空间关联，它是空间聚集和空间关联这两种运动形式的耦合。

伴随城镇化的不断演进和当代城乡关联的不断发展，城镇化的概念也应不停地更新。从生态和文化的角度对人类进行全面研究的人类学，以社会规范为中心研究城市及城镇化，对城镇化的理解更富有本源上的意义。按照人类学家的新视野，城镇化并非简单地指越来越多的人居和城镇，而应该是指社会中城市与非城市地区之间的来往和相互联系日益增多的过程（Guldin，1992）。这种过程的结果的直接体现是城市和乡村的相互影响，城乡两种文化相互接触融合后所产生的一种新的、整合的社会架构，它同时含有城市和乡村两种文明成分。这就是说，城镇化是城乡关联互动发展的过程。

本书认为，城镇化是城市行为和乡村行为相互作用的过程和结果，城乡关联是城镇化的必然方式和基本途径。在城乡相互作用和相互关联系统的演化过程中不断推进城镇化，在城镇化的发展过程中，乡村居民与城市居民共同继承、创造、平等分享人类共有的物质文明和精神文明。因此，城乡文化整合是城镇化的实质、主旨和要义所在。然而，由于文化的传播和调适必须在一个开放的系统中进行，封闭对立的城乡二元格局不利于文化的交流和融合，城乡关联发展必然成为城乡文化整合的基础和前提。所以，城乡关联和文化整合是城镇化过程中交叉并行的两条主线，缺一不可。

（2）城乡文化整合的基础是城镇化

第一，城镇化为城乡文化整合提供物质基础（高善春，2010a）。物质生活的基础制约着整个社会、政治、经济、文化、精神生活等过程（任成金和潘娜娜，2013）。社会主义物质财富的增加、市场经济的发展等，为城乡文化整合提供了坚实的物质基础（马克思和恩格斯，1962）。改革开放以来，我国的公路、铁路、通信事业的迅速发展，电脑、电视的逐渐普及，为城乡文化的传播和扩散提供了优越的条件，大大提高了传播和扩散速度。农民物质生活水平的提高带来了精神文化需求的增强，农民的精神文化消费不再停留在原来的“天天抱着收音机”的单一、低水平的层次上，而是追求融教育、科技、文化、娱乐、健身为一体的多层次、多样性的文化。农民的文化消费支出在消费结构中的比例不断增加，恩格尔系数逐渐下降，乡村的消费结构和社会需求结构正在发生深刻的变化。

第二，城镇化为城乡文化整合提供文化前提。市场经济更改了传统文化观念得以产生、延续的物质基础，对原有的道德规范、伦理法则、观念体系起着解构作用。相对于具有极强的封闭性、农耕性、凝固性、落后性等特征的乡村文化而言，现代的生产生活方式无疑具有革命性的意义。改革开放以来，我国经济建设的市场化转向，在很大程度上革新了广大农村干部群众的意识，在深层次上并将继续导致其思维方式、感性体验、文化心态和价值观念等各方面的变革，科技、平等、效益、契约、竞争等现代文化精神也已被部分乡村居民所接受，城乡文化整合的文化前提正在逐步形成。

第三，城镇化为城乡文化整合提供了社会条件。改革开放以来，伴随着“打工潮”的兴起，乡村居民在城乡间流动规模空前巨大，使广大农民有了更多的参与城市生产生活、吸纳城市文化和高新科技信息的机会。城乡间人口流动使广大乡村居民走出相对落后、封闭的农村，进入现代文明城市，拓展了农民工的视野，转变了他们的思想观念，提高了农民工的素质。农民工是在我国广大农村地区传播现代城市文明的主要载体，是我国乡村社会经济发展的主要动力，是我国新农村发展的希望（黄栋和戴迎华，2009）。流动在城乡间的农民促进了文化、信息、科学、技术在乡村的传播，提高了农村地区的文明程度、文化水平等（许文兴等，2009）。往返在城乡间的农民工，把城市文化的“现代性”带回了乡村，更多的现代文化信息和观念无形中被带入乡村民俗、风俗中，促进了我国乡村地区文化观念的更新。乡镇企业和小城镇的大量崛起也为我国城乡文化交融创造了良好的社会基础条件。近年来，伴随着我国城镇化进程的快速发展，迅速崛起了大量的小城镇，它们成了乡村文化发展的重要基础。加上对周边乡村的辐射和对城市生活的模仿，小城镇很快成了城市和乡村文化交流改变的双重基地。

第四，城镇化为城乡文化整合提供了政策根基。我国文化建设肩负着为社会主义建设提供文化支持、思想保证、精神动力的重要使命和责任。党中央、国务院高度重视文化建设，先后发布了《关于进一步加强农村文化建设的意见》

《关于加强公共文化服务体系建设的若干意见》《国家“十一五”时期文化发展规划纲要》《关于进一步加强全国文化信息资源共享工程建设的意见》等一系列重要文件，对我国新形势下开展文化工作做出了周密部署。党的十七届三中全会又进一步提出了加快我国城乡文化发展一体化新格局和城乡公共文化服务均等化的目标任务，要求用社会主义先进文化占领农村阵地，满足农村居民日益增长的精神文化需求，提高农村居民的思想文化素质。党和国家出台的一系列关于文化建设的文件，为我国城乡文化一体化建设奠定了坚实的政策基础。

3.1.3 城乡文化整合和城乡文化一体化

（1）城乡文化整合

整合是一个生理学名词，特指生物细胞内各组成物质重新组合的过程。后来被文化人类学家和社会学家引进应用于文化、社会和领域，强调过程中的融合、一体化。本尼迪克特认为“整合并不仅是其所有部分的总和，而是那些部分的特殊排列而形成独特的内在关系”，“文化在自身某种规范化的价值观念导向和情感选择作用下，从周围地区的那些可能的文化特性中吸取精华，去其糟粕，把吸取的文化特性均重新改造成为与它的需要相一致的样子”（本尼迪克特，1988），即文化整合的结果。因此，文化整合是其自我完善的一种形式，这种完善不仅要从自身的历时变迁中选择或舍弃，也要从周边文化中吸取或剔除。

文化整合是文化地理学中的一个核心概念。文化地理学所说的文化整合特指各种文化协调成为整体化的过程或状态。文化整合的过程是不同的文化特质相互吸收、融化、协调而趋于一体化的历程。本书研究的文化整合，是指人们通过某种决定性的方式或手段，把各种相容的或相斥的文化特质综合成一个相互适应、协调一致的文化模式（周尚意等，2004）。具体来说，就是把不同的文化特质或相矛盾的文化要素通过相互适应后形成一种协调的的文化体系。

文化整合具有过程性（张晓虹，2004）。这一过程既是不同文化特质的传播和扩散过程，也是自身文化系统中的组成要素与外来文化的要素相结合发生改变、更新的过程。第一，文化整合表现在文化功能上的整合，即价值的整合。价值整合是文化整合功能中最为基础、最为重要的功能。只有价值取向一致时，才能在结构和行为上协调一致，才能拥有共同的社会文化生活。整个文化整合进程还包含了文化同化、文化替代、文化融合等过程。文化替代是新文化元素取代了旧文化元素，是新文化特质经过若干年演进，改变甚至替代旧文化特质的过程。文化融合是指两个不同文化系统的文化元素共同存在于一个文化模式中，相互接触、碰撞、融合，进而形成与原来任何一个文化系统均不相同的新文化系统。尽管先前的两个文化系统均不存在了，但从新的文化系统中还是可以看到它们的影子。文化同化过程是两种文化接触后，一种文化完全被另一种文化替代。在文化整合过程中，文化的各组成要素、各子系统之间互相调适、涵化，形成一定的新文化模式。文化整合不会停止，文化模式在不停改变。因此，文化整合具有动态性、过程性。第二，文化整合的意义还体现在整体意义上，整体大于各部分之和。文化整合是能够实现的。不同文化之间或者多种文化相互碰撞、融合能够促进新文化的产生，相对于以前的各个具体文化而言这种文化能产生出更大的能量。各种文化间的融合已经成为当今世界的一种潮流和趋势，文化在相互碰撞、交流、竞争、融合、激荡中获得了长足性的发展。

城乡文化整合，意指城乡两种平行文化系统中的各种要素相互交融而形成有机、和谐的文化体系的过程。这个过程既不是城乡两种文化形式的简单相加和机械拼凑，也不是一方同化或吞并另一方，而是一种创造性的融合过程，同时也是城乡两种比较接近的文化体系改变形貌的社会过程。城乡文化整合不是乡村文化对城市文化的简单适应，并非双方对原有传统文化体系的简单继承，而是对原来的文化价值观念、文化知识体系、文化思维方式和文化体制的思维方式解构过程，也是创建一种既适应现代化发展，又能体现出本民族特色的新型文化体系的过程（任成金和潘娜娜，2013）。在这个过程中，城市与乡村将相互影响，相互作用，从而使更富现代气息的城市文化和传统色彩的乡村文化共存、共生、共荣。当然，两种文化在整合中必然会出现撞击、摩擦，但只要整合机制得当，不但文化整合能顺利进行，而且整合必然会使城乡文化双方得以发扬和丰富，使其既具有优秀传统文化的底蕴，又含有现代文明的精髓。需要指出的是，城乡文化整合并不意味着城市文化对乡村文化的入侵或取代，而是两者的相互渗透，相互促进，以去其糟粕，扬其精华，共同向着先进文化发展（曾菊新和祝影，2002）。从学理上考量，城乡文化整合度是用来衡量城乡文化交流融合程度的指标，亦是城乡文化相互作用的空间量化反映，并能反映城乡文化之间相互作用的辐射能力和互相接受程度。总而言之，城乡文化整合度越大，表明城乡文化之间要素流转程度和协调程度越高；反之亦然。

城乡文化整合的目标在于构建一种体现社会主义价值理想和城乡人民共同利益的文化体系，为城乡社会健康有序发展和城乡一体化建设奠定良好的根基。城乡文化整合并不是要消除城乡文化的差异，也不是要把城乡文化因素及其他文化因素简单地组合，而是有主有从地消化吸收。城乡文化整合要经历“互动交流—加强共通—差异磨合—自觉创新”的路径。近年来，随着我国经济的发展、行政建制的扩展和人口的移动，城乡文化整合的进程不断加快。然而，实现城乡文化协调发展，我们还有很长的路要走，目标是形成城乡二元一体的文化格局（任成金和潘娜娜，2013）。

（2）城乡文化一体化

早在 20 世纪便产生了城乡一体化的思想，改革开放以后，特别是在 20 世纪 80 年代末期，由于历史的原因，我国城乡之间隔离发展，各种社会经济矛盾逐渐凸显，城乡一体化的思想日益受到重视。近些年来，许多学者对城乡一体化的内涵和概念进行了研究。城乡一体化涉及文化生活、空间景观、社会经济、生态环境等多方面，城乡文化一体化是城乡一体化发展的一个子系统。在一个行政区域内，城乡文化一体化意指城乡文化事业统筹规划、资源共享、协调发展、共同繁荣发展，不论是乡村居民还是城市居民，基本享有同等的文化权利。城乡文化一体化建设是贯彻落实统筹城乡发展、科学发展观的重要举措，破解城乡文化二元结构，逐渐弥补城乡文化发展鸿沟，逐步实现城乡文化共建共享、整合发展，是我国新型城镇化进程的重要途径，对形成城乡社会经济文化发展一体化的新格局、推进社会主义和谐社会建设和实现全面建设小康社会的伟大目标具有重要意义（高善春，2010b）。城乡文化一体化建设是统筹城乡文化协调发展的具体化，是遏制城乡文化发展差距拉大趋势、扩大农村市场需求的根本之路，是解决“四农”问题（农业、农村、农民、农民工）、全面建设小康社会的重大战略举措。

（3）两者的差异

第一，城乡文化整合是学术界从文化社会学、文化地理学提出的概念，是学术界的一种研究现象；城乡文化一体化是城乡一体化的一个子系统，是中国特有的一种现象，更多体现的是一种政府行为，其提出与发展过程大致分为三个时期：改革开放以后到 20 世纪 80 年代中后期的提出与探索阶段、20 世纪 80

年代末期到20世纪90年代初期的城乡边缘区研究阶段、20世纪90年代中期至今的城乡一体化理论框架与理论体系的建立和研究内容日臻完善时期。第二，城乡一体化集“目标”和“过程”于一体，但更多侧重于目标的建设；城乡文化整合则是一种对“过程”的描述。第三，城乡文化整合能为城乡文化一体化提供源源不断的前进动力，城乡文化整合是城乡文化一体化的增长点，是促进城乡文化发展的“软实力”，无论多么完美的“城乡文化一体化”制度、体制、机制都必须通过文化认同来发挥作用。

3.1.4 城乡文化整合发展模式

按照追本溯源的思路，本书从什么是“模式”出发，探讨发展模式、文化发展模式的定义和内涵，进而解读城乡文化整合发展模式的深层含义。

（1）模式

模式（pattern）是指，把解决一类问题的方法归纳总结提升到一定的理论高度，就形成了所谓的“模式”（李伟，2009）。它是解决某一类问题的方法论，给人们提供了可供参考的理论菜单。它是研究客观事物的解释方案和理论图式，是从不断重复出现的事件中发现和并高度概括出来的一种思维方式和思想体系，是解决某一类问题的方法论，即把解决某类问题的方法总结提升到一定的理论高度。模式是现实世界部分化、序列化、抽象化和简单化的代表。模式是理论的简化形式，强调的是形式上可循的规律，可以向人们提供客观事物的整体内容。模式是一个系统的概念，它是建立在一定基础上的整体，包含一系列基本要素，这些基本要素是模式赖以存在和发展的前提；模式内部各要素之间相互作用，相互依存，共同使模式的结构处于动态变化之中，推动模式不断创新和发展；模式整体不等于各要素之和，模式整体功能的最大化并不等于模式内部各要素功能的最大化，模式内部各要素间的布局存在着是否合理与和谐相处问题；对于内部各要素的反映和外部环境压力模式整体做出的总反应，对于来自内外两方面的环境压力，一方面模式可以迅速反应，另一方面可以疏导、调节，使模式得以正常运转；模式具有独立性，通过内部文化黏合剂的作用使每种模式区别于其他模式（冯之浚和刘燕华，2008）。任何一种文化的存在都不是散漫的、无结构的，而是按照一定的法则、秩序建构起来的。文化在一定的生态环境中创造、积累、内聚、发展，各种特质渐渐稳定，结构也慢慢定型。文化的这种内在结构及其特征的稳定形态，通常称为文化模式。

（2）发展模式

所谓发展模式，是指在一定地区、一定历史条件，具有特色的经济、文化、社会等发展的方式，这也是对特定时空条件下经济、文化、社会等要素发展特点的概括。时间、空间、环境和条件的可变性决定了发展模式的变化性（洪银兴，2007）。一种模式有新发展时，实际上包含两层含义：一是在新的发展阶段模式有创新；二是在新模式中原有模式的合理内涵得到了继承。

（3）文化模式

本尼迪克特（Benedict，2005）认为文化的发展是一个整合的过程。在历史的进程中，某些文化特质被吸收、选择，渐渐地制度化、规范化、合法化，并被强化为人的行为特征和心理特征；另一些文化特质被抛弃、抑制、排除，失去了整体价值和意义。文化的这种内聚和整合就渐渐形成一种理想，一种风格，一种行为的、心理的模式，即文化模式。她还提到，不同民族和社会间存在不同的文化模式。每一种文化模式都有自己的价值取向、特色和潜在的利用价值。因此，本尼迪克特所说的文化模式是一种整体意义上的文化价值，某种意义上也可以称之为“价值模式”。由于本尼迪克特的“文化模式”概念带有心理学倾向，该概念曾受到美国社会学家、人类学家克罗伯（Alfred Louis Kroeber）等的批评。他们认为，文化是一种“超有机体”，不能用心理学观点对文化模式进行解释，因为心理学的解释仍然是一种“文化有机观”。克罗伯（Kroeber，1948）在《人类学——种族，语言，文化，心理学和史前史》一书中认为，文化模式是各种文化特质在功能上相互依存、关联而构成的文化整体，它虽然含有心理学的意义，但更具有可观察、可验证的客观性。无疑，克罗伯的意见是有道理的。但是，本尼迪克特首先使用“文化模式”这一概念，并用之观察千差万别的人类文化的内在结构及其价值取向，却是具有方法论意义的。

（4）城乡文化整合发展模式

综上所述，城乡文化整合发展模式是城乡文化整合过程中城乡两种不同特质的文化被吸收、选择，渐渐规范化、合法化、制度化，而强化为人的行为特征和心理特征，进而渐渐形成一种行为的方式，即城乡文化整合的发展模式。城乡文化整合的过程是文化扩散、融合、冲突的过程，是城乡两种平行文化系统中的各种要素相互交融而形成有机、和谐的文化体系的过程，具有连续性、阶段性、过程性等特征；城乡文化整合过程的每个阶段均呈现不同的空间结构形态，每个阶段呈现不同的城乡文化整合发展模式。

3.2 文化社会学的研究思想

文化社会学是一门科学，不应该把它建立在模糊不清的理论基础上，必须在“人、文化、社会”的广泛领域中进行一系列的探索。文化社会学是研究文化的产生、发展规律、社会作用及社会学性质的一门学科。具体划分为：①文化作为一种人类创造的特质，是一个独立的系统，文化社会学首先应该研究文化的起源、累积和突变的社会历史进程；②任何文化都是在一定的历史发展过程中积累、发展起来的，表现为不同的文化层面，因此，文化社会学应该从时间上和空间上系统地研究文化发展的历史过程；③任何文化都是社会的文化，它随着社会的产生而产生，随着社会的发展而发展；④文化在现代社会中已经发展为一个生产部门，它的生产、分配、储藏、传递及其应用已成了文化社会学的重要内容；⑤文化没有脚，但它可以在社会中到处传播，并且在传播中流动、增殖，文化传播的方式和手段是文化社会学关注的热点；⑥任何文化都必须适合民族的需要，否则就会发生冲突；⑦文化是不断变迁的；⑧任何社会对文化都有一种价值取向，适应则传播，不适应则抑制。

3.2.1 文化的时空系统

任何文化的起源、发展、演绎都离不开一定的时间和空间。文化是在一定的时间、空间里产生、积累、发展、传播、扩散，有些保留下来，有些慢慢消失，有时在交互作用中又获得再生。文化的这种在一定时间、空间的延续，就构成了它的时间、空间系统。我们只有从历史的视角研究文化在一定时间、空间上的发展，才能看出文化各种要素的形态、结构及其特征，看出文化由不稳定到稳定、由简到繁的累积、集聚以致发展成为不同类型、不同模式的文化自然史般的历史进程。

（1）文化丛和文化层

文化因子是地域文化中最小的要素。它具有相对独立的特性，因此，既可指某种思想、观念，某种生产工具，也可指某一行为因素等。于一个有机统一体中相互关联的文化因子构成了文化丛。在一定的生态环境中文化丛是人类进行有特质的文化创造过程，相互联结在一起的各种文化特质，构成一个特定环境的文化丛体，即“文化丛”。在生态环境的变迁中，旧的文化丛中的一些文化特质被保留下来，成了新文化丛的组成部分；有些文化特质则被覆盖在地下，成为历史的沉积。当生态环境发生变化时，为了适应环境，人类就要进行新文化特质的创造，进而产生新的文化丛。文化丛有大小之别，在一定地域内，具有地域特性的各种文化丛之集合，便形成了一个文化系统。文化系统在空间分布上具有地域整体性的特征。不同社会以不同的方式将因子和文化丛组合成文化系统，各文化系统所具备的特殊结构决定了该系统内容要素的功能发挥。文化丛可以看成一个功能上相互整合的文化特质群，即文化群。人类社会中的大大小小的文化丛，实际上是不同形态的文化群，大的有工业文化群、农业文化群、城市文化群、乡村文化群，小的有服装群、食品群、建筑群等。每一个文化群都由许多文化特质组成，并且在功能上有着内在的统一性和整体上的一致性。因此，文化丛的理论不仅可被用来研究古代文化复合体，更可以被用于研究现代文化的集合。

在历史发展的过程中，文化存在着不同的层次，而且每一种文化层次都代表了不同历史时期由各种文化因子所体现的空间分布特征，称这种历史性的文化层面为文化层（西拉姆，1984）。人类一代一代地创造着文化创造，不断地转变其形式和内容；文化又一代一代地被积淀、淘汰、滞留，一个一个形成了文化层面。这些层面虽然已经成为过去，但却反映着人类文化创造的历史和文明进步的程度。每一个文化层都有独有的特征，新生文化层比原来的文化层更高级。任何一个文化层的形成和演化，都是一个复杂的文化过程。在人类历史上，文化层演变的动因是非常复杂的，既有洪水、地震、瘟疫等自然环境突变的作用，也有部落或种族的掠夺、战争、迁徙的影响。

（2）文化区和文化圈

文化区指有相似文化特质的区域，可以从以下四个方面来阐述：第一，文化区是文化特质的区域划分。根据不同的生态环境人们创造出了不同的文化特质，如平原上人们的庆丰收的节日风俗等，以及水乡的结网而渔、撑篙扬帆、楼船而居，水里来水里去等都与水密切相关。第二，文化区是一个历史的概念。

区域文化具有稳定性的特质，最初，人们根据不同的生态环境创造出了不同的文化特质，其中有些文化特质因不适合人们的需要而被淘汰，有些则被代代相传、积累、保留下来。一般来说，凡是被传递、保留下来的文化特质，都是比较适合人们生活需求的，具有一定的生命力。第三，在一种历史地形成一个文化区的，称其为文化环境，其居民的行为、心理、性格带有文化的区域特征。长期生活在一个文化区域环境中的人们，共享一种文化，自然接受其区域文化的影响，因此他们的行为、心理、性格带有明显的区域文化特征。第四，文化区是一种文化共同体，是在不断发展变化的。随着经济基础的发展和社会活力的不断进步，一些旧的文化区消失了，一些新的文化区出现了。在整个社会经济发展的过程中，文化区不断地自我发展，正是这种不断发展，使它具有时代特征，特别是现代化经济的发展以及文化的传播和交流，不仅打破了传统文化区域封闭性的体系，而且正在形成和造就传统文化区域性质和面貌完全不同的新文化区域。

文化圈是一个与文化丛相关的概念。如果许多地带类似的文化丛连接起来，其主要的文化特质内容相同或基本相似，文化社会学里将这种文化现象称为文化圈。文化圈是一个研究不同民族文化的理论和方法，基本上是为了复原历史而构造出来的，它既是主观主义的，又带有似是而非的模糊性。但是，如果把文化圈看成人类不同的活动范围，看成他们在一定范围、场合的文化创造及其在时间、空间系统上的相互关联的迁徙、扩散、集结过程，那么，它就成了活生生的现实。如果我们把文化圈的概念放到历史的基础上，用以观察、研究、分析人类各种文化形态的发展、变化，那么，它仍然是一个很重要的文化范畴。文化圈还可以看成人类生活环境、生活样式的共同场合、地带、区域。生活环境、生活样式都是人创造的，是一定的种族、民族或区域民众创造的，因此文化圈的形成又表示一个历史过程，表示着人与环境交互作用的持续过程。文化圈一方面反映着更多更广泛的人类群体对文化创造的共同参与过程；另一方面也显示了各种文化特质在功能上的更大整合，而且文化圈越大，所整合的文化特质越多，层次也就越高。

（3）文化类型和文化模式

在历史上形成的各种文化共同体的最本质的特征称为文化类型，具有以下两层含义：第一，各种文化形态体系的差异是文化类型，这种差异是不同族群的人类在历史上共同参与的结果。不同社会群体的人类，具体包括地区的、民族的、国家的各种人类共同体，根据一定的社会环境和自然环境共同参与劳动和社会事务，人们不仅创造了各具特色的工艺技术、物资设备、经济生活，也创造了特别的习惯、风俗、伦理、道德、制度、宗教、语言等社会变化。在历史的发展中，这些文化特质不断实现功能上的整合，于是组成一种文化形态体系，即文化共同体。第二，文化类型是指各种文化形态体系的最有特色、最能显示一种文化的本质属性的特征，而不是指它的全部特征的总和。这一点又主要表现在不同文化精神及价值体系方面。虽然物质文化特色在文化类型中也是很重要的要素，但文化社会学在谈论人类不同文化类型时，更多的是指涉不同民族文化价值取向及其文化精神。

在文化社会学里，文化模式被认为是不同文化的构成方式及其稳定特征。在长期的历史发展中，这些文化特质依据不同的构成方式形成不同的文化系统或体系，并显示出不同的特征。例如吃饭，西方人主要吃面包、黄油，餐具多为刀子、叉子；中国人则不然，吃的主要是大米、面食及各种烹调食品，餐具则为筷子、汤勺。在精神文化方面，不同文化特质的结构形式及其特征也是不同的，如中国的伦理道德观念与西方国家就不一样。中国传统的伦理观念是依据人际关系的不同层次建立起来的，君与臣、父与子、夫与妇，各有不同层次的行为规范。而西方国家的伦理观念是建立在自由竞争的法则上的，主张自由、平等。这些不同文化的构成方式及其特征，我们就称之为“文化模式”。在区域上，文化模式可以划分为乡村文化模式、城市文化模式。总之，地域文化的层次关系可以概括为：文化因子—文化丛—文化层—文化区—文化圈—文化类型—文化模式。

3.2.2 文化的社会系统

（1）社会系统

在生产劳动过程中人类为了自我生存及繁衍而按照一定的制度形式、组织形式和关系组成的各种群体，如学校、民族、家庭、家族、种族、工厂，以及各式各样的社会集团，便形成了社会。所谓社会系统（社会体系），就是指按照一定方式构成的各式各样的人类社会群体以及各种人际关系的总和。

帕森斯（Parsons，2005）把社会进程的结构划分为：行为有机体、人格体系、文化体系、社会体系四个体系，并把它们的不断分化及交互作用看成一个普遍行动体系的模式（图 3.2）。

图 3.2　行动体系模式

在这个模式中，帕森斯把文化看成由一体系的象征符号组成的体系，他认为文化体系是一个自给自足的独立性体系，尽管它与其他体系有着不可缺少的联系。在他看来，在原始社会时期，社会和文化是紧紧联系在一起的，随着社会的进步，社会和文化遂分为不同的体系，并且文化从社会体系里抽象出来的越多，它的自主性及其功能也就越显著；反之，抽象出来的越少，它的自主性、系统性越小，也就与社会体系的属性差不多了。帕森斯认为，文化对社会有导向和控制作用，它不仅指导和控制人们的情绪、心理，而且为人们提供思想方式、价值观念、行为规范，从而使人们按照一定的文化体系导向去行动和生活，以达到社会控制的目的。

人、文化、社会的相互作用表现为一个复杂的整合过程（图 3.3）。文化是人在社会化过程中的一种创造，是社会发展的产物，任何文化都不能脱离社会及社会化的人而存在；同样，社会离开了文化就不能进步，人离开了文化就不能进入文明状态。文化不仅有维护社会体系的功能，也是指导人们社会行为的规范。角色乃是人在社会群体中的地位，人格是文化规范的品质和风格。

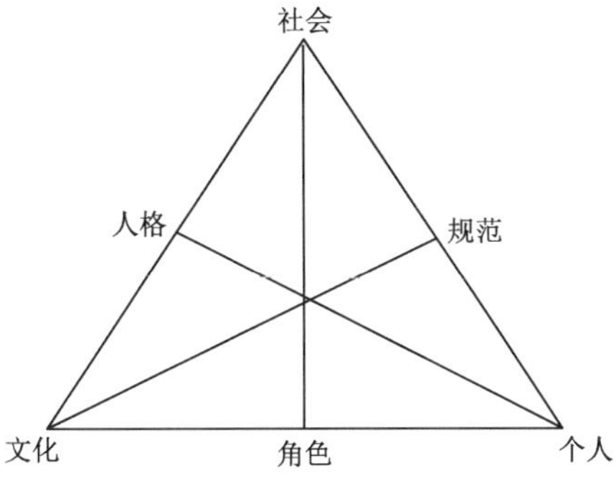

图 3.3　人、社会、文化的关系

（2）小群体文化与副文化

社会群体是按照一定文化发生互动关系的人类群体，社会群体不同于人的集合体。只有当人的集合体按照一定的文化发生互动关系时，他们才形成了一个社会群体。社会的发展是一个不断分化和整合的过程，也是文化不断获得新的社会属性的过程。一般地说，社会群体越小，其封闭性也就越强，文化的共同意识也就越容易产生。当社会分化为无奇不有的各种群体和小团体时，文化的社会学属性就变得更为复杂。大的社会群体构成社会的骨架，如种族、民族、国家、阶级、阶层等。但小群体文化的性质、特征，在人类社会文化中也有特殊的意义。小群体，就是构成社会的最基础的组织单位。人虽然是社会的最小单位，但是单个的人并不能构成一个组织，只有一个人与另外一个人发生互动的时候，才能形成一个社会组织单位，即最小的群体。小群体是由两个以上的许多人构成的一种社会组织形式，小群体文化的集团性有两个特征：第一，强烈的自我认同和归属的小团体性，它常常用“我们”来表示；第二，排外性，常常用“他们”来表示。

副文化是和主文化相对而言的，它的表现很多，像哥们儿义气、行帮主义、迷信、种族歧视、宗教迫害狂、病态心理等。这种文化是从各种不同集团中衍生出来的一种亚文化系统，包含着特殊的价值观念、行为规范、认同心理和归属心理等。副文化主要是小群体成员于社会隔离中发展起来的，它对个人有一种深刻的影响，常常赋予个人一种特殊的身份、地位、思想、见解，以及生活方式、行为方式。当个人与社会文化规范发生矛盾冲突时，他往往认为自己是对的，如许多青少年犯罪就是由于接受了副文化的影响之故。另外，副文化在大的社会群体同样产生，如种族歧视、宗教狂热等就是在大社会群体中产生的。正因如此，每个社会都几乎存在着主文化和副文化两个系统。由于这两种文化系统有着不同的价值取向，所以经常发生文化冲突。

（3）文化增长

文化生产是有其内在规律的，文化生产或缓慢或迅速地增长也是有其内在规律的。从一种文化生产出另一种新文化，如科学上从一个概念发展出另外一个概念，从一个原理推导出另一个原理，从一个发明创造出另一个发明等，都有其内在的规律性。文化的生产，除了文化积累为其准备的条件和奠定的基础外，还有其内在结构的发展变化的规律性。我们只有研究和认识文化生产的这种规律性，才能够能动地发展文化生产，不断地增加新的文化品种。文化积累既表现为旧文化的保存，又表现为新文化的增加。如果我们把人类文化每一阶段的成就综合起来，划出类别，做出量值的规定，进行比较，就可以看出各个阶段的文化增长量及其增长率。所谓文化增长量是指一定阶段文化发展成就的大小，所谓文化增长率是指某一阶段文化成就的综合指标。如果假设一定阶段文化增长量的量值为 W_2，前一阶段文化增长量的量值为 W_1，那么，文化增长率可以用式（3.1）求得。

$$\text{文化增长率}=\frac{W_2-W_1}{W_1}\times 100\% \tag{3.1}$$

在研究文化增长中，不仅要研究新文化的增加，还必须关注旧文化的淘汰和消失。例如，古代的一些发明、创造失传了，现代社会中电力磨代替了人力磨等，这种现象叫文化更新。文化更新是一种复杂的过程，新文化的产生并不等于旧文化的戛然而止或全部消失，旧文化在一定时期内还会持续存在，常常出现新文化和旧文化并存的局面。以物质形式保留下来的文化叫做留置文化，尽管在计算文化增长率时不能把它们计入，但它们对新文化的产生有各种各样的影响，从而影响文化的增长速度。一方面它们作为留置文化可能有碍新文化的产生，另一方面它们又可作为文化积累的积极因素促进新文化的产生。

（4）文化的储存、分配和应用

文化的储存、分配和应用是文化生产的重要环节，它既牵涉到文化的再生产问题，也关系着文化生产的目的性问题。文化的储存是文化的收藏、保存以维持文化生产连续性的问题。文化储存是整理文化的过程，它可以使散乱芜杂的文化更加有条理，并保证文化的积累和延续，另外自身带有文化评价的性质，它可以提供文化的价值取向。一切文化的储存都是为了文化的分配和再分配，都是为了使用和应用，这既是文化生产的目的，也是文化储存的目的。文化的分配就其本质上说乃是文化产品归谁所有、为谁使用的问题。文化的使用、应用，是文化的创造满足群体或个人需求的过程，是文化创造的价值转化为使用价值的过程。在人类之始，文化的使用和生产本来是统一的，它的创造者同时也是使用者。随着社会分工的发展以及贫富不均的出现，文化的分配进而使用也从它的生产者那里异化出来了。正如城市和乡村的对立作为整个社会分工的基础被固定下来一样，文化的生产和分配也成了一种对立的形式。

3.2.3 文化的传播

文化生产真正作为一个生产部门出现是现代社会形成的，文化的生产、分配、应用是离不开文化的传递和传播形式的。只有通过文化传递和传播，文化的生产、分配、应用才能被联结起来，才能在社会运动过程中成为现实。文化传播是人类社会互动活动过程产生于群体、社区及所有人与人之间的共生共存关系以内的一种文化互动现象。

文化传播具有文化现象的时间发展过程和空间移动过程的特征。文化移动的起点是文化源地，文化分布是移动的结果，文化分布和文化源地的联系桥梁是文化传播，通过对这一过程的研究，上可探知文化源地，下可遍查文化空间分布格局。

（1）文化传播的过程

文化传播的整个过程包括四个方面的内容：①文化的共享性；②传播关系；③传播媒介；④传播方式。人们对文化的认同和理解称为文化的共享性。在文化传播过程中发生的联系称为传播关系，又称为社会关系。传播媒介是连接传播关系的手段和工具，也是文化传播的中介，其中人具有双重身份，既是最活跃的传播媒介，又是文化传播者，大多数文化传播都是假于物而进行的，如手机、电话、电脑、互联网、电视、广播、书信、电报等。文化传播的方式是很多的，不同的过程有不同的模式。最简单、最基本的模式是传播者与接受者相互依存的模式和一条链式的前后运动的模式，即链式传播，此外还有波式传播和根式传播（图 3.4）。信息源是任何一个文化信息所必备的，犹如地震过程的震中一样，当一个文化信息出现的时候，往往被许多人同时收到，然后由这些人扩散开来，就像往水里掷一块石头激起的波纹一样，一层一层向外扩散，称为波式传播。在当今社会里，由于广播、电视、报纸等大众传播媒介的广泛应用，常常采用自上而下的形式发布文化信息，如网络媒体、广播电台发布了一个重要的文化信息，为了使这个信息尽快传播开来，各地方的广播电台、报纸、电视台一层层地转载或转播，这种传播直到广大镇、乡、村，最后家喻户晓，文化的这种传播模式称为根式传播。

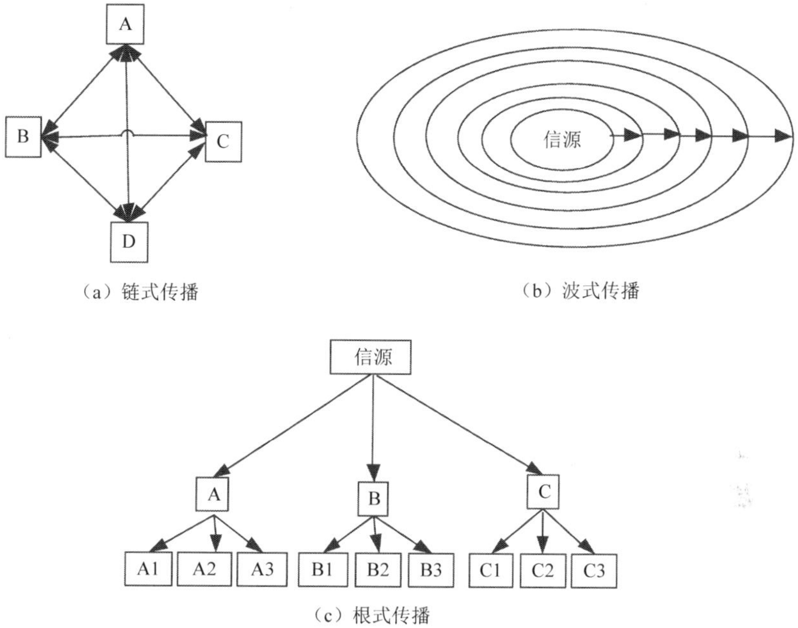

图 3.4 文化的传播方式

资料来源：周尚意等（2004）

（2）文化流

文化持续不断地变化、传播、发展的趋势称为文化流，是一种动态的文化过程，文化流不仅存在于社区、群体、社会内部，而且广泛存在于它们之间及人类一切交往互动的过程中。首先，文化不是静止不动的，而是一个活跃的流动体，它伴随人类社会生活的互动活动，攘攘而往，熙熙而来，日夜不休，若水之趋下。其次，文化流是一种有规律性的文化传播，一般来说，它由文化发达的高处流向文化不发达的低处。当然，发达处也不完全发达，低处也不完全低，文化传播是一个互动的过程，当然，也会出现文化流的逆袭现象。最后，文化发展的重要途径是文化流。文化碰撞是产生新文化、实现文化“突变”的重要前提，文化接触的最密集的渠道是文化流。如果把在单位时间内流动的文化多少称为文化流量，那么文化流量的多少和文化的发展呈正相关关系。文化流量越大，文化发展也就越快；反之则越慢。在古代，只能通过战争、出游等偶然的机会实现文化扩散，文化流动的渠道是非常狭窄的。在现代社会信息系统发达，文化流通渠道越来越宽、越来越多，并且超越了空间和时间，其文化流动对文化的发展将起着巨大的推动作用，目前文化流动在我国已经达到了空前密集的程度。现代传播使文化跨越时间、空间流动，冲垮了各式各样的社会篱笆，打破了不同程度的封闭性的社会文化体系，它不仅影响着文化的发展变化，而且对社会的发展变迁有着巨大的作用。

3.2.4 文化的发展

不同模式、不同类型的文化价值观念是不同的，即使是在同一个文化类型的内部，也有着不同的文化群体意识。可见，文化的传播并不是畅通无阻的，它受一定的地理环境、传播媒介等客观条件的影响，而且还受不同文化性质的社会心理、群体意识、价值观念等的影响。当不同文化性质的文化相遇时，就产生了文化冲突。不同文化性质之间的矛盾性体现称为文化冲突，文化冲突不仅改变了原来的文化性质，而且促进了新文化的产生。由于文化的时代性、区域性、民族性、阶级性和党派性、集团性等特点，文化冲突的原因也各有不同。

（1）文化分化

文化是由内在矛盾的规定性决定的统一体，它的产生、发展、分化是一个自然的过程，大都经过生长期、成熟期、分化期、衰亡期四个阶段。从旧文化体系中分化出新文化体系的过程称为文化分化。在社会发展变革的时候，无论文化分化是经济、政治或其他社会因素（外来文化传播、异族入侵、战争），均在与旧的文化价值发生冲突和碰撞。这样就会打破原来的文化体系，产生文化外化现象，衍生出一些新文化系统或体系。每一次文化分化都会外化成一些新的文化，因此文化也就越来越丰富多样，也就越来越繁杂。文化在自变的过程中不仅发生分化，同时也发生整合。

（2）文化整合

文化系统内各种文化丛、文化因素之间的协调平衡关系称为文化整合。各种文化丛、文化因子之间是和谐的，就是整合，反之就是不整合（王会昌，1992）。各种文化丛或文化因素的整合关系构成文化系统，又将其称为文化地域综合体。在空间上文化地域综合体是个整体，只有研究地域文化的整合关系才能探析文化地域的空间分异现象、地域性变化规律。地域文化系统的文化整合包含两个方面的含义：其一是地域文化系统中精神文化、行为文化、物质文化三分天下的整合关系，即内整合。就像自然环境中各种自然元素之间相互作用协调一样，地域文化系统内文化整合的关系也是相互协调的，如果某个要素的变化超出了限度，就会导致彼此之间的不协调或不平衡，结果就会带来灾害。例如，现今工业化、现代化席卷全球，可是现代技术、现代生产就需要现代化的管理制度和体制以及与此相适应的上层建筑。只有物质文化的变化，没有社会和意识文化的变化，地域文化也得不到协调发展，反而会产生一系列的矛盾、问题。只有当三者的变化都协调、平衡时，才能使工业化、现代化顺利进行。其二是在时间过程中文化是不断变化的。外整合是地域文化综合体内的文化和新文化的整合关系。在时间发展过程中地域文化综合体形成自身的文化传统，当外来文化作用时，总是要经过一定的时间才能和原文化传统相整合。这种地域文化的新整合，促进了地域文化系统的发展。

不同文化相互碰撞、吸收、融化、协调而趋于一体化的过程称为文化整合。从文化社会角度来研究城市文化变迁、乡村文化变化，是在发掘人与社会的深层运行机制（彭静，2004）。文化不仅具有排他性，也有融合性。特别是不同文化的人们居住在一起的时候，他们的文化相互吸收、融合、涵化，发生内容上和形式上的变化，逐渐整合成为一种新的文化体系。首先，文化整合实际上是不同的文化重新组合。原来渊源不同、性质不同、目标不同、价值取向不同的文化，经过相互接近、协调，在内容、形式、性质、功能、价值取向、目标取向等各方面不断被修正、被调整，进而发生变化，特别是为了更好地适应社会的需要，渐渐融合，最终形成新文化体系。其次，文化整合不是几种文化的机械组合，而是相互碰撞、吸收、融合而协调成一种新文化的过程。新文化的产生不仅存在于整个文化体系的整合过程中，也存在它的各个子系统的交互作用、彼此影响的各个方面。最后，一个民族、一个国家的文化体系，越是整合了不同的文化因子，就越有生命力，越丰富。而一个文化体系越丰富，越有生命力，它的整合能力就越强。无整合能力的文化，是脆弱的，经不起历史的挫折。文化整合既可以使文化不断更新发展，也可以使文化保持旺盛的生命力，立于不败之地。有效地实现文化整合，是社会文化持续、和谐发展的基本条件（代金平和郝烨，2008）。

（3）文化适应

文化传播、文化冲突、文化分化是不断进行的，一般来说，文化整合多发生在某种文化传播、冲突、分化之后，亦即产生于它们经过协调、彼此相互适应的时候。不同文化经过长期的碰撞、联系、接触、调整而改变原来文化的模式、性质的过程，称为文化适应。首先，文化适应是一个相互作用的过程。文化适应是不同的文化相互作用、相互影响、相互吸收的过程，一方面它失去了某些文化特质，另一方面又收获了一些新文化特质，在交互作用中双方不断发生变化。其次，文化适应并不是简单地舍弃某些旧的文化特质，或启动一些新的文化特质，而是一种新文化特质的综合过程，也是新文化产生的过程。最后，文化适应是一个建立新的文化模式的过程。当一些新的文化特质纳入一个民族或一个国家的现存体制机制及其文化功能系统时，文化适应实际上是一个建立新文化体系的过程，它不仅存在着制度、体制、机制、风俗、信仰等方面的再阐述，而且存在着行为和规范、目标和价值的再取向。一种文化只有适应了一定社会文化发展的需求，才能和原有的文化相结合、相融合、相协调，进而产生新文化，并取得新文化的发展。

（4）文化变迁

文化内容的增加或减少及其所引起的文化系统结构、模式、风格的变化，称为文化变迁。任何文化变迁都有一个发生、发展的过程，即使是突变，也不是一下完成的，文化体系的变迁更是这样。一般来说，文化变迁要经历一个由无序到有序的形态演变过程。旧的文化体制机制、文化特质被破坏了，新的文化体制机制、文化特质尚未被建立起来，即使在短时间内被建立起来了，也一时难以满足社会的各种文化需求，人们对它感觉到不满意、不能适应。所以，文化变迁必然出现一种耗散结构状态，只有经过相当长一段历程，新的文化体制机制、文化特质才能被建立起来，只有适应了社会内在的各种结构，人们才能对它慢慢适应，并且按照新的文化要求生活，才能渐渐形成一种新的文化模式、文化风格，文化变迁也就从无序走向了有序。

3.3 文化地理学的研究视阈

文化地理学是探讨人类在创造文化的过程中所受地理环境的影响（包括自然环境和社会环境），包括文化的形成、诞生、发展、扩散等活动在地域上的表现及空间特征，以及文化创造活动对地理环境产生的诸多影响。从研究对象和范围看，文化地理学兼具文化和地理两方面的特性，如区域性、综合性、预测性和阶级性。

3.3.1 文化扩散

几乎每种文化要素都是起源于一个地点，偶尔也有首先出现在几个地点的。无论是起源于一个地点或者多个地点，在出现后总是向外传播和扩散。除了以自身的力量向外传播和扩散外，文化这种传播和扩散现象，在历史上往往是通过战争、移民、征服而被带到新的地点，被带给新的文化集聚团。在现今社会中，可以看到，有的文化因子传播得快，有的文化因子传播得慢，在其不同的扩散过程中，即使是同一种文化因子，其传播的速度也是不同的。可以看到，一些文化要素在传播过程中很难在某些地区扩散，在空间分布上甚至出现戛然而止的现象，这些都是文化地理学研究的热点。文化扩散可分为扩展扩散和迁移扩散两种。

（1）扩展扩散

在空间上思想或某种文化特质通过居住在该地的人们从此地扩散到彼地，犹如滚雪球式，接受该思想的人越来越多，其空间分布也越扯越大。扩展扩散又可以细分为传染扩散、刺激扩散、等级扩散三种类型。

文化的传播是通过已经接受这种文化的人和接触了正在考虑该文化的人之间进行的传播和扩散，这种过程称为文化的传染扩散。这种传播的特点类似于一些传染疾病的扩散，主要是通过人与人之间的直接接触而形成的。因为这种扩散需要人与人之间的直接接触，所以在短期内其扩散范围只限于局部地区。这种传播主要是通过各种时空关系的人际社会网络。例如流行性感冒，如果在一定工作场所爆发，员工之间就互相传播，进而传染给家人，这些家人又带到新的工作地点，通过另一个时空社会网络继续扩散。人与人之间的面对面接触是为了传递信息，然而，个人间促进信息流通的这种直接接触却形成了传染扩散。一般来讲，对新事物的敏感程度因人而异。一些人想尝试新鲜事物，而另一些人比较小心谨慎，只有在大量接触以后方能接受。

和传染扩散不同，等级扩散的传播不取决于人们的接触程度。比如，新产品的发行一般先被大城市居民采用，因为居住在大城市的人们通过广告宣传和直接观察往往有更多的机会获取这方面的信息，所以商品的供应条件和信息灵通往往有利于在大城市推行这类产品；接着，这类产品就向中等城市扩展，再流入小城市、小城镇、乡村等地区。这种现象称为等级扩散。从公共信息系统的等级结构扩散过程来说，其中心是按重要程度来确定的，最重要的中心只有一个，也是整个系统的中心。

人们在接触某一外来的新鲜事物时，由于各种原因无法原封不动地照抄照搬，不得不加以改动，以至于为了接受新事物、新思想，而摒弃其原来的事物和旧思想，这就称为刺激扩散。当今社会，广播、电视、互联网等现代化通信设备已经进入居民日常生活的时代。远在千里之外的人们，不但能迅速了解到新鲜事物的信息，还可以快速看到甚至是得到这些新鲜事物。这对人们的刺激作用是非常巨大的，它直接激发其他地方的人们创造出各种各样的甚至更高层次的新鲜事物。

（2）迁移扩散

迁移扩散意指具有技术、思想的个人或团体从一个地方迁移到另一个地方，于是把这种技术或思想带到了新区域。与扩展扩散相比这种扩散方式速度较快。因为迁移扩散是伴随着人的流动而传播的，特别是当迁移的路线比较长或者越过高山、沙漠或海洋等空间时，就更加突出。这样，在空间的分布上形成新的分布区与原分布区互不相连。例如，在美洲，基督教的分布就是一个很生动的迁移扩散例子。哥伦布于 1492 年抵达西印度群岛，随后西班牙人和葡萄牙人便在墨西哥的新大陆上开始殖民活动，于是把西方的基督教带到了这块新大陆上。

创造、发明、思想、技术和宗教文化的传播就像丢入池塘中的石子产生的波浪一样，向周围逐渐扩散开来。在其扩散过程中，可以看到石子激起的波纹逐渐减弱，以致到最后全部消失。也就是说，文化现象在一地开始出现后，在其扩散过程中，随着时间和距离的延长而衰减，一般来说，离起源地或中心越近，这种文化现象越强烈，越远则越弱。这种现象可称为距离衰减现象或时间-距离衰减现象。然而，现实社会中，文化现象的传播还受到许多自然因素和社会因素的影响。阻止文化传播的障碍，称为吸收屏障。文化事物的传播除去个人接受与否外，其速度的快慢还取决于该文化事物的复杂程度与花费多少。一种新事物或一种新思想的传播有时间上渐增的特征，即开始的一段时间内，接受它的人数增长得比较慢。随后，就会有一个相对较快的增速阶段，即接受它的人数迅速增加。到对此事物或思想比较敏感的人已大都接受时，其接受速度或接受的人数又会大大下降。这时就达到该事物或思想的饱和程度。其曲线在空间上呈S形。

3.3.2 城乡文化相互作用

城乡文化相碰撞时，乡村文化或城市文化一般会表现出文化对峙、文化取代、文化同化和文化融合四种特性（图 3.5）。当城市文化（乡村文化）既保持了原来的文化特征，又获得了一些新的文化特质，这是整合；当城市文化（乡村文化）几乎完全放弃和改变原来的文化特征，而倾向于乡村文化（城市文化），这是同化；当城市文化（乡村文化）倾向于保持原有文化，主动避免与乡村文化（城市文化）交流时，这是分离；当城市文化（乡村文化）既不愿意保持原有特征，对乡村文化（城市文化）也缺乏兴趣时，这是边缘化。当城乡文化相遇时，便形成了文化锋面（黄成林，1995a）。文化锋面是指城乡两种不同特质的文化相遇所形成的文化过渡现象，是城乡两种文化气团之间的交错带（许然等，2006）。文化锋面具有地域性、动态性、非均质性、复杂性等特点。根据文化锋面的成因、形态、演化程度、要素等标准，文化锋面可分为不同的类型。

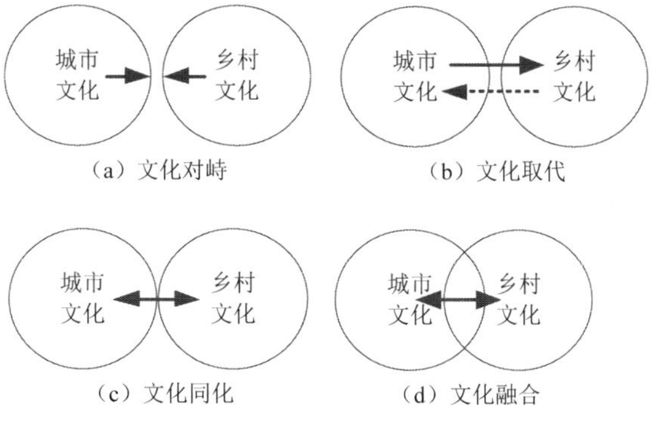

图 3.5 城乡文化相互作用的方式

对优秀传统文化的挖掘和整理是城乡文化整合的基础。城乡居民共同的“传统”文化情结是文化整合的重要背景。“中国乡村就像构成生命体的细胞一样”（张孝德，2012），乡村是传统文化传承的重要载体。城市是西方文化与中国传统文化的综合，有些在城市被破坏的传统文化在乡村保存得比较好，有些在乡村依然存在的传统文化未必就是“传统”，只有加强共通，才能共同繁荣。另外，城乡文化整合不仅是对塑造新农民、建设新农村和新型城镇化有着积极的意义，而且对克服城市文化（乡村文化）的危机也有着积极的作用。

3.3.3 城乡文化整合

一种文化要素的空间分布，除去受环境中的各自然要素的影响，还受其他文化要素的影响，这种相互作用是错综复杂的。因此，文化地理学在研究任何文化地理要素时，不能忽视其他文化要素的作用。只有把所需要研究的文化地理要素放在其错综复杂的自然和文化相互联系的背景中才能对其进行充分的了解。地理学的核心是对地的人文主义的说明，文化地理学对文化的认识和对人的个性与主观性的理解是空间变化分析的中心。

文化整合是不同的文化接触、碰撞、冲突、吸收、变迁、融化、融合而趋于一体化的过程，在开放的系统里不同文化特质必然相互接近、彼此协调，进行文化整合。城乡文化整合和城乡关联是密不可分的，城乡关联是城乡文化整合的前提和基础，并为城乡文化整合提供机会。城乡文化整合以城乡文化的平等、自由交流为前提，进而整合成新的文化体系，在封闭的、对立的城乡二元格局中是不可能实现城乡文化整合的。

（1）城乡关联是城乡文化整合的前提

以文化的平等、自由交流为前提的城乡文化整合，与城乡关联息息相关。文化整合是不同的文化接触、碰撞、吸收、融化、协调而趋于一体化的过程，不同文化体系在文化整合过程中必然要相互接触，彼此调和，这就决定了文化整合必须在开放的系统中进行。城乡文化整合是城镇化在城乡关联基础上的深化和拓展，城乡关联的不断加强为城乡文化整合提供了前提和必要条件。城乡关联的不断加强，使以现代工业文明为特征的城市文化和以传统乡土文明为代表的乡村文化开始了其撞击、摩擦和交融，出现了程度不同的整合，城乡文化各自得以丰富和发扬，既保持传统文化的底蕴，又富含现代文明的精华。城乡文化整合是新文化体系形成的过程，也是文化各要素平等、自由交流的过程，在封闭对立的城乡文化二元结构中是不可能实现文化整合的。因此，城乡关联发展是城乡文化整合的基础和前提，同时，城乡关联为文化整合提供了机会和可能。只有城乡关联、协调发展，城市和乡村才能取长补短，不断优化，健康发展。

（2）城乡文化整合是城镇化的实质

城镇化是优秀文化整合的空间表现，城乡文化整合是城镇化的实质。在很大程度上城乡的差异是文化的差异，城镇化作为一种生产生活方式的空间延展，期望实现城市与乡村“携手并进、文明共享”的局面，这就意味着优秀文化在人类居住空间中的整合，以达到关怀人、陶冶人的目的，其实质就是城乡文化整合，从而形成具有两者特色的新生活方式，使人类社会和自然美景兼而有之。城镇化的过程就是城市与乡村相互影响，城市文化和乡村文化相互接触、融合，而使更富感情色彩的城市文化和更具现代格调的乡村文化实现共生、共存、共荣的过程，也就是城乡文化整合的过程。在这个过程中，城乡文化整合使得城市的现代文明、思维观念和生活方式等向乡村快速扩散，大大加快了城镇化进程。另外，城乡文化整合并不意味着城市文化袭夺或取代乡村文化，而是城市、乡村互相吸收先进、健康的文化，摒弃落后、病态的文化的一种“双向”演进，是承认城乡文化的不同并在城乡文化异质性、独特性和互补性基础上的协调发展。城乡文化整合的过程是择优的过程，包含继承、吸收、创新三个阶段。

3.4 文化生态学的研究理念

斯图尔德最早使用“文化生态学”概念（Steward，1955），他认为文化生态学主要是从人类生存的整个自然环境和社会环境的各种因素交互作用研究文化产生、发展、变异规律的一种学说。其核心观点主要体现在：①文化人类学的中心任务是发现随着时间推移而呈现出来的世界文化发展的规律，并从因果关系方面加以解释；②每种文化内部都有一种重要的功能，它是该文化系统或文化类型的决定因素，对此可以用“文化核心”和“次级特征”的概念加以界定；③文化人类学过去只从事简单社会的研究，现在逐渐开始对复杂社会进行分析。吴相利和张晶（1996）认为，文化生态学（cultural ecology）又称生态人类学（ecologic anthropology），它研究人类文化与自然环境之间的关系，着重于地理环境与文化的关系以及地理环境对文化产生和发展的影响。文化虽然不是无机的自然现象和有机的生物现象，然而它的产生和发展是与一定的自然环境密不可分的，文化与自然环境是互动的，因此，文化社会学应该从生态学的观点研究文化产生、发展的自然环境、社会环境与其他各种变化关系。

地理环境具有差异性、整体性，其差异性对文化的民族性特征或地域性特征乃至文化特色产品有着相当大的作用力，而整体属性往往影响一个民族、国家的传统历史文化风貌（曹诗图，1994）。地理环境在人类文化与文明发展的初期，具有巨大的甚至决定性的影响和作用，如黄河流域在文明初创时期其优越的地理环境，使它成为中国古代文明的一个摇篮（王会昌，1992）。另外，也有一些学者就地理环境对政治（傅兆君，1992）、区域文化特征的形成（刘益，1992；韩铁丰，1990），以及对文化差异的形成（黄成林，1995b）进行了研究，如黄成林（1993）曾对徽州文化的生态学进行了深入研究，孙兆刚（2003）曾对徽商、徽州文化的影响因素等进行了深入研究。环境决定论、可能论、适应论、环境感知和文化决定论的争论已没有实际意义，一种文化的生成是多种因素的综合结果，而不是一种学派的单一、片面的理论所能完全阐释的。

3.4.1 文化生态系统

人类创造的每种文化都是一个动态的有机整体。各种文化相互交流、互动、吐故纳新进而形成不同的文化链、文化圈、文化群落，每一文化群落是人类文化系统的有机组成部分，它具有不同的价值，为维护人类文化系统的完整性发挥着独特的作用。我们把这一动态、有机的文化整体称为文化生态系统（孙兆刚，2003）。作为一种知识体系文化生态系统有着自身的内部矛盾和产生发展过程。就像生物的进化和生命的起源那样，经历着萌芽时期、成长时期和由低级到高级、由简单到复杂的演变过程。在社会的基础上进行着文化演化。文化是一种社会历史现象，是人类社会实践的产物。文化因子恰如生命个体一样，每一生命个体在延续种群的历史过程中，总是保持其特有的稳定性，同时也不断调整自身以适应环境，这就是文化生态系统演化方式的新陈代谢和遗传变异。

人、文化、空间和外部支持系统四要素共同组成一个互动的文化生态系统，文化生态系统从里到外可以分为四个圈层（图 3.6）：圈层的核心是人，具有改造环境与适应环境的能力；第二层是文化，包括思维、组织和技术等；第三层是空间，是文化的外在体现和载体，由地理环境、人工环境、生物环境三个要素组成；最外层是空间的外部支持系统，维持整个文化系统运转所需的新陈代谢。文化系统具有复杂系统的特点，它由诸多相互独立的因素组成了一个有机整体，在外界文化的条件下处于动态平衡之中。

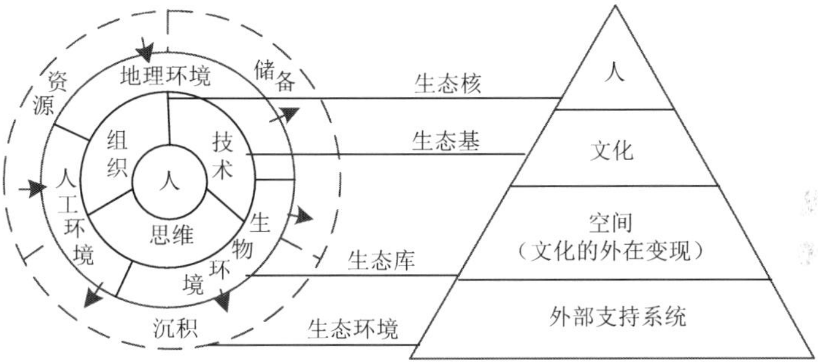

图 3.6　文化生态系统的结构

3.4.2　城乡文化生态系统

城乡文化是一个生态系统。城乡文化既是一个有机整体，也是一个动态系统。具体来说，作为一个生态系统，城乡文化具有以下特点：第一，具有整体性，即城市文化和乡村文化是一个有机整体，无法分割；第二，具有动态平衡性，城乡文化系统是一个长期、动态、辩证的历史发展过程，是一个“平衡—不平衡—平衡”不断循环发展的过程，而不是一蹴而就的历程；第三，具有开放性，城乡文化系统内部应该相互交流，保持文化系统内部物质流、信息流、能量流的相互交换，共享物质资源、人力资源和信息资源；第四具有自组织性，城乡文化整合的目标是实现城乡文化健康、有序、内涵化的发展，激发城乡文化特别是乡村文化的自觉意识和自主动力（王勇，2012）。

3.4.3　城乡文化生态系统演化

城乡文化生态系统的演化分为三种类型，分别是城乡文化生态系统的新陈代谢、遗传、变异三种。

（1）城乡文化生态系统的遗传

文化既是一种认识活动，又是一种知识体系。文化作为一种知识体系由人类掌控并被人类实践着，因而在新老两代人之间存在着一种知识的继承和发展的关系。前人将知识传授给后人，后人接受并继承前人的观念、风俗、习惯、准则等，并用来指导自己的行为，这种现象称为“文化的遗传”。文化生态系统的遗传是文化传播过程中保持民族特色、地域特色的演化特征。文化遗传是人们共享文化的过程，是社会观念不断被传递、被强化和人们接受社会习惯的过程，它具有强烈的社会学、心理学性质（冯天瑜等，1990）。文化遗传是人们根据自身的爱好、经验、知识、兴趣等主观意向重新估价、解释以确定文化价值的心理过程，而不是文化的简单、机械性的传递。在这个过程中，人们不仅估价和确定某种文化的潜在价值，而且还会增殖和繁衍出许多新文化。在文化遗传中，文化的潜在价值被夸大、扩张，新价值不断被繁衍、生长。文化遗传的选择、组织、接收、反映等是各种社会文化心理交互作用的过程，是对文化信息不断解释、注译、附会的社会文化过程，文化信息的选择、制作、组织、传递都受其知识和信念的支配。城乡文化生态系统的遗传有两种方式：外因推动的教育和内因作用的自学文化遗传；人类文化交往活动的文化传播。

（2）城乡文化生态系统的变异

文化生态系统在不停地进行着遗传和变异，使得文化生生不息、绵绵不绝。然而，后人并不是原封不动地接受前人的知识，而是依据社会实践的标准，对前人知识取其精华去其糟粕，在实践中不停地补充、丰富前人的理论成果，创建新知识体系，使社会文化生态系统不断进步和发展，这种现象就是文化变异。文化变异是指社会生态系统中组织、技术、政治、经济，以及某一方面或几个方面的行为准则大规模地改变，在全体居民和团体中是可以观察到的行为变化和结构模式，这种“变异”是许多小变化积累的直接结果。各种因素长期作用的产物便是“变异”。

文化生态系统之所以存在变异是因为人类所创造的一切文化，从它被创造的那天起，就存在着诸多不合理性，存在着自我相关的矛盾性，存在着价值和功能上的冲突。文化是人类为了满足自己的需要而创造的，又是为了摆脱环境控制和实现自由而创造的，文化的存在应该是满足人类的需要，帮助人类摆脱环境控制和实现自由，但文化并不是按人类创造它的动机和愿望进行发展的，反过来它还要钳制创造者的行为和动机（高建明，1999）。正是基于这样的背景我们认为文化生态系统发生变异是其自身固有内部矛盾斗争的结果。

社会系统内的 DNA 是文化，“文明”则是文化经过生产过程而产生出来的“蛋白质”。“文明”和“文化”的关系是“基因显现型”（Phenotype）和“基因型”（Genotype）的关系。文化是由语言和文字编码产生的信息产品，可以翻译和转录，将经过文化遗传而永生。文明则是伴随时间衰败和瓦解的物质产品，不能翻译和转录。因此，“文化—生产—文明”是社会系统内“文化—社会”遗传信息流向的中心法则。尽管社会系统内有各个方向的、互动的文化信息流，但是社会系统内主导的、最强大的和持续不断的信息流是“文化—生产—文明”，它维系着文化的传承和社会的自复制。社会文化遗传信息流向中心法则如图 3.7 所示，其中 S-cDNA 代表 Social-culture DNA，S-eDNA 代表 Social-education DNA。

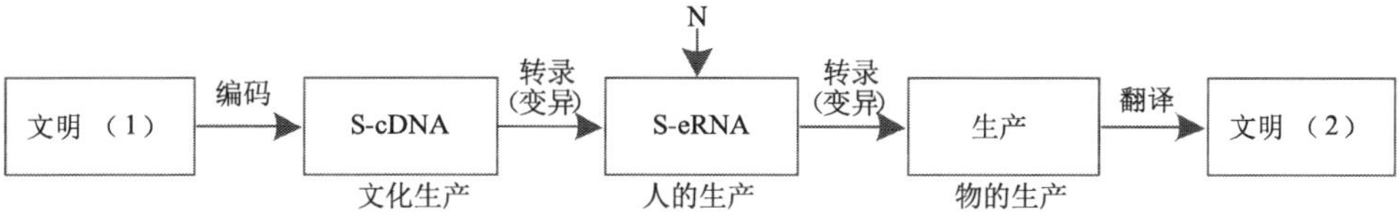

图 3.7 文化—社会遗传的系统模型

（3）城乡文化系统的新陈代谢

文化生态系统内部的各个组成要素是以一定的时空模式存在的、互相联系的有机整体，这个有机整体要想得以在空间上的拓展、时间上的延续，就需要不断地推陈出新、新陈代谢。文化生态系统的新陈代谢包括文化同化和文化异化两个方面。文化同化是根据文化主体的价值取向，从环境里吸取原料，经过消化、吸收、营养自身，是对固有文化的保存和延续。文化异化是文化系统中异质文化因子对原质文化的否定、扬弃，新文化因子的诞生过程。文化同化和文化异化是文化系统新陈代谢的两个方面，文化系统任何时间、任何空间均处于同化和异化的双重过程中。文化同化和文化异化是文化生态系统中文化同一活动的两个不同方面，并非是两个不同的过程。

文化生态系统是文化异化和文化同化的对立统一体，使其文化的内容日益完善，时空结构不断变化，日趋博大精深，绵绵不断。文化生态学包括三个步骤：第一，分析生产技术与环境之间的相互关系；第二，以一项特殊技术开发一特定地区所涉及的行为模式；第三，确定环境开发所需的行为模式影响文化的其他层面至何种程度。文化核心：与生产及经济活动最有关联的各项特质之集合，实践证明与经济活动有密切关联的社会、政治与宗教模式皆包含在文化核心之内。次要特质：其他与文化核心没有紧密关系的特质，可能有较大的变异性如历史因素，以及随机的创新和传播。

4 城乡文化整合的空间要素

4.1 引言

文化活动在地理空间上可表现出不同的形态。比如，文化产业、文化商业等表现为点状；文化传播路径、交通设施、通信设施等则表现为线状，即廊道；相关的文化节点和文化廊道连接起来就构成了城乡文化网络结构；城市文化和乡村文化在地理空间内文化活动的总和就构成了文化域面。这些具有不同文化特质的点、线、面依据其内在的文化活动联系和空间位置关系，相互连接在一起，就形成了具有特定功能的城乡文化系统的空间结构。文化节点、文化廊道、文化网络、文化域面在空间中相互作用、相互影响，形成不同的城乡文化的空间地域组织形式，即城乡文化整合的空间结构。文化节点、文化廊道、文化域面是城乡文化整合空间结构的基本要素。研究城乡文化整合的空间结构必须要研究诸要素的空间组合、关联和演变规律。因此，研究空间结构首先必须认识和判别空间结构要素，一般而言，城乡文化系统的空间结构要素可分解为文化节点、文化廊道、文化网络和文化域面四种类型（图 4.1）。

城乡文化整合的空间结构，是反映城乡文化空间系统中各子系统、各要素之间的空间分布状态及空间组合形式，包括诸多文化要素在空间中的相对位置、相互关联、互相作用、相互适应、集聚程度，以及城乡之间的相对平衡关系等，主要回答城乡文化在空间中如何生成、传播、分化、整合、适应、变迁等发展过程。文化活动是在地理空间上进行的，城乡文化的空间结构是城乡文化整合的一种重要结构。一方面，各文化活动的产生需要把分散在地理空间上的各个相关要素组织起来，形成特定的文化整合过程；另一方面，各种文化活动之间需要相互整合、相互适应，于是，就需要考虑在信息化、工业化时期城乡文化发展的空间结构新模式。

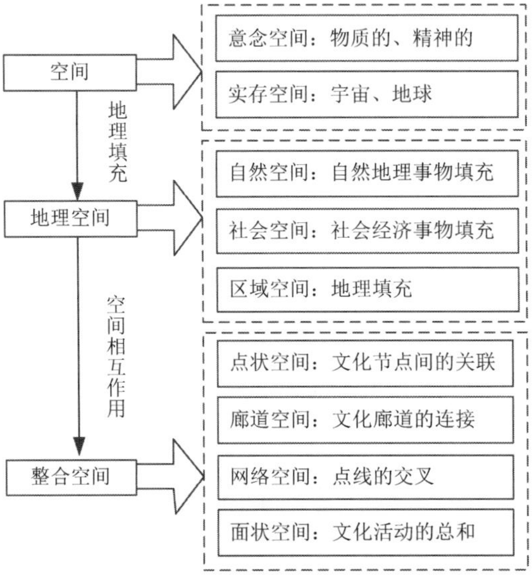

图 4.1　城乡文化整合空间的演绎过程

城乡文化整合的空间结构的地理分析中应该注意到以下几点：第一，空间结构的分析离不开具体的文化活动事项，否则将落入空洞之中或成为纯几何学的探讨。文化活动的事项，如文化分化、文化扩散、文化冲突、文化整合等在空间的分布状况，往往通过几何特征表现出来，如点状、线状、网络、面状，甚至立体的形式。因此，空间结构属性是反映是否属于空间分析的标志，但这种空间特性必然与研究的文化活动事项紧密联系在一起深入分析。第二，空间结构的构成要素不是杂乱无章的，而是具有内在的结构，反映其整体性、规律性、层次性。因此，城乡文化系统的空间组织之间各有其规律性，但又是相互影响、相互作用的。第三，空间结构是动态的系统，表现为空间系统内部的运动与整体模式的演进过程，如不同文化节点之间的人口流、文化信息流、城乡文化地域空间相互作用过程的变动等。第四，空间结构有绝对和相对之分。绝对空间可以从区域地理学中得到验证，研究一个地域的空间或者对其进行划分。相对空间则以区位论最为典型。

本章通过分析在空间相互作用、信息化背景影响下文化节点、文化廊道、文化网络的内涵及空间形态的变化，构建城乡文化节点的结节性测度指标体系和辐射半径测算公式，揭示信息化背景下城乡文化节点等级体系结构及其空间分异规律，进而探讨案例区城乡文化整合空间结构的分布特征。

4.2 文化节点

4.2.1 基本内涵

文化节点是城乡文化空间结构中最基本的构成元素，通常出现在文化资源富集区，主要包括城镇、乡村、港口、大型水利工程、开发区、大型博物馆等，是空间文化活动最密集、最活跃的地方。然而，若从微观的空间尺度观察，被视为文化节点的地区也表现为不同文化活动“板块”所组成的空间，其内部也是有多层次的空间结构。例如，一个小城镇，从微观尺度来看，它往往被看成一个文化域面，同样包括了文化节点、文化廊道、文化网络等要素，若从宏观尺度来看，它往往被看成一个文化节点。文化节点是城乡文化活动的重要场所，是城乡文化的重心所在。文化活动在地理空间上的集聚规模有大小之分，相应地，城乡文化空间结构中的点也有规模等级之分。其文化活动内聚力而产生的极化作用，使文化活动向城乡的文化中心集中，进而形成级别更高的文化节点。区域内各种规模不等的文化节点相互连接就形成了文化节点的等级体系。作为文化节点要素的文化活动聚集地，是城乡文化的空间结构要素的核心，具有组织城乡空间文化活动的中心性特征，可起到活化整个城乡文化空间结构，甚至主导空间结构的重要作用。

4.2.2 空间相互作用与文化节点

作为社会文化的物质功能实体，文化节点的生长发育决定着城乡文化系统空间结构的内涵、形成、发展方向。工业革命以前，文化节点的主要功能体现在政治、经济、军事、宗教服务等方面，而单纯作为文化中心的功能甚微。那一时期，城乡文化的空间结构处于一种相对稳定的惯性发展态势中，在地域空间上自然地延续蔓延。随着 18 世纪机器大生产的产生，文化节点的经济功能被不断提高，人口、工业等要素迅速在文化节点上集聚，从而打破了城乡文化空间结构原有的稳定性，开始出现工业文化聚集形态。这种社会制度、生产方式与产业结构的质变，导致了城乡文化空间结构的变化，城乡文化节点网络结构日渐明晰，空间集聚与扩散效益也开始凸显（许学强等，2009）。遵循着“积累—发展—再积累—再发展”的动力演变轨迹（哈达赫，1984），城乡文化节点的发展将促进地域空间的不断扩展，城乡文化空间结构也随着发生变化。

在空间相互作用的过程中，城乡文化节点的发展在促进自身规模扩大的同时，也不断改变着空间的分布状态与组合形式。一方面表现为城乡文化内文化节点数量的增加，另一方面是一定区域内文化节点规模的扩大。通过上述过程，城乡文化节点不断改变着城乡文化空间结构的形成、发展，促使一定区域内社会组织、文化、居民等各种要素规模不断提升，进而调整了城乡文化空间分布状态。伴随城乡文化系统的网络化发展，抽象的空间演变被逐步还原到具体的操作层面上，将点状的文化企业、城镇、乡村的发展和网状的城乡文化系统整体的发展具体联系起来，是城乡文化系统空间结构组成的重要组成要素。城乡文化节点是城乡文化空间的重要组成部分，是区域内文化和社会活动的聚集体，城乡文化节点的发展总是在特定的区域中进行的，文化节点发展轨迹也受制于其所在城乡文化系统的整体发展格局。城乡文化空间的节点要素是城乡文化行为主体相互作用的一种形式，也是其存在的形式之一。随着相互作用范围的扩大，城乡文化节点空间会进一步向纵深发展，并最终被抽象空间、网络空间组合成为城乡文化节点系统。

4.2.3 信息化与文化节点

在古代，物质文明不发达，文化节点对周边地区进行文化信息传递时只能“隔山相喊”。随着人类生产力、生产方式的变革，文化传播方式经历了农业化、工业化、信息化时期，发生了巨大变化，特别是在信息化作用影响下，文化节点的结节性发生了巨大变化。而信息的含义与价值总是依附于一定的载体，并且在文化传递的过程中才能充分发挥作用。文化信息载体的形式是多样的，如固定电话总数、手机总数、互联网主机数、邮局总数等，但没有载体的文化信息是不存在的。在传统的区域分析里，文化节点的规模往往取决于其所可能控制的腹地范围的大小，以及腹地内文化产业、人口等集中的程度，据此来确定文化节点的规模。由于社会文化要素的集聚，这些文化节点往往充当着整个城乡文化空间结构的增长极。但是，各级文化节点、文化活力及文化职能空间的不同往往会导致各级文化节点在功能上和规模上的空间差异。在全球化的环境下，封闭的文化节点体系已经被暴露在国际、国内环境之中，文化信息流也重新塑造了文化节点及节点体系，这使得文化节点的规模、功能和地位出现了许多变化。

第一，文化节点的规模发生了变化。文化信息流重新定义了文化节点规模及其重要性。在整个文化节点网络体系中，文化信息流流入和流出信息的种类和强度决定了文化节点的规模及其重要性，文化节点的发展不再局限于某个封闭的区域内，而是处于更高层次的文化信息网络之中。

第二，文化节点的功能发生了变化。文化节点功能必定会被信息化和通信技术中的创新所影响，被高新技术产品供应商和移动通信服务等新经济及相关部门增长的出现而影响。信息技术的发展及应用、知识经济的到来使得城乡文化活动更多地表现为对文化信息的分配、使用和消费。随着新思想、新技术的不断出现，文化节点则日益表现为一个巨大的文化信息库，表现为城乡文化系统的创新源。因此，文化节点将会从传统文化产品的生产中心、消费中心转变成社会变革的内燃机、社会常态的调控器、凝聚社会的黏合剂、经济发展的助推器等，即出现所谓的文化节点功能软化。

第三，文化节点的区域地位也相应地发生了变化。在工业化时代，城市尤其是中心城市往往是整个区域的交通枢纽和政治、经济、文化中心，而在信息时代，城市将作为主要的文化信息节点、文化服务与文化管理中心而出现，在区域中承担着重要的文化信息枢纽作用，同时在信息技术的影响下，城市将从一个固定在某一地方的“场空间”向一个流动的网络化的“全球空间”转型。这不仅仅是那些具有较高等级的区域性文化节点，至少从理论上讲，无论城市还是乡村，每一个文化节点都可能面临着国际性的转变。

第四，整个文化节点体系出现了分级分化的态势。即高级文化节点不断极化，同时区域性文化节点和地区文化中心会出现，在地理上表现为全球性文化节点、区域性文化节点和地区文化节点的出现，而那些处于信息边缘的文化节点则相对落后。尽管这一趋势在工业化时代也已经出现，但是在信息化社会影响下，这种现象会被逐步强化。

4.2.4 文化节点的等级体系

现有的学术界对文化节点的研究停留在定性阶段，定量分级描述文化节点的较少。21 世纪以来，全球化、信息化、网络化引发了全球、区域与地方尺度的空间系统格局、组织方式、文化功能的重构，创新与发展成为当代地理学理论建设的主旋律。遥感、地理信息系统、海量数据统计分析等现代技术手段的广泛应用使得文化地理学理论创新与发展成为必然。然而在地理学研究背景、研究方法甚至研究对象发生变化的同时（罗能生和谢里，2010），文化整合理论仍未及时突破其初创时的思维模式与研究范式（陶建杰，2011）。文化整合理论从初步确立以来，其进一步的研究进展与实际应用都十分缓慢（罗能生等，2011）。国外虽然出现了一些企业文化整合等相关方面的研究，但仍然缺乏系统的理论和应用创新；国内一些学者对城市文化软实力的测算构建了一系列测评指标体系（赵乙萤，2011），但对文化节点等级的定量描述甚少，对文化整合理论的进一步拓展及应用研究更是屈指可数。因此，文化整合理论有必要针对当前中国文化系统空间结构演变的新背景、新趋势与新机制，依托更先进的方法手段获得更加适应于当前实践需求的理论创新与应用创新。本书研究在梳理古典文化整合理论基础上引入现代文化整合空间结构理论体系，在新时期多要素作用下以武汉城市圈为研究对象，明确文化节点、文化结节性概念与测度方法，将文化资源、文化要素、文化产业、文化发展、文化传播等要素的综合考量纳入对文化节点等级系统结构与组织演变机理的研究中，同时尝试阐述交通、信息技术与政策制度的演变对文化节点等级系统的影响机理，以及全球化背景下对当前中国城乡文化系统空间结构影响较为密切的因素。

（1）指标体系的选取依据

结节性在影像诊断中表现为结节状的密度影，是医学中常见的术语，如结节性甲状腺、结节性皮肤病、结节性胃炎、结节性硬化等。文化节点的结节性是衡量文化节点对周围提供服务的性能和地位的指标，涉及文化遗产、文化传播、文化投资、文化作品、文化管理、文化服务、文化产品、文化传承、文化发展、文化创新、文化传播基础、文化传播方式等多方面。衡量文化节点的结节性的发展程度、准确地反映文化节点的发展状况和对周边影响力的大小，应建立一套科学、完整的指标体系。本书遵循科学性、可操作性、系统性、动态性等原则，建立一个由目标层、功能指标层、目标分解层与具体指标层所构成的具有阶梯层次结构的评价指标体系。具体包括文化资源、文化要素、文化产业、文化发展、文化传播五大类。

评价指标体系设计的总体目标是要全面、准确、科学地反映城乡文化发展状态，并能准确地进行综合评价和判断，体现城乡文化融合、城乡文化均衡发展的发展观。文化节点的结节性指标选取的原则有以下几点：①全面性原则：指标体系作为一个整体应能较全面地反映城乡文化整合的主要特征和发展状况，即应从文化资源、文化要素、文化产业、文化发展、文化传播等方面分别设置相应指标。②导向性原则：或称目的性原则，所设指标要与促进城乡文化融合的宏观目标相统一，具有鲜明的目的性。③可行性原则：指标体系中的指标应具有可测量性、易获得性和可比性，且计算过程和方法不应太复杂。④独立性原则：指标之间应保持简洁且相互独立，这样指标体系才较为简明，且能避免重复计算。⑤简洁性原则：在全面性的基础上使文化节点指标体系尽可能简化，这样指标体系更容易被理解和推广。⑥层次性原则：应根据评价测算的需要，使指标体系具有更合理、更清晰的“金字塔”形层次结构。⑦稳定性原则：在一定时期内，文化节点指标体系中的具体指标应保持相对稳定，这样可以比较和分析城乡文化整合空间结构的动态发展过程。

（2）指标体系构建

文化节点的结节性是文化节点的影响功能大小的定量描述和文化节点综合评价的指标值，即将主成分分析所得因子加权生成的综合指数。文化节点的结节性的高低，既综合反映文化节点的性能和地位，又反映城乡文化之间要素流转程度及协调程度。文化节点的结节性越大，表明文化节点的性能和地位越高；反之亦然。本书选取 5 个功能指标层、15 个目标分解层、31 个具体指标层构成文化节点的结节性测度指标体系（表 4.1）。

文化资源是指人们从事一切与文化活动有关的生产和生活内容的总称，包括文化人力资源、文化组织、文化设施和文化产品等具体内容。文化人力资源和组织是文化活动的主体，文化设施是载体和传播途径，而文化产品则是文化创造、传承、消费的具体对象。文化资源是决定城乡文化发展的重要基础条件，文化资源缺乏会导致文化创造贫乏、文化消费不足和文化权益得不到保障等现象，不利于城乡协调发展。因此，探究城乡文化资源配置存在的问题，提出合理配置城乡文化资源的政策体系，设计合理配置城乡文化资源的各类政策工具，对促进实现城乡文化一体化发展具有重要的理论意义和政策咨询价值。

表 4.1　文化节点综合实力测度

目标层	功能指标层	目标分解层	具体指标层
文化节点的结节性测度	文化资源	文化遗产	y_1 文物保护单位个数
		文化投资	y_2 政府、企事业单位文教投入额 y_3 文化投入占家庭收入比
		文化建设	y_4 艺术表演团体及表演场的财政拨款 y_5 综合文化站数量
	文化要素	文化设施	y_6 文化业藏品数量 y_7 博物馆机构数量
		文化作品	y_8 艺术团体年演节目数量
		文化经济	y_9 文化产业增加值
		文化管理	y_{10} 文化市场经营管理机构总数 y_{11} 文化市场经营管理机构从业人员总数
	文化产业	文化服务	y_{12} 新闻出版业从业人数 y_{13} 私人文化消费品拥有量
		文化产品	y_{14} 文化用品、设备及相关文化产品的生产数量 y_{15} 文化用品、设备及相关文化产品的销售额
	文化发展	文化传承	y_{16} 历史文化价值
		文化成长	y_{17} 文化教育机构从业人数 y_{18} 文化科技机构从业人数 y_{19} 文化行政部门从业人数 y_{20} 文化下乡演出场数
		文化创新	y_{21} 艺术团体原创首演节目比率 y_{22} 文化产业附加值 y_{23} 文化专业技术人才比例
	文化传播	传播基础	y_{24} 固定电话、手机拥有率 y_{25} 互联网主机数 y_{26} 邮局总数
		传播方式	y_{27} 日报总数 y_{28} 收音机总数 y_{29} 电视机总数
		传播经济	y_{30} 广告数 y_{31} 观看电影人数

（3）计算方法

本书涉及多个文化节点的复合数据指标，而采选指标多达 31 个，涵盖了反映文化资源、文化要素、文化产业、文化发展、文化传播等各个文化要素的测度指标，既有表征文化投入的政府、企事业单位文教投入额、艺术表演团体及表演场的财政拨款、文化产业增加值等经济总量指标，也有文物保护单位个数、综合文化站数量、博物馆机构数量、日报总数等文化设施指标，为了消除不同指标数值量纲影响问题，首先对原始指标进行 Z-score 标准化处理。然后利用 SPSS 20.0 对数据矩阵进行主成分分析，在进行最大收敛性迭代、最大方差法旋转基础上抽取因子作为主成分。

通过分析结果可以确定各主成分的权重，在此基础上构建文化节点结节性的综合得分指数测算公式，该值是通过各指标的数值乘以相应指标的权重并求和得到，用 C_i 表示，为了消除正负数影响，将最终结果增加 1。其函数用线性加权和表示为

$$C_i = \sum_{j=1}^{m} W_j Y_{ij} + 1 \tag{4.1}$$

式中，W_j 是主成分 y_j 的权重，Y_{ij} 是文化节点 j 的主成分得分，通过计算求得各文化节点的综合得分。

（4）影响力半径

假设 i 表示文化节点；R 为单位半径；N 为单位圆中所包含的文化节点的数量；C_i 为文化节点的结节性，即文化节点的综合得分；r 为单位圆中文化节点的平均半径；r_i 为文化节点的影响力半径，则有

$$\frac{\pi R^2}{N} = \pi r^2 \tag{4.2}$$

$$r_i = N \times r \times \frac{C_i}{C_1 + C_2 + C_3 + \cdots + C_N} \tag{4.3}$$

由式（4.2）和式（4.3）得出

$$r_i = R \times \sqrt{N} \times \frac{C_i}{C_1 + C_2 + C_3 + \cdots + C_N} \tag{4.4}$$

根据式（4.4）计算各文化节点的影响力半径，若某一文化节点为两个临近单位圆所有，则取半径平均值。

4.2.5 案例地区分析

城市圈是现代区域中最适宜的城乡文化整合的平台模式。由一个或多个核心城市与相关的周边地区组成的城市圈，在空间上密切联系，功能上有机分工和相互依存。随着城镇化的不断推进，在政府和市场作用力的影响下，城市圈有可能形成社会、经济、文化、环境等功能整合的城乡空间有机体。

本书以城乡文化底蕴深厚的武汉城市圈为例，武汉城市圈在武汉都市精英文化与传统乡村大众文化的发展过程中，尚存在“山寨型城市文化”与“破落型乡村文化”畸形发展等现实问题，综合运用 MATLAB、SPSS 数理统计与 ArcGIS 缓冲分析，通过微观尺度上分析县域尺度上城乡文化节点的等级体系及其辐射范围的空间结构，揭示城乡文化整合的空间分异规律，并深度探索县域城乡文化整合的空间结构结构特征及其折射的社会问题，为促进新文化地理学发展提供研究案例，为建立统筹城乡文化一体化时空发展模式提供理论菜单，也为中国城市群地区形成城乡文化优势互补、整合发展新格局提供方略选择。

（1）武汉城市圈概况

武汉城市圈又称“1+8”城市圈，是指湖北东部以武汉为中心，以 100～200 千米为半径的城市群落，具体包括武汉市及其周边的鄂州市、黄石市、孝感市、黄冈市、咸宁市、仙桃市、潜江市、天门市 8 个城市及其所辖范围（图 4.2）。武汉城市圈居住了湖北省一半以上的人口，占 GDP 总量的六成以上，是全省社会经济文化发展的核心区域，同时也是中部崛起的重要战略支点之一。武汉为城市圈的中心城市，黄石是城市圈的副中心城市。伴随陆、水、空运输系统投入的提高，城市圈之间的时空距离越来越小。在公路建设方面，将形成以环都市圈高速路和武汉市大外环构成的“两环”，以及由以武汉市为中心的 13 条高速公路、快速公路构成的主骨架，形成以武汉市为中心，通往城市圈其他 8 市辖区的“1 小时交通圈”。并在城市圈形成黄（冈）鄂（州）黄（石）、天（门）潜（江）仙（桃）两个主要的区际环网，与武汉外环高速连成一体。本书以武汉城市圈内的 48 个县级及其以上行政单元为研究对象，探索在新时期在经济全球化、信息化与区域经济一体化背景下武汉城市圈文化节点等级体系及辐射范围空间嵌套模式。

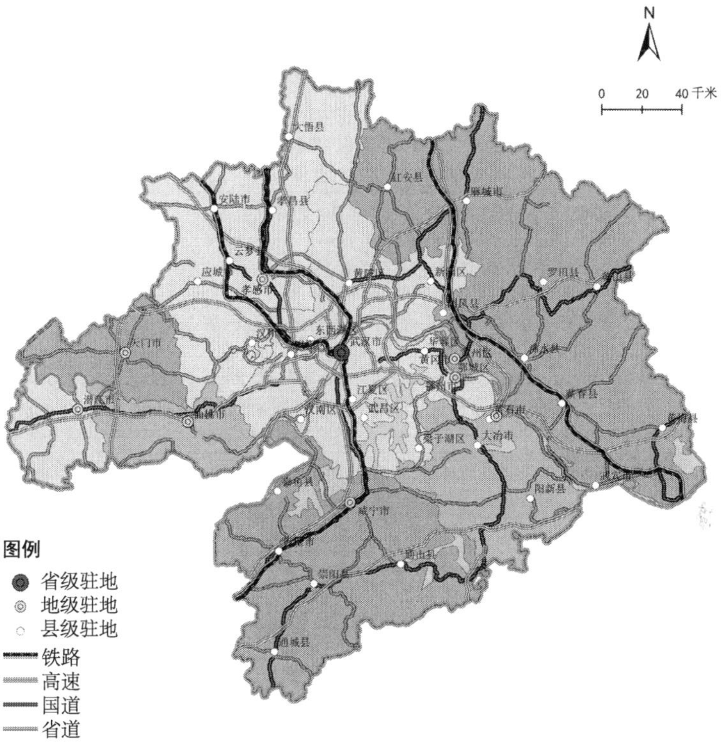

图 4.2 武汉城市圈（文后附彩图）

（2）文化节点的结节性测算

县域行政单元是一个区域综合实力的重要体现，本书所用数据主要来源于《湖北统计年鉴 2011》《武汉统计年鉴 2011》《武汉城市圈统计年鉴 2011》《中国文化文物统计年鉴 2011》等，其中城乡历史文化价值比由专家打分获取。本书涉及 48 个县级行政单元的复合数据指标，而采用的指标多达 31 个，涵盖了反映文化资源、文化要素、文化产业、文化发展、文化传播等各个文化要素的测度指标，既有表征文化投入的政府、企事业单位文教投入额，艺术表演团体及表演场的财政拨款，文化产业增加值等经济总量指标，也有文物保护单位个数、综合文化站数量、博物馆机构数量、日报总数等文化设施指标，为了消除不同指标数值量纲影响问题，首先对原始指标进行 Z-score 标准化处理。然后利用 SPSS 20.0 对数据矩阵进行主成分分析，在进行最大收敛性 26 次迭代、最大方差法旋转基础上抽取 6 个因子作为主成分，可以看出选定的 6 个主成分的累积贡献率达到 92.111%，可以较好地概括出研究对象的特性（表 4.2）。

表 4.2　各因子特征值和累积贡献率

成分	初始特征值			提取平方和载入			旋转平方和载入		
	合计/%	方差的百分比/%	累积百分比/%	合计/%	方差的百分比/%	累积百分比/%	合计/%	方差的百分比/%	累积百分比/%
1	15.805	40.527	40.527	15.805	40.527	40.527	13.699	35.125	35.125
2	6.727	17.249	57.776	6.727	17.249	57.776	5.421	13.901	49.026
3	5.242	13.440	71.216	5.242	13.440	71.216	5.370	13.667	62.693
4	3.340	8.563	79.779	3.340	8.563	79.779	3.985	10.218	72.912
5	2.969	7.613	87.392	2.969	7.613	87.392	3.937	10.084	82.996
6	1.840	4.719	92.111	1.840	4.719	92.111	3.555	9.115	92.111
7	1.403	3.597	95.708	—	—	—	—	—	—
…	…	…	…	…	…	…	…	…	…

通过分析结果可以确定各主成分的权重，根据前文文化节点结节性的综合得分指数测算公式得出武汉城市圈内 48 个文化节点结节性的综合得分（表 4.3）。

（3）文化节点的等级体系

按照文化节点结节性指数的大小，将武汉城市圈内的 48 个文化节点分为四级（表 4.3）。武汉市所包含的大多县级行政单元的文化节点的结节性指数较高，如江岸区、江汉区、青山区、洪山区、汉阳区、武昌区、江夏区等 10 个文化节点，属于区域层面上的一级文化节点。二级文化节点的结节性低于一级文化节点，如麻城市、孝南区、大悟县、云梦县、孝昌县等 11 个文化节点的结节性几乎与一级文化节点的结节性指数相差“1”，结节性最低的铁山区为 0.798，功能定位上主要服务于武汉城市圈，服务于圈域层面上的文化节点。三级文化节点的结节性低于二级文化节点，但是数量差距不太明显，如黄州区、下陆区、蔡甸区等 10 个文化节点，其中华容区的结节性最低为 0.579，文化功能主要服务于本市所辖行政范围。四级文化节点的结节性最低，如汉川市、大冶市、赤壁市、应城市、嘉鱼县等 17 个文化节点，其中通山县的结节性最低为 0.197，四级文化节点的数量最多，占总量的 35.42%，其文化功能主要服务于本县所辖区域。

表 4.3 文化节点结节性的综合得分与分级

文化节点分级	文化节点及结节性	数量/个
一级文化节点	江岸区 2.782、江汉区 2.758、青山区 2.569、洪山区 2.556、汉阳区 2.281、武昌区 2.213、江夏区 2.321、新洲区 2.168、硚口区 1.998、东西湖区 1.898	10
二级文化节点	麻城市 1.336、孝南区 1.303、大悟县 1.068、云梦县 1.065、孝昌县 1.065、黄陂区 0.996、西塞山区 0.898、黄石港区 0.868、咸安区 0.838、武穴市 0.802、铁山区 0.798	11
三级文化节点	黄州区 0.698、下陆区 0.687、蔡甸区 0.686、鄂城区 0.672、梁子湖区 0.664、仙桃市 0.669、汉南区 0.634、天门市 0.596、潜江市 0.583、华容区 0.579	10
四级文化节点	汉川市 0.488、大冶市 0.483、赤壁市 0.482、应城市 0.467、嘉鱼县 0.437、蕲春县 0.396、阳新县 0.377、黄梅县 0.371、浠水县 0.367、安陆市 0.361、罗田县 0.357、英山县 0.343、通城县 0.333、红安县 0.285、团风县 0.282、崇阳县 0.218、通山县 0.197	17

（4）文化节点等级体系空间特征

以武汉城市圈包含的 48 个县级行政单元为研究对象，文化节点等级体系空间分布呈现“十”字形特征。文化节点的结节性测度结果显示：结节性指数较大的江岸区、江汉区、青山区、洪山区、汉阳区等一级文化节点与麻城市、孝南区、大悟县、云梦县、孝昌县阳新等二级文化节点整体沿京广铁路与长江经济带呈“十”字形空间格局；三级文化节点黄州区、下陆区、蔡甸、鄂城区、梁子湖区等与四级文化节点汉川市、大冶市、赤壁市、应城市、嘉鱼县等分居在“十”字形的四个象限。此外，高等级的文化节点如西塞山区、大冶市、团风县、阳新县等均分布在京广铁路以东；低等级的文化节点如安陆市、黄陂区、应城市、蔡甸区、华容区等分布在京广铁路以西，整体上呈“东高西低”的局面（图 4.3）。

（5）文化节点的辐射范围

依据式（4.4）测算武汉城市圈各文化节点的影响力半径，结果如表 4.4 所示，可以看出不同级别的文化节点的影响力半径不同。一级文化节点的影响力半径最高，如江岸区为 48.91 千米、江汉区为 48.48 千米、青山区为 45.16 千米、洪山区为 44.93 千米、汉阳区为 40.10 千米等；二级文化节点的影响力半径次之，如麻城市为 23.49 千米、孝南区为 22.91 千米、大悟县为 18.77 千米、云梦县为 18.72 千米、孝昌县为 18.72 千米等；三级文化节点的影响力半径低于二级文化节点，如黄州区为 12.27 千米、下陆区为 12.08 千米、蔡甸区为 12.06 千米、鄂城区为 11.81 千米、梁子湖区为 11.67 千米、仙桃市为 11.76 千米等；四级文化节点的影响力半径最小，如汉川市为 8.58 千米、大冶市为 8.49 千米、

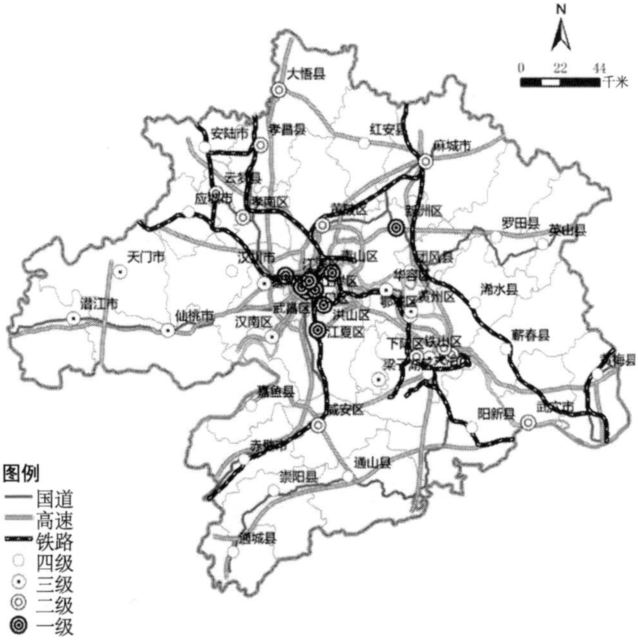

图 4.3 武汉城市圈文化节点等级体系（文后附彩图）

赤壁市为 8.47 千米、应城市为 8.21 千米、嘉鱼县为 7.68 千米、蕲春县为 6.96 千米、阳新县为 6.63 千米、黄梅县为 6.52 千米等。

表 4.4 文化节点的缓冲半径

文化节点分级	文化节点及缓冲半径/千米	数量/个
一级文化节点	江岸区 48.91、江汉区 48.48、青山区 45.16、洪山区 44.93、汉阳区 40.10、武昌区 38.90、江夏区 40.80、新洲区 38.11、硚口区 35.12、东西湖区 33.37	10
二级文化节点	麻城市 23.49、孝南区 22.91、大悟县 18.77、云梦县 18.72、孝昌县 18.72、黄陂区 17.51、西塞山区 15.79、黄石港区 15.26、咸安区 14.73、武穴市 14.10、铁山区 14.03	11
三级文化节点	黄州区 12.27、下陆区 12.08、蔡甸区 12.06、鄂城区 11.81、梁子湖区 11.67、仙桃市 11.76、汉南区 11.15、天门市 10.48、潜江市 10.25、华容区 10.18	10
四级文化节点	汉川市 8.58、大冶市 8.49、赤壁市 8.47、应城市 8.21、嘉鱼县 7.68、蕲春县 6.96、阳新县 6.63、黄梅县 6.52、浠水县 6.45、安陆市 6.35、罗田县 6.28、英山县 6.03、通城县 5.85、红安县 5.01、团风县 4.96 崇阳县 3.83、通山县 3.46	17

根据各文化节点的缓冲半径，对其进行缓冲分析，结果如图 4.4 所示。不同级别的文化节点的影响力范围出现了叠加现象，高级别文化节点的影响范围

覆盖了低级别的文化节点，如江岸区、江汉区、青山区、洪山区、汉阳区等武汉市各区，文化节点的影响力范围互相叠加，孝南区、云梦县的文化影响范围覆盖了应城市的部分地区。文化节点的影响力范围与其行政界线不耦合，文化节点的行政边界的划分是一种人为的行动，但是文化节点的影响力范围往往不受行政界限的束缚，如武汉市的江岸区、江汉区、青山区、洪山区、汉阳区、武昌区、江夏区等文化节点的影响力范围跨越了区级、市级行政界限，其影响力范围远远超越了武汉市市区；而英山县、通城县、红安县、团风县、崇阳县、通山县等文化节点的影响力范围却半覆盖行政区。总之，文化节点结节性越高的地区，其文化辐射范围越高，甚至超越其行政区边界；反之则反是。叠加四个不同等级体系文化节点的辐射范围，可以看出不同级别的文化节点的辐射范围出现了重叠现象。特别是以武汉市为中心，沿京广铁路、长江经济带、武广高铁、福银高速和杭瑞高速，以及 318 国道、106 国道、107 国道和 316 国道等交通路线轴地带，文化节点辐射范围呈现高集中叠加分布，甚至形成了“文化廊道”地带。例如京广铁路、长江经济带文化廊道地区，整个区域呈现文化节点、文化廊道、文化域面有机结合的空间嵌套网络模型。

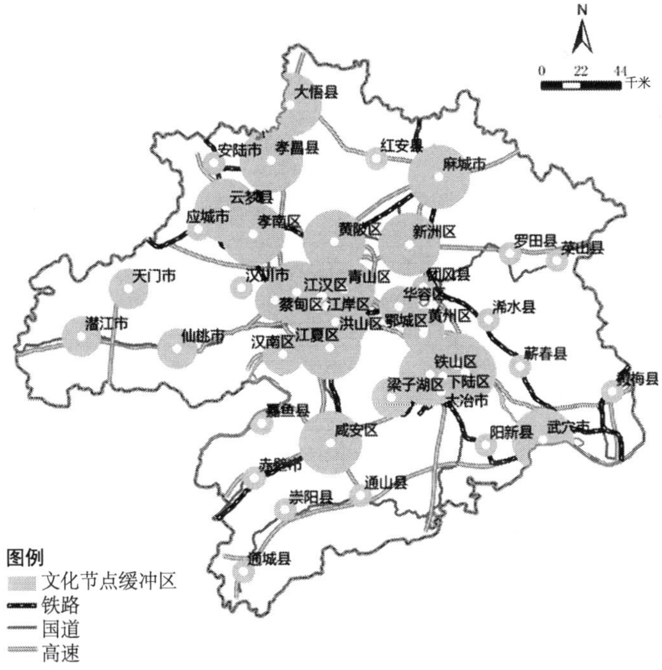

图 4.4 武汉城市圈文化节点缓冲分析（文后附彩图）

（6）文化节点体系的分布态势

ArcGIS 空间插值分析是用于显示空间分布态势和空间分布趋势的一种技术手段，本书借助已有的 48 个县域尺度的文化节点的结节性，运用样条函数法对武汉城市圈进行整体插值（global interpolation）处理，进而估算整合区域的文化结节性的分布态势。样条函数法工具应用的插值方法是利用最小化表面总曲率的数学函数来估计值，从而生成恰好经过输入点的平滑表面。样条函数法的算法如下所示：

$$S(x,y)=T(x,y)+\sum_{j=1}^{N}\lambda_j R(r_j) \tag{4.5}$$

其中，j=1, 2, 3, …, N 为点数；λ_j 是通过求解线性方程组而获得的系数；r_j 是点（x, y）到第 j 点之间的距离；根据所选的选项，T（x, y）和 $R(r_j)$的定义将有所不同。出于计算目的，输出栅格的整个空间被划分为大小相等的块或区域。x 方向和 y 方向上的区域数相等，并且这些区域的形状均为矩形。将输入点数据集中的总点数除以指定的点数值可以确定区域数。如果数据的分布不太均匀，则这些区域包含的点数可能会明显不同，而点数值只是粗略的平均值。如果任何一个区域中的点数小于 8，则该区域将会扩大到至少包含 8 个点。

处理结果显示（图 4.5），武汉城市圈文化节点的结节性的整体分布态势呈现以武汉市为圆心，向低级别文化节点方向层化扩散，其中沿京广铁路、长江经济带、武广高铁、福银高速和杭瑞高速，以及 318 国道、106 国道、107 国道和 316 国道等主要交通路线地区的结节性高于同等距离的其他地区。文化节点的高亮区出现在武汉市，凸显了武汉市作为城市圈的龙头，发挥了其在区位、交通、科教文卫、人才及文化产业基础等方面的比较优势。

（7）文化节点空间结构彰显的特性

第一，文化结节性与文化设施水平高度耦合。文化与经济是密切协调及互动共生的关系，经济发展带动文化发展，文化发展渗透经济发展。一个地区的文化资源、文化发展水平和文化氛围，体现了该地区的竞争力和发展力。武汉市拥有较多的专业艺术表演团体，城乡文化基础设施较为完善，城乡文化的软硬条件齐备，而且经常开展“文化惠民、免费看戏”等城乡惠民文化活动，故城乡文化整合度较高。潜江市和天门市的艺术表演团、剧场个数、演出次数、博物馆数目及乡镇文化站数量均较少，故文化结节性较低。

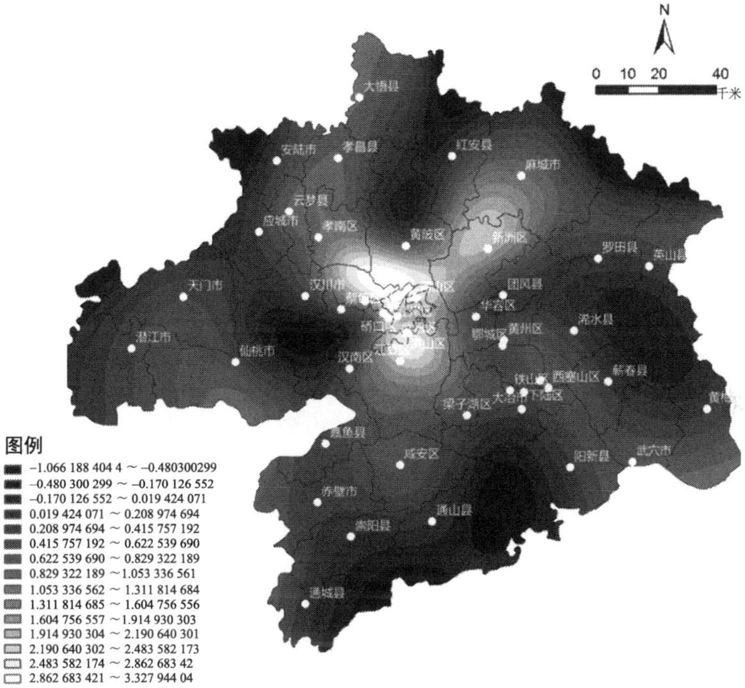

图 4.5 武汉城市圈文化节点结节性插值分析

第二，文化辐射范围与交通条件高度耦合。完善的交通基础设施建设，促进了城乡全方位对外开放和交流，也带动了传统乡村文化与城市主流文化的交汇融合。一定程度上，交通条件决定着文化节点辐射圈的形成与辐射范围，也影响着城乡文化之间的相互联系。武汉城市圈文化节点结节性分布趋势“东高西低、十字形”的空间格局与其交通网络系统高度耦合。具体而言，京广铁路以东地区分布着京九铁路，以及麻竹、武麻、武英、沪渝、杭瑞高速等现代化交通方式，其道路密度较高，文化节点的结节性偏高；京广铁路以西地区仅分布沪渝、武监高速，其道路密度较低，其文化节点的结节性相对偏低。

4.3 文化廊道

在对线性遗产区域整体性开发和保护时，我国率先提出了“文化廊道”的概念，与“文化线路”“遗产廊道”的核心理念相似，但在时空结构、学术含义等方面有其特色。1964 年，欧洲理事会首先阐述了“文化线路”的理念，但是并没有系统地阐释文化线路的内涵（Chairatudomkul，2008）。桑地亚哥·得·卡姆波斯特拉朝圣之路（Santiago de Compostela）成功申请世界遗产之后（李伟和俞孔坚，2005），文化线路相关研究成果主要集中在目的地精神（Masson，2005）、线路环境（Sugio，2005；Ono，2005）、文化保护和管理（Louis，2005）等方面。美国的区域化遗产保护战略方法首先提出了“遗产廊道”（CIIC，1999），其核心理念是“绿道”（Zube，1995）、“绿线公园”（Charles，1975）、“国家保护区”（李伟等，2004）等思想进化的产物，遗产廊道在保护区域内起到留住活态景观、振兴当地经济、提供公众游憩空间等作用。不同于“文化线路”的区域性文化保护思想、遗产廊道的线路文化真实性较低的理念，文化廊道（王立国等，2012）是将文化线路和遗产廊道相互结合，并融会贯通“中国化”后，对我国线性遗产理论与实践的具体应用，它强调廊道文化本身的扩散时空范围与廊道文化的现实性区域整体开发并重。如何界定廊道的空间范围将是文化廊道研究的基础，本书以武汉城市圈城乡文化整合为例，试图从“文化要素影响力”这一角度出发，探索计算文化廊道辐射范围的定量方法，并在此基础上对文化廊道的空间结构进行初步探讨。

4.3.1 基本内涵

文化廊道是连结文化节点的重要线状基础设施束或文化要素联系通道，文化节点有城市、乡村之分，文化节点在城乡文化整合的空间结构中起物质通道作用。由城镇文化节点所组成的廊道是城乡文化整合的空间结构中一种综合性的“线”，在城乡文化整合过程中具有特殊意义，往往被称为“轴”。根据文化节点组成的级别、数量、密度及区域定位等因素，文化廊道可以分为不同的等级。同类但不同级别的文化廊道间在功能上往往是互补的，它们相互补充、相互连接、相互作用，以共同完成某一种文化活动，如城乡文化整合。

文化廊道是以建立在历史时期人类迁移或交流基础上的通道文化为基础，并拥有代表综合自然与文化环境的特殊线性文化景观，它代表了多维度的商品、思想、知识和价值的持续交流，具有历史的动态演变特征。文化廊道是由通道、文化节点及其辐射区共同组成的“带状”空间。它代表了多维度的价值、商品、知识、思想等要素的持续交流，具有历史演进性的动态变化特征。文化廊道具有多维度的特征和内涵，主要体现在以下三个方面。

（1）文化廊道具有动态演变性

文化廊道是一种文化现象，而非一个或几个简单的历史事件的集合，其形成需要长期的累积并具有鲜明的文化属性。廊道的中心线——道路，是文化廊道的基底和载体，它不是一条普通的交通运输线，不但孕育了廊道的遗产元素，而且将沿线的遗产联系起来，并最终共同促使了廊道文化属性的形成。它所服务的具体的、特定的用途使线路上普遍存在的人类迁移和交流有了方向和目的，有了明确的起点和终点（王建波和阮仪三，2009），从而产生了具体的廊道空间。文化廊道的这一属性，既是其主导功能，也是迁徙与交流产生的原动力，是一条线路区别于其他交通线路，成为文化廊道的一个明显特征。

文化廊道是在具体的环境基础和特定的文化线路背景下形成的地表人文化形态的地理复合体，是一种文化景观。它产生于人类的相互交往和较长历史时期的国家之间、地区之间、民族之间或大陆间的多维度、持续性的价值观、思想、知识的相互交流，它拥有着众多文化线路诞生、发源、进展及与环境相互作用的证据。同时，随着历史的发展，文化线性空间在不断演化、拓展。本质上文化景观更具规定性、静态性。在历史的发展进程中，在已有的文化景观基础上，文化廊道不断更新、发展着新型文化景观，历史的动态演变性赋予了文化廊道更为多变的、丰富的文化景观内涵。

（2）文化廊道具有空间复杂性

在人类的历史长河中，文化廊道是围绕通道文化而形成的文化遗产，它具有极其重要的历史文化价值。文化廊道给文化景观增添了动态演变特征，同时，也影响着区域内文化景观的生态特性。在管理区域内文化资源、保护生物多样性等方面，文化廊道具有重要的现实意义。文化廊道整合了廊道空间内丰富的、高品质的文化资源和自然资源，在一定基础上，文化廊道可以转化为经济资源。整体开发文化廊道可以带动区域社会系统的发展。以廊道文化为主题的文化空间和道路及其辐射范围内物质空间的耦合是文化廊道的空间构成要素。

在空间尺度上，文化廊道可以是地区、区域次区域、国家层面的；在空间结构上，由文化景观、城镇乡村、居民点等形成的文化节点，以交通线路为主体的文化通道，以及文化廊道的扩散域构成；文化线路的影响力、文化传播半径、文化传播阻力三个要素共同决定了文化廊道辐射的空间范围。在文化廊道的形成过程中，往往伴随着人口流动、商品流通、文化传播和发展、民族迁徙和融合等社会活动，这些社会活动同时也塑造了文化廊道沿线的文化景观。

（3）文化廊道具有时空统一性

文化廊道是一条跨越时空的通道集合体，并具有多维度的文化功能和价值。以历史上人类迁移和交流为基础的文化廊道，拥有代表综合文化和自然环境的特殊线性文化景观，它代表了多维度的思想、知识和价值、文化商品的持续交流，具有动态的历史演进特性。文化廊道由文化要素和空间元素组成，文化要素是廊道形成和发展的基础，勾勒出廊道的框架，是廊道的灵魂；空间元素是指廊道框架内与廊道的形成和发展没有直接关系，但具有重要历史或旅游价值的元素，如武汉的黄鹤楼、鄂州的吴王城遗址等，在某种程度上丰富了武汉城市圈的荆楚文化的内容。文化廊道呈不规则的线状（如网状、环状、十字状等），通常尺度较大（跨越一个或多个国家），历史较长，由文化、自然、游憩、历史等一系列无形遗产与有形遗产及蕴含在其中的现代文化组成，具有极高的生态、文化、历史及旅游价值。

由于人口分布、地理环境、地缘关系等因素的影响，文化廊道的形成一般经历了不同的历史发展时期，虽然各个阶段的文化线路走向和文化功能会有差别，或者因为政治、战争、军事等因素的影响而被迫中断，文化廊道在线路走向基本不变的情况下，一般会持续相当长的历史时期。在走向大致一致的线路设施基础上，文化廊道往往整合了不同文化主题的文化资源（陶犁，2012），成为跨越时空的廊道统一体，文化廊道适合于我国线性文化资源众多、历史悠久的国情，如云南的茶马古道和丝绸之路。

（4）文化廊道的范围

文化廊道的范围是由其所包含的文化节点的影响力来决定的，因此文化廊道的范围即为文化节点的影响力总和。通过前文计算所得的文化节点的影响力半径，以影响力半径为缓冲距离，对文化廊道内所有文化节点做缓冲分析，所有文化节点缓冲区的嵌套模型即文化廊道的扩散域。

4.3.2 空间相互作用与文化廊道

文化廊道是一种相互作用的城乡文化空间结构组成要素，是在文化节点的基础上发展起来的，是城乡文化行为主体相互作用的另一种存在形式。随着城乡文化相互作用关系的加强和向纵深方向发展，文化节点间的各种流入信息流、人口流、物质流、能量流等越来越密集，一方面强化了文化节点之间的联系，另一方面也要求建设畅通的、能保证各种要素流正常运行的载体，因而形成了相互作用的廊道空间，也是文化系统空间的一种。

文化节点和文化轴线两大部分的有机组合形成了文化廊道的几何空间。其中，文化节点部分完全与区域节点空间中的节点相同；文化轴线部分以交通、信息等干线为主，又称为文化节点之间的联系走廊。在城乡文化空间相互作用过程中，其文化轴线的延伸方向往往与自然地理轴线的实际走向相一致，这样既可以保证城乡文化空间结构要素的合理性，又有利于实现文化廊道与线状基础设施束之间的最佳空间组合，保证文化廊道系统充分发挥文化传播与扩散功能，有利于实现城乡文化整合发展。必须指出的是，作为城乡文化整合空间中非常活跃的要素之一，文化廊道具有双刃剑的效果，或通过它成立或强化，或通过其阻断甚至分割城乡之间的文化空间关联发展，进而影响城乡文化整合的进展。因为一旦形成了文化廊道，它就具有了侵入、集中、分散、替代和隔离文化因子等方面的作用，其强大的辐射和扩散作用在带来巨大文化发展的同时，也作为一种文化“侵入”城市或乡村的文化特质。因此，在推动文化廊道要素相互作用的过程中，应调适文化廊道在城乡文化整合发展过程中的正负两方面效应，加强城乡文化整合过程中各个空间组成要素对文化廊道所产生影响的调节能力和适应能力。一旦形成相互作用的文化廊道，就会有更多的文化资源、文化产业、文化设施等文化要素围绕这一文化廊道进行不断的集聚和扩散。由于文化廊道空间内部城乡差异的存在，主要文化迁移、文化分化、文化传播等文化活动总是首先在文化廊道空间内地理区位良好、交通通达性优良、文化资源丰厚的区位产生并发展。

4.3.3 信息化与文化廊道

对于城乡文化整合空间结构而言，文化廊道是将分布在区域中的文化节点整合在一起的重要通道，如将主要文化节点串在一起的交通线路。不同方向、不同等级的文化廊道联结在一起，就形成了城乡文化网络体系。城乡文化网络是城乡文化空间结构的重要组成部分之一，也是城乡文化空间元素得以运行的前提和通道。城乡文化网络分为有形网络和无形网络两种。文化依附的信息网络、立体交通网络及其他网络基础设施等统称为有形文化网络，有形文化网络是整个城乡文化空间赖以存在的物质骨架。即城乡文化空间因子的形成和发展是遵循这些有形网络骨架的几何结构的。文化节点间合作网络、社会网络、政府组织、机构关系网等称为无形网络，也是城乡文化空间结构赖以生存和发展的组织保障，是将整个区域城乡文化凝聚在一起的内在机能。

信息时代的到来改变了城乡文化的空间结构组成方式。这主要表现在以下四个方面：首先，在文化生产部门和文化服务业增加的信息活动，客观上大大提高了文化信息网络的重要性，进而凸显了文化信息网络在整个城乡文化系统中的作用。其次，文化信息技术在交通运输网络等有形网络运行及管理中的广泛应用，大大提高了这些网络固有的作用，大大提高了空间文化要素流动的方向性、机动性等。其结果是相关政府可以根据实时需求以及信息网络上流传的最新消息而做出决定。城乡文化基础网络设施的发展、控制、管理等所有方面正变得越来越依附于电脑、手机等计算机网络系统，同时也使得网络联系变得更加多样化、复杂化，这增强了文化水平之间的联系，也激发了文化节点影响空间范围的跳跃式扩散。再次，信息活动和信息技术在无形网络中的广泛应用，逐渐加强了无形网络的组织模式，同时也加强了不同网络间的互动。此外，不能忽视的是，在深入分析传统的文化整合空间结构成因时，往往重视有形的物质网络，相对轻视无形网络。而在信息时代，由于空间管制、协作竞争等各种目的，对无形网络的要求将会逐渐增加，并且某种程度上组织、制度创新、技术等在城乡文化整合发展及其空间结构合理化发展进程中将发挥日益重要的作用。最后，文化网络发展的过程也是有形网络和无形网络日益结合的过程，同时也是城乡文化整合的空间结构弹性化增强的过程。

4.4 文化网络

4.4.1 基本内涵

城乡文化整合空间结构中的网络是相关的文化节点和文化廊道相互连接所形成的。文化网络是连接空间结构中文化节点和文化廊道的载体，它能够使连接起来的文化节点和文化廊道产生出单个文化节点或文化廊道所不能完成的功能。文化网络可以分为单一性文化网络和综合性文化网络。前者是由单一性质的文化节点与文化廊道所组成，如交通网络、通信网络、能源供给网络等；后者是由不同性质的文化节点和文化廊道组成。正是由于文化网络的存在，才可能产生城乡文化整合空间结构中的文化流、信息流、人口流、商品流、资金流。文化域面是文化节点和文化廊道赖以存在的空间基础，以城镇带、城镇连绵区、乡村聚集区等形式出现。文化域面是文化节点、文化廊道赖以存在和发展的基本地域根基，是城乡文化整合空间结构要素的基础。

城乡文化服务网络建设和农村文化服务总量增长是城乡文化一体化的两个重要支撑，两者既有各自的侧重点，又有相互的依存性。城乡文化服务网络建设侧重解决城乡文化交流和传播的渠道，基本的措施是建设文化馆、图书馆、乡镇综合文化站和村文化室等各类文化单位和电台、电视台、广播台站等文化服务物理网络，并构成由城乡文化节点、渠道和文化功能区组成的文化服务网络，打造文化资源从城市向广大农村地区传播和延伸更加通畅的新格局。农村文化服务总量增长侧重推进乡土文化服务和城乡科技文化、卫生文化服务的增长。两者之间也存在高度的依存性：城乡文化服务网络建设将直接促进城市面向农村的文化服务，直接促进农村文化服务总量的增长；农村文化服务总量的增长将为城乡文化服务网络建设提供强大的需求拉动，为城乡文化服务网络提供强有力的文化服务流量支持。

文化网络是城乡文化空间结构中各文化活动客体的相互位置关系的表现。在社会学里，网络被定义为行为主体之间的一种关系，城乡文化空间结构中的网络也可以理解为文化活动者之间的一种关系，将这种抽象关系投影到空间上就形成了文化的空间网络。有学者对节点、廊道、域面等空间要素进行矩阵式的构造分析（王合生和李昌峰，2000）。文化节点等级的高低是城乡文化空间分异的重要依据。高等级文化节点一般配置丰富的文化资源和高等级的文化产业，文化扩散比较高效。它往往具有强大的辐射力和带动力，是城乡文化空间分异的调控者和稳定器（陈修颖，2003）。

城乡文化空间结构的要素流，即城乡文化空间结构要素在一定时空范围所发生的量与质的转移和交换现象（万家佩和涂人猛，1992）。城乡文化空间结构形成、发展、演变的必要前提是城乡之间的各种要素流。合理、高效的城乡要素流是增强空间结构聚合能力的重要保证。城乡要素流按其内容和性质可划分为资金流、物质流、人口流、技术流、文化信息流等单项要素的空间流动。事实上，在实际的文化活动中，任何一种要素流的空间移动都是多种要素的复合运动。城乡文化空间位势差是要素流产生的根本原因，其具体内容可归结为质量和数量、总体和局部、时序和区位、软件和硬件，以及运营和配置等方面的差别。一般而言，不同城乡文化活动个体之间的利益博弈是形成文化要素流动的社会活力基础和物质基础。现代城乡文化空间结构的基础条件是个体间的利益格局，它决定各种形式的城乡文化空间要素间的相互作用。它们支撑着不同文化特质的空间结构，并使之循环运转、持续演化。城乡文化要素的空间流动是一个矢量化概念，并可以通过时间曲线和空间曲线来刻画。“流量”用来衡量城乡文化空间的活跃程度，来描述城乡文化要素空间流动是否充满激情和活力；“流向”则用来刻画城乡文化空间结构成长进程中此消彼长的方向；“流速”用来反映城乡文化流动空间摩擦力的大小，是综合衡量城乡文化的内部组织与外部邻接是否科学有效，以及文化管理水平、文化廊道质量高低的重要指标。

4.4.2 空间相互作用与文化网络

城乡文化网络要素的形成和发展，是建立在文化节点、文化廊道的基础上，并且承载着信息流、人口流、物流的有形网络的进一步完善、优化、发展的全过程。文化网络是对文化节点和文化廊道的全方位延伸和交叉，也是进入全面发展时期的城乡文化发展过程中的一种空间体现；同时也是文化节点之间、文化廊道之间、城乡文化系统之间有机结合关系高级的存在形式。因为在空间相互作用关系逐渐成熟的过程中，一方面来自城乡文化系统内部合作要素增容扩大化带来的压力；另一方面在信息化、全球化的新形势下，工业化进程推动信息产业的高速发展，数字城市和大航海时代对城乡文化空间的重构将产生极大的影响。同时，伴随经济的高速发展和大航海时代信息网络化的普及，城乡文化空间的重构将走向网络化。

从外部环境看，在大航海时代背景下城乡文化系统融入城乡文化一体化之中，就必须要建立与其他城乡文化系统之间的联系，保证每个城乡文化系统在更宽广的天地里有效地进行功能重组，以提高每个城乡文化系统的竞争力。而建构城乡文化结构的文化网络是在一定区域内形成的比较稳定和协调的空间结构，也是凝聚力增加的基本需求。文化节点作为城乡文化空间结构的中心，往往就是系统内其他节点、廊道所承载的文化流、信息流、人口流、资金流的控制者和组织者。

从内部结构来看，文化网络是建立在文化节点、文化廊道基础上的高层次空间终极发展模式。区域发展战略的一般原理认为，区域按照一定的增长极或“点—轴”发展模式进入新一轮的发展阶段之后，文化节点之间、文化廊道之间就会发生一系列新的合作方式，文化生产要素、文化资源配置开始在更大范围的区域间流动和重新配置。文化生产要素的自由流动和文化资源配置过程客观上要求对原来的文化节点、文化廊道、文化发展轴线进行空间调整。要么与相邻城乡文化系统的空间结构整合成网，或者被新的文化节点、文化廊道和文化发展轴线所替代，以实现城乡文化系统的文化能量和生产能力向周围更大范围的全面扩散。城乡文化网络发展一般遵循这一发展原理，新旧文化节点、文化廊道、文化网络的联结和不断的渐趋扩散过程，促使国家之间、区域之间、城乡之间逐渐在区域空间上形成以线状基础设施束为主骨架的城乡文化空间结构的网络体系。

在城乡文化网络要素形成和发展过程中，文化节点、文化线状基础设施束的存在是前提条件。此外，政府干预是城乡文化网络空间结构从虚拟走向现实的有力保障。政府的作为和不作为、作为的力度大小、整合意向等对城乡文化空间系统的产生、发展、演化等有着十分重要的作用。如前文所述，城乡文化空间结构的最高级演化形式是文化网络空间结构，政府行为方式只有和市场机制有效地结合，才能实现城乡文化的共同发展。

构成城乡文化发展的高级化空间结构的关键因素是文化网络，文化网络让城乡文化实现了从非均衡转向均衡的发展，标志着城乡文化二元结构的终结和城乡文化一体化发展的萌芽。因为当城乡文化的空间结构均衡发展一段时期后，伴随城乡文化外部环境的改变，城乡文化空间发展的目标、内容又将进入更高的层次和新领域，这也就意味着原有均衡状态的消失，新一轮以文化节点和文化廊道为主的空间非均衡模式又重新启动，这也是城乡文化发展过程中均衡与非均衡过程相互作用的客观规律。

4.4.3 信息化与文化网络

城乡文化的空间结构受科技人文要素的影响越来越大。城乡文化的空间结构除了受地理位置、自然环境等要素影响外，人文要素的作用也非常大。人文要素包括历史文化底蕴、交通方式、科学技术、信息网络化等。在日益发达的科学技术影响下，人类克服自然要素阻隔的能力逐渐增强，城乡文化的空间结构更加趋于高级化。科技影响的方式具体包括交通方式的变革、通信手段的演进、信息网络等基础设施的构建等。改革开放以来，随着我国城镇化进程的加快推进，以各级乡村、城市为主体的城乡文化系统进一步成为我国社会经济发展的主体，在第三次科技革命浪潮的推动下，信息技术革命直接推动了信息化、全球化的进程。在全球化、信息化、通信设施、交通设施、运输组织方式等因素演进的共同促推下，城乡文化的空间框架将持续发生重大的改变。城乡文化传统空间结构所依托的“核心-外围”模式中，地方化被更大尺度上的文化节点体系、文化廊道腹地和高度网络化的新型空间结构模式代替。因此，新时期有必要基于一系列人文要素变化的背景，对城乡文化整合的空间结构及动力机制进行深入探讨。

信息技术的不断进步为原有的城乡文化空间结构组成要素赋予了新的内涵，如信息、知识的空间发展模式，信息化将促进城乡文化空间组合的新模式产生。文化活动的数字化带来了高速流转的信息流，文化信息流将不断地重塑城乡文化空间组合的模式。在国内外特定的社会发展背景下，信息技术的广泛应用将带来文化节点和文化廊道功能、形态上的改变。知识、信息等相关活动占文化总活动量的比例不断上升，以及交通网、信息网等要素对城乡文化空间的聚集效应，会促进新型城乡文化空间结构的产生。从信息化城市、城乡网络化发展到全球城市体系，从信息中枢、信息港到智慧区域，这些新的组合方式均反映了文化信息流在空间重构过程中的重要作用，反映了知识资源、信息产业、产业创新在城乡文化发展中的重要作用，信息网将改变原来的由交通区位决定城乡文化空间结构的局面，重新塑造新型城乡文化空间结构。

在传统的城乡发展理论和实践中，经济区划往往人为地将一个完整的区域划分为城市和乡村，在制度上保证了城市的不断发展。但是，伴随核心-外围系统的日渐瓦解，一方面，腹地已在更大地域范围内拓展，大大超越了原有的地理界限；另一方面，边缘区新增长中心不断出现，核心区知识技术文化日益外溢，逐渐改变了原有的核心边缘结构。相对于以前的核心-外围区划，城乡块状空间结构将呈现出较强的生存能力和创造活力。

文化域面由各级块状文化空间结构组成，具体包括文化节点体系、文化廊道体系、文化网络体系等。大航海时代信息技术的高度发展，使土地的高效混合使用成为现实。在交通网络、市场网络、信息通信网络的连接下，不同等级、不同功能的文化节点、文化廊道及其影响范围被有效地整合在一起，并与外界保持着有效、全方位的沟通。信息技术的时空超越，有利于城乡文化系统内各块状空间结构之间在文化功能上的互动。所以，在大航海信息时代背景下，城乡文化空间结构将呈现功能一体、形式多样、协调持续发展的新局面。

如果将城乡文化空间系统看做一个具有网络结构的系统，主体就是该网络结构上的文化节点，文化节点间的连线表示文化客体间的作用方式，而连线的方向则表示文化要素的流动方向。在城乡文化空间系统中，文化网络结构的文化节点、文化节点间的连线，以及文化要素流均是动态的。文化要素流的整合就是要初级文化生产要素自由流动，高等级文化要素向高等级文化节点集中，低等级文化要素向低等级文化节点集中；要促进文化要素流的低成本和高效率转移，推动非物质网络和物质网络的联动和整合，构建跨区域城乡文化网络（曾菊新，1996）。

4.4.4 城乡文化网络的评价和建设

（1）文化网络结构的定量评价

文化廊道通道网络结构是指廊道内各节点之间的交通网络连接状况，其网络的完善与否在很大程度上反映了廊道整体空间结构的优劣。可以利用图论理论中的有关拓扑指数，对廊道的通道结构进行整体分析，在这里本书采用 α 指数、β 指数和 γ 指数来表征。α 指数是度量网络回路性的指标，它的作用是观察网络回路数和理论最大数之间的比率（杨吾扬和梁进社，1997）。计算公式为

$$\alpha=\left[\sum_{i=1}^{G}(E_i-V_i)+G\right]/(2\sum_{i=1}^{G}V_i-5G) \quad (4.6)$$

式中，E_i 表示网络中每个子面的边数；V_i 表示每个子图的文化节点数；G 表示子图的数目（城乡文化整合网络中 G=1）。α 的取值范围为 0～1，指数为 0 时表示没有回路，指数为 1 时表明回路达到了最大程度（文化通道网络的回路性与文化节点等级无关，因此在计算 α 指数时不区分文化节点等级）。

β 指数为网络节点的平均连线数目，是对网络连接性的度量，计算公式为

$$\beta=\sum_{i=1}^{G}E_i/\sum_{i=1}^{G}V_i \quad (4.7)$$

式中，E_i、V_i、G 的含义和式（4.6）中相同；β 取值范围为 0～3，值越大，表示网络连接性越好。

γ 指数是度量网络内连线的观察数和连线的最大限度数目比率的指标，计算公式为

$$\gamma=\sum_{i=1}^{G}E_i/3\left(\sum_{i=1}^{G}V_i-2G\right) \quad (4.8)$$

式中，E_i、V_i、G 的含义和式（4.6）中相同。γ 的取值范围为 0～1。如果网络中无连线，即文化节点间都不相连，则 γ 取下限 0；如果网络中每一节点都同其他点有连线，则 γ 取上限 1。

（2）物理网络建设

物理网络建设重在建设城乡文化节点、扩展城乡文化服务廊道和形成文化功能区。文化节点是指城乡文化的不同等级的集聚区，县城是较高等级的文化节点，乡镇居于其中，而乡村聚落则处于文化节点的末端。合理建设文化服务节点有利于完善城乡文化服务设施的等级体系格局，有利于形成聚散有序的文化服务空间新格局，有利于形成城乡文化资源有效扩散的文化传播新格局。城

乡文化节点建设既要强化城市高等级文化节点的集聚和扩散功能，也要提高乡村低等级节点的接收与传递功能，形成不同等级文化节点一体化的新格局。文化渠道是文化服务供给与文化服务需求之间的关联系统，是城乡文化传播路径与传播方式的综合。目前，城乡文化服务渠道单一已经成为影响城乡文化一体化的重要因素，扩展文化下乡与文化进城渠道势在必行。城乡文化功能区是指文化服务功能综合化、文化节点效应持久化、文化传播渠道多样化的特殊地域，是城乡文化一体化的关键地域。选择一些文化服务基础好、文化传播区位优的典型区域建设城乡文化功能区，是形成城乡文化一体化新格局的重大举措。

（3）人际网络建设研究

人际网络建设重在促进城乡文化工作者、文化机构和居民的文化交流和文化资源共享，建立城乡居民共创、共享的文化服务新格局。城乡居民是文化的载体，是城乡文化服务中最活跃、最具能动性的因素，加强城乡居民的人际文化交流是形成城乡文化一体化新格局的人文保障。城乡人际文化服务网络包括正式网络、非正式网络两个组成部分，两者相互融合、促进城乡文化一体化新格局的形成。正式网络是通过有组织的活动，如组织文化科技卫生“三下乡”、科教文体法律卫生“四进社区”、“送欢乐下基层”等活动，加强城乡居民的文化交流与服务。非正式网络是指城乡居民自发的人际文化服务与交流，如城市居民的农家乐、乡村居民的进城文艺表演等，自发形成了城乡居民的文化服务交流网络。

4.5 小结和讨论

第一，城乡文化系统的空间结构的基本要素包括文化节点、文化廊道和文化网络。文化节点是城乡文化的空间结构中最基本的构成元素，并且有规模等级之分，区域内不同等级的文化节点相互连接就形成了文化节点的等级体系；文化廊道是联结文化节点的重要线状基础设施束或文化要素联系通道，是一条跨越时空的通道统一体，具有多维度的内涵、空间构成要素复杂性等特征，是一种特殊的动态演变的线性文化景观；城乡文化网络是空间结构的重要组成部分，是城乡文化空间结构系统得以运转的通道和保证。

第二，构建的城乡文化节点结节性测度指标体系是切实可行的。本章遵循科学性、系统性、动态性等原则，建立了一个包括文化资源、文化要素、文化产业、文化发展、文化传播五大类，15 个亚类，31 个具体细化指标的文化节点结节性测度指标体系，采用主成分分析法，得出武汉城市圈 48 个县级文化节点的结节性，并据之将其分为四个等级。

第三，构建的文化节点影响力半径数学模型是科学实用的。根据文化节点的等级、结节性指数与不同交通方式的限定时速结合起来，将文化节点的影响范围转化为不同交通方式、不同等级、不同结节性的数学函数。运用 ArcGIS 平台对武汉城市圈文化节点的结节性进行缓冲分析，得出文化节点的影响力范围往往不受行政界限的束缚，不同级别的文化节点的影响力范围出现了叠加现象，高级别文化节点的影响范围覆盖了低级别的文化节点。

第四，对文化节点的结节性进行样条函数插值分析，测算出武汉城市圈城乡文化的空间结构。武汉城市圈文化节点结节性分布态势整体呈现以武汉市为圆心，向低级别文化节点方向层化扩散，其中沿京广铁路、长江经济带等主要交通干线的结节性大于同距离的其他区域的空间结构，说明文化结节性与交通设施水平高度耦合。

5 城乡文化整合的时空测度

5.1 引言

在哲学层面上，世界物质存在和运动的两种基本方式分别是时间和空间。时间是指物质运动过程中的时序性、发展性，空间是指物质本来存在的特性。时间、空间是具有客观性的存在，它们与运动中的物质关联紧密。或者说，世界上任何一种物质的运动都离不开一定的时间和空间，世界也不存在脱离时间和空间的运行物质。另外，时间和空间也是互动联系、亲密相关的。《辞海》中曾这样阐述：相对于宇宙来说，时间是无始无终的，空间是无边无际的；而相对于每个具体事物而言，时间、空间则是十分有限的（夏征农和陈至立，2009）。所以，可以将时间、空间界定为人类生活的两种根本物质向度。然而，地理学的相关研究大多集中在时间和空间的社会经济发展上，但在当前信息化时代背景下，场所空间时刻受到信息技术的影响和作用，时间和空间的关系正逐步发生实质性的改变。

时间和空间是文化的两大基本要素，任何文化的产生、积累、发展和演化都离不开一定的时间与空间。从时空视角探究文化在时空系统的延续，才能解析文化各种层面的形态及其结构特征，解读文化由简到繁、由不稳定到稳定的积累、集聚以至发展成为不同的文化类型、文化发展模式的历史般的演变历程。城乡文化整合是一个时空演变过程（张晓虹，2004）。在整合过程中必然会出现撞击、摩擦，但只要整合动力到位、整合机制得当，其结果将使城乡文化双向得以丰富和发扬。为了从时空维度量化城乡文化整合，以下将通过界定城乡文化整合的时间维，解析城乡文化传播的时间顺序特性和和时间间隔特性，并以其与城乡文化易感知人群、城乡文化信息流等人文现象的整合关系，力图构建城乡文化整合的时空测度模型（王恩涌，2000）。

5.2 城乡文化整合的时间模型

文化是有时间刻度的（Anderson et al.，2003）。作为一种文化坐标式的观察，发现文化是一个生生不息的嬗变过程。这个文化过程可以用时间来记录和标志，这就是文化的时间构成。城乡文化整合的时间维度表现在城乡文化生态系统的发生、发展、持续时间或时间间隔上，即文化的纵向传播过程。时间维度的界定包括城乡文化传播的时间顺序特性和时间间隔特性两个方面（May and Thrift，2001）。

5.2.1 最短传播路径的界定

一定程度上，交通史折射了整个人类社会的历史演变过程。在历史发展的每一侧面，几乎都可以看到交通设施水平前进的痕迹。交通是一种实现信息、人、物空间位置转换的社会活动主题，在促进社会文化全球化发展方面有其特殊的作用。文化模式的形成是一个长期的过程，交通是文化模式整合的力量；现代交通设施的涌现给文化整合方式、文化传播渠道注入了新的生命活力，使文化从内容到传播形式再度更新。交通方式决定文化最短传播路径，因此社会历史的发展与进步，处处与交通密切相关。

（1）交通条件影响着文化圈的形态和规模

一定程度上，交通条件几乎决定了文化圈的规模，也影响着它们之间的联系强度。无论是城市文化还是乡村文化，无论是物质文化还是精神文化，都依赖于交通设施进行传播。丝绸之路的开辟，将胡萝卜、葡萄带到了中原；哥伦布新大陆的发现，将马铃薯、玉米变成了欧亚大陆的主要食物。同样，玄奘的西行，把佛教经典文化从印度带到了中国本土；鉴真的东渡，把大量佛教典籍从中国传播到了日本。在城乡文化整合的进程中，交通条件起到了非常重要的作用。交通条件几乎制约着每个文化系统的辐射范围，还限定着不同文化圈的发展水平。通过交通条件可以充分地扩大文明发展的影响、文化传播的范围，同时也能够促进对其他区域和民族的文化融合，为本区域、本民族的文化注入新鲜血液。文化传播是一个双向演进过程。交通基础设施的发展促进了文化交流、文化传播、文化融合；现代交通条件的演进影响着文化的最短传播路径。

交通设施是文化圈形成和发展的重要基础。技术革命对城乡文化整合的空间结构最显著的影响反映在交通方式的转变上。地理区位不同、历史发展时期不同，交通发展模式也是不相同的，一定程度上，交通发展模式几乎决定了城乡文化整合的空间结构形态（表 5.1）。

表 5.1　交通通信方式与文化圈形态的关系

交通方式	可达性分布	文化节点的基本结构
步行及马车时代	平均分布	圈层结构
通勤轨道交通时代	沿铁路分布	辐射星型
汽车时代	沿公路蔓延	同心圆、环状重建
高速公路时代	平均分布	跳跃式居住核
互联网时代	各项平均	分散、多中心、网络状

在步行和马车时代，在各个方向上文化节点的可达性几乎是均衡分布的，也就是说文化向任何一个方向扩散所用的传播时间是相同的。因此，文化节点呈现圈层式均衡发展的空间扩散模型。高级别的文化节点是高度集聚的，几乎所有的文化活动集结成团，相互靠近[图 5.1（a）]。当通勤铁路轨道交通开始出现时，文化节点的发展总是趋向于交通站点。因为出行时间的限制，流动人口不可能远离站点。最初，有轨车线路是以城市中心为起点，向周边地区呈轮辐式辐射分布的[图 5.1（b）]。在有轨车线路辐射范围内，人们逐渐集聚，紧凑、原始的文化节点空间分布形态转变为星状发展模式。汽车的出现和使用对文化节点空间分布形态的冲击最大、影响最深。随着汽车的使用以及对原有轨车线路的修建和完善，新住房在放射线间隙地区不断涌现[图 5.1（c）]。当这种填充模式发展到一定程度，文化节点原来的同心、环状空间模式又得以重构。在高速公路时代，四通八达的高速公路网使文化传播在各个方向呈现均匀分布的趋势，文化节点开始出现蔓延的趋势。城市之间文化发展水平差异缩小，形成功能上一体化的网络式空间结构[图 5.1（d）]。

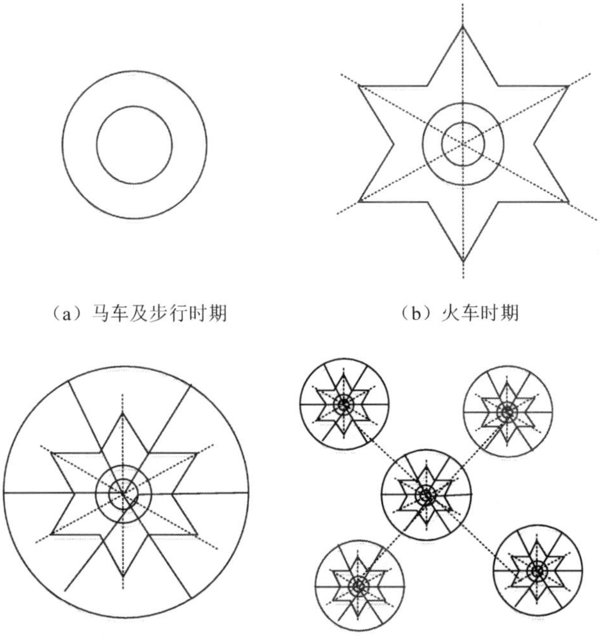

（a）马车及步行时期　（b）火车时期　（c）汽车时期　（d）高速公路网时期

图 5.1　交通方式演变和文化扩散形态

（2）交通通达性是文化全球化的前提

文化的全球化是建立在极度发达的交通基础设施之上的。文化是人类在改造世界、认识世界的过程中形成的文明结晶，它由许多基本要素组成。文化是人类发展、存在的基本工具，因此，不同社会主体都有习得和掌握各种文化的心理需求。文化的扩散是以消除空间障碍为前提条件的，文化的全球化更是建立在极度发达的交通基础设施之上的。人类利用交通促进国际分工和世界市场的形成以及世界贸易的发展，从而推动经济全球化；通过为文化使者提供远程位移工具，为文化制品提供大空间传输载体，加速文化全球化；通过在全球范围内运输食品、时装、家用电器和文化产品来促进生活方式全球化（章辉美和谷中原，2003）。发达的交通基础设施是文化全球化的基础，体现在以下四个方面：①交通为不同文化特质的人，尤其是文化使者、扩散者提供了传播工具。②交通本身是一种器物文化，在客观上空间移动就具有文化扩散的效应。③在当今社会，交通工具已经成为精神文化的传播主体。④邮政为文化扩散传播提供了正规的渠道。文化传播拥有悠久的发展史，但文化真正的全球化起源于现代交通体系的产生。当代社会在科学技术、语言的传播方面，交通推动文化全球化的效应最为突出。

（3）交通发展水平是城乡文化整合的助推器

交通是文化模式整合的力量。文化模式的形成是一个长期的发展过程，它的演变与交通设施的发展水平息息相关（谷中原，2003）。在城乡文化整合的萌芽阶段，交通条件十分落后，即使地理空间上相邻的区域，其文化模式发展的差异仍然十分巨大。当交通条件发展水平达到足以克服地理障碍时，文化传播便首先发生在相邻的地理区域，不同文化出现了相互融合的现象，交通发展水平的提高为不同文化特质的整合提供了前提和基础。在探索史前文化面貌时，考古学家发现，由于各个社会群体间几乎没有交通和交往，即使是同时代相邻地点上的居住遗址，出土物也呈现出明显的文化差异。由此可见，如果没有交通，任何社会生活共同体也难以创造人类赖以生存的文化发展模式。

交通是增加城乡文化传播范围的主导性因素。交通的空间范围和文化传播范围是成正比关系的。然而，文化传播必须依赖于社会生活主体。人们文化的活动范围本质上是文化融合和传播的空间，然而，人们空间位移的需求是以交通条件为前提的。因此，交通设施是城乡文化传播的主导性原因之一。如今中国农民纷纷走出了乡村，远离家乡到城市或较为发达的区域学技术、打工、经商。感染了城市的“主流文化”，增加了见识，提高了文化素质，然后回到故乡，于是成为城市文化传播者、乡村文化易感者。凭借着高速铁路、航空网络和互联网等基础设施的物质支持，长距离跨区域的流动成为可能，个人的可移动性、区位的可变性不断增强，造就了大规模的全球“时空压缩”（Bridge，1997），这进一步引发了乡村文化、城市文化的空间形态、功能和发展模式的变革。首先，在空间形态上，城市和乡村空间的物质边界日趋模糊，区域将进入到城乡彼此交融的发达阶段，城乡空间一体化成为区域空间结构重组的主要特征，彼此分离的空间实体之间将产生持续、频密、多元的交互控制作用（van Oort et al.，2010）。交通不仅联系着单个区域内部的各项功能活动，还必须保障各种功能活动在跨区域之间的高频率转换（李军等，2006）。因此，在经济全球化和移动技术进步等背景下，城乡空间的发展正由传统静止、封闭、等级性的中心地模式逐渐向多中心、扁平化、流动性的网络模式转变（李国平和杨军，2009）。总之，文化传播与扩散的空间范围取决于交通条件所及的地理位置。较发达的交通水平使文化传播突破了区域的空间限制，使跨地理空间的文化传播现象成为可能。交通日益缩小了城乡文化差距，进而形成特定的“路域文化”（曹胜斌等，2006）。

（4）交通方式决定文化最短传播路径

现代交通设施的涌现给文化整合方式、文化传播渠道注入了新的生命活力，使文化从内容到传播形式再度更新。交通方式的变革对城乡文化传播的显著影响，主要体现在交通网络产生的相对时空距离，即城乡间最快捷路径的最短通行时间，可简称为城乡文化最短传播路径。现有相关研究对距离变量（刘承良和丁明军，2007）的处理大多忽略了道路等级和通行方式等方面的影响（顾朝林和庞海峰，2008）。据统计，武汉城市圈城乡对外交通方式的铁路和公路客运量合计占总量的 97.6%。因此，选取铁路、公路运输系统作为研究对象，结合运用 ArcGIS 网络分析功能获取城乡节点间城乡文化最短传播路径。采用文化传播时间距离，在设定不同级别道路行车速度的基础上考虑最短时空距离，即实际空间距离和时间距离的换算。根据《中华人民共和国公路工程技术标准》以及具体行车过程中的交通拥挤程度、路况等差异设定文化传播路径的标准时速折减系数（表 5.2）。

表 5.2　文化传播路径时速设定

传播路径	标准时速/（千米/小时）	折减系数	实际时速/（千米/小时）
高速铁路	300	0.9	270
铁路	120	0.8	96
高速公路	120	0.9	108
国道	80	0.8	64
省道	60	0.7	42

5.2.2　时间维度限定

人类认知领域中一个最重要、最基本的问题便是时空问题，这也是一个亘古不变的话题。从古至今，人们从未停止过对时空问题的探讨。传统上，地理学被认为是空间的科学，地理学第一定律（Tobler’s First Law of Geography）侧重将地理学研究维度限定在空间维度上，从理论文献上看，地理学研究中确实缺乏时间维度相关方面的理论研究。甚至有学者认为，关于时间、空间与人类统一的理论研究属于地理学理论中“建构性”的基础理论范畴，但关于时间的理论却没有获得关于空间的理论那样较充分的发展(郑冬子，2000)。但是，地理学家从来不曾忽视“时间和空间是事物存在的两种基本形式”（牛文元，1992）。

（1）文化时间学的视角

在社会实践中，时间维度与空间维度是并重的。地理学研究的维度包括时间和空间，在理论层面上不断地被强化，其中以时间地理学（time geography）的产生为标志。20 世纪 60 年代中后期，瑞典著名的地理学家哈格斯特朗（T. Haegerstrand）率先提出了时间地理学，并由以他为核心的隆德学派（Lund School）发展和完善了时间地理学理论。时间地理学的最大特点是通过在物质环境中限制人活动的方式，探讨人的空间行为模式。早在 1978 年，哈格斯特朗应用时空地理学理论分析了城市的发展情况和居民的生活状况（Haegerstrand，1970），他认为时间和空间都是实际存在的一种资源。米勒以图的形式列出了交流的时空模型，他认为时空交流仅发生在特定位置或时空系统中（Miller，2004）。李小文等（2007）认为应当提出时间维度的“时空邻近度”概念。康德将人类知识与时间、空间、范畴按着先验的认识形式相对应地分为历史学、地理学和其他科学三大类（刘盛佳，1990）。人地系统演变是从时间维度探索人地关系的，它体现了地理学的区域研究、地球科学和人地关系三大传统（方修琦，2007）。哈维认为时间维度的解释是非常具有说服力的解释形式（哈维，1996）。索尔（C. O. Sauer）提出地理学的第四维——时间，并认为时间是阶段、循环、模式和环境都无法替代的（Sauer，1975）。雷金纳德·戈列吉将地理学理论发展归为两条路径，即过程和形式。其中，“过程”活动的“行为”会产生因时间而异的关系和相互关系（戈列吉，1997）。潘玉君提出了地理学研究包括科学、价值和伦理三种维度，其中科学维度包括时间序列与空间秩序（潘玉君，2002）。由此可见，地理学家从来就具有时空统一的意识，时空完备性是地理学的一条基本原则（郑冬子和郑慧子，2010）。

时间地理学从研究个体出发，将研究对象置于整个社会环境的大背景中，研究社会组织、基础设施配置等对人活动的影响。此外，它力图分析在个人身上折射出的社会运行规律，讨论如何改变现存的社会状况以提高人们的生活质量。这种由微观到宏观，再由宏观到微观的研究方法将为时间地理学的应用研究开辟广阔的领域。时间地理学是研究各种制约条件下人的行为的时空间特征的地理学（柴彦威和赵莹，2009），它以提高每一个居民的生活质量为目标（柴彦威，1998），从时空过程的角度关注人类行为与客观环境之间的关系（Hagerstrand，1970）。时间地理学自诞生以来，发展到今天已经被应用到了多个领域中，尤其是伴随地理信息系统的广泛推广，为理论模型（柴彦威等，2013）的构建提供有效的分析工具，实现了活动模式分析的可视化（Kwan，2004），推动了时间地理学发展的新趋势（Miller，1999）。时间地理学与ArcGIS结合，逐渐从个体时空间制约的概念框架走向测度和模拟的工具化；时间地理学将时间路径的概念限定在日路径框架内，相对缩小了哈格斯特朗最初的生命路径的意义。

总之，自哈格斯特朗开始，时空间行为研究从产生到发展就一直紧扣社会发展需要，有着很强的规划应用导向（柴彦威，1999）。在当代科学体系中，一般都将时空问题放在各科学研究的醒目位置，其研究水平也直接表现了各学科的发展状况。但是，近代以来地理学对时空问题的认识仍然停留在康德和牛顿时期的水平，令人比较遗憾。在当今全球化的流动空间、时空压缩、大航海时代，地理学进行时空理论革新已经是势在必行，本书将以武汉城市圈为研究对象，创造性地构建城乡文化整合的时空模型。

（2）文化生态学的视角

人是自然界的一部分，人类的活动首先是作为一种自然力与自然界发生着关系，人类自身的发展必须与自然界一致。文化生态学由美国的朱莉安·斯图尔德（Julian Steward）首先提出来，他认为文化生态学是从人类生存的整个自然环境和社会环境中的各种因素交互作用来研究文化产生、发展、变异规律的一门科学。文化生态学虽然以生物学作为工具方法分析、研究文化现象，但它并没有从遗传学的角度推导文化特征或文化模式，而是把文化放在整个社会环境中，去看它的产生、发展、变异过程。文化生态系统是由影响文化产生和发展的一系列要素有机构成的，这些要素包括自然环境、科学技术、生计体制、社会组织及价值观念等变量（图 5.2）。它不只讲自然生态，而是研究文化与上述各种变量的共存关系，然而，具体各种文化有自身的实践意义，本书以武汉城市圈为例，研究不同文化的空间分布，检验城乡文化整合的时空分异规律。

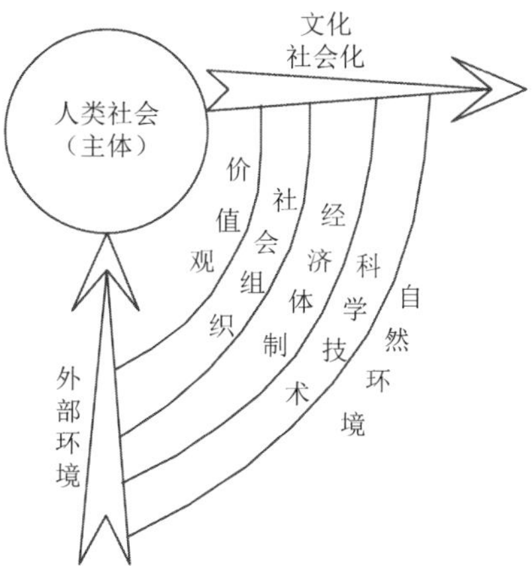

图 5.2 文化生态系统结构

5.2.3 时间模型构建

文化的扩散，在一个固定距离的点，往往开始接受的人不多，但随着时间变化接受人群的数量从慢速增加到快速增长，再到趋于饱和、缓慢增加的过程，类似逻辑斯蒂曲线。逻辑斯蒂曲线通常分为 5 个时期（图 5.3）：开始期，由于开始的时候接触的人很少，所以文化传播的速度、影响规模较小，又称潜伏期；加速扩散期，随着接触人数的增加，文化扩散速度、影响范围迅速扩大；转折期，当接受人达到饱和期的一半（$C/2$）时，文化扩散的速度最快；减速期，文化接受人数超过到饱和期的一半（$C/2$）后，扩散速度变缓；饱和期，接触人数达到最大值 C，即饱和值。因此，城乡文化空间相互作用随着时间变化的函数可用式（5.1）的逻辑斯蒂方程表示。其中，t 是时间；c 是饱和值；a 和 b 是常数。

$$I_t = \frac{c}{1 + a\mathrm{e}^{-bt}} \qquad (5.1)$$

改革开放以后，我国社会经济处于急剧变革时期，城镇化率由 1978 年的 17.92%迅速提高到 2010 年的 47.5%，城市发展“纳瑟姆曲线”规律显示，2001 年我国已经进入加速城镇化阶段。伴随着中国快速城镇化进程，交通方式变革、信息技术日新月异、城乡间人口流动频繁给文化整合方式、文化传播渠道注入了新的生命活力。为了反映城镇化进程中城乡文化整合具有显著变化的典型年份，本书选取了 1980 年、1990 年、2000 年、2010 年分别代表改革开放初、全面改革、改革开放有突破进展、全面建设小康社会四个时期，以记录武汉城市圈城乡文化空间整合的时间顺序特性。

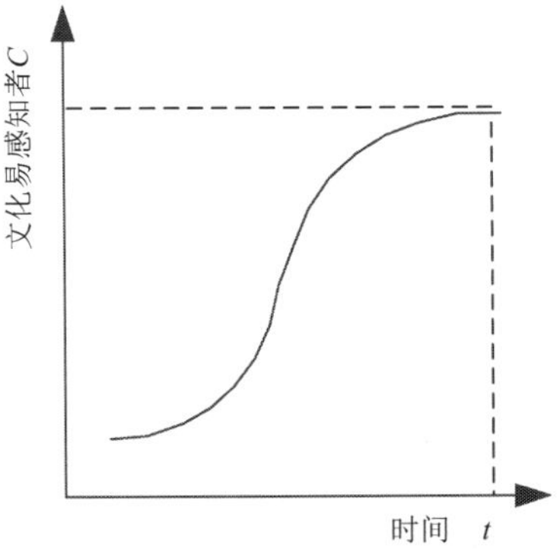

图 5.3 文化易感知者数量变化曲线

5.3 城乡文化整合的空间模型

人和信息是文化的两个重要载体（Anderson et al.，2003）。在文化研究的空间化视野中（Lee and Wills，1997），可以将人口流和信息流作为文化空间整合的两个核心要素（Goodwin，2002）。人是文化的存在者。人在文化创造活动中，一方面由于生存的需要而带有一种自然的倾向；另一方面，文化创造又为人带来了新的环境，使人具有一种文化的适应性。信息技术源源不断地向人们提供了巨量的信息源，满足了不同层次人们的需要。同时，计算机网络技术使文化信息传播速度加快。一方面，信息流动速度缓慢意味着信息环境更新迟滞，文化相对萎缩，智力发展缓慢；相反，信息传播速度加快，意味着信息量在短时间内可以快速增加，而且更新频率加快，极大地刺激人们的创新意识，强化和优化人的智力和心力。停滞导致陈旧、封闭；运动则带来创新、开放，它和文明、进步相联系，这是人类进化的规律。另一方面，信息的储存、传递、处理依托于计算机，人又是计算机的控制者，人们把信息技术视为一种社会文化，计算机操作能力是一个现代社会人必备的技能，技术进而衍生为文化；同时，信息技术是一种“智能的技术”，能带来城市、乡村的智能化管理，由此衍生的文化自然应该是知识的文化、智能的文化。

改革开放以来，武汉城市圈出现了史无前例的大规模的进城务工流动人口。这些流动中的人口自然也就成为文化的传播者，使城市文化在无声无息之间渗透到了广大农村。因此，考察人口流无疑是构建城乡文化整合空间模型的重要内容。与此同时，不论是当代城市文化对农村的辐射和渗透，还是农村文化对城市的“文化反哺”，其中现代文化信息流亦是重要渠道。文化信息流使城乡文化保持连续不断的传播和流动变化的态势，是文化空间整合过程中的动态影像。

5.3.1 易感知人口测算

城乡文化的变迁和异地文化的融入，都是以人口空间流动为前提条件的。“流”是地理学一个很重要的概念，人地关系的演变和空间相互作用的实现，都离不开“流”的作用。气流、水流、能量流是地质时期塑造自然地表的伟力，但自人类出现后，人口的流动就日益成为改造地球表层空间的重要力量，任何区域，没有了人口的流动，也就不可能有各种形式的有形的和无形的“流”，当然也就不可能有真正的发展。人口在空间上的流动，不仅携带着信息、技术、文化、知识的流动，而且也推动了物质、能量和各种生产要素的流动。人口流动性是一个地区的生命力。因此，探寻一个能够定量测度一个区域文化易感知人口的指标与方法，对于文化发展、文化传播、文化演化、城乡文化整合乃至整个地表的人文化都具有十分重大的不可替代的理论意义。

（1）人口流是文化流的载体

文化流是文化现象持续不断地传播、扩散、发展、更新的一种态势，是一种动态演变过程。文化传播是一种沟通族群体之间、人与人之间、国家之间、区域之间等共存关系的文化活动过程。因此，一切人类交往互动的过程中都存在文化流，人类交往持续进行，文化流动不停发展。文化流不是静止不动的，而是一个川流不息的流体。文化之所以能够扩散，是因为它能够满足人类在精神上或物质上的某一需要。虽然每个人的具体需求有一定的差异性，但人类最原始、最基本的需求是相似的，如生活、安全、社交需求等。多个人的需要，表现为人类的一种共同追求，体现了文化运动的态势。所谓“韩流文化”“日系文化”等，不外是多个人对一种文化现象的一起追求。向往的人越来越多，如潮而下，此正凸显了文化流。

文化流是一种有规律的文化传播，文化传播又是一种有规律可循的文化互动现象。一般来说，文化流是从文化相对发达的区域流向文化较不发达的地区。但是，文化发达区域也不尽发达，落后地区也不尽落后，文化传播本质上是一种相互互动的过程，也会出现文化逆流现象。总而言之，文化流并不是单向流动的，而是双向甚至多向流动的。

（2）文化流是城乡文化整合的重要途径

文化流是城乡文化整合的重要途径之一。文化碰撞是实现文化变异、新文化产生的重要前提。文化流是文化碰撞最集中的路径。沿着这个路径，可以观察出文化整合的轨迹。把文化在单位时间内流动的多少称为文化流量，那么，文化的整合和文化流量的多少成正相关关系。文化流量越大，文化整合也就越快速；反之，文化流量越小，文化整合也就越缓慢。文化流量的大小是和渠道的宽窄息息相关的。闭关自守，是不利于文化整合的，因为它不利于文化的流动，也不能突变出新的文化。在古代，文化流通的方式是很少的，文化传播只能通过战争、游憩等偶然因素实现。伴随近代资本主义贸易、商业、技术的发展，特别是现代大数据时代的到来，文化流动的方式越来越多，流量越来越大，一定程度上超越了时间、空间的限制。目前，文化流动的规模已经达到了空前庞大的程度，必将积极地推动文化整合的进展。现代文化传播超越了时间、空间的流动，冲垮了各式各样的社会篱笆，打破了不同程度的封闭性的社会文化体系，它不仅影响着文化的发展变化，而且对社会的发展变迁有着巨大的作用。

（3）城乡文化易感知人口量

城乡文化系统是由居住在城市、乡村两个群体的人承载的两种异质文化体系，城乡间人口流动带动了城乡文化的扩散、交流、冲突、融合。在城乡文化扩散过程中，一些“免疫力”较低的人群首先接受新文化事象，称其为城乡文化易感者。城乡文化易感者包括离开居住地在本区域内流动的人口（F_1）、离开居住地跨区域流动的人口（F_2）、某时间段内人口跨区域流动后不返回本区域的人口（F_3）、某时间段内人口跨区域流动后返回本区域的人口（F_4）和区际访问式人口流动的数量（F_5，为弥补数据上的缺失，本书以客运量作为补充指标）。其数学表达式为

$$P_i = \sum_{i=1}^{i} k_i F_i \tag{5.2}$$

式中，P_i 为城乡文化易感知人口数，是采用熵权法所得权重加权生成的综合指数；k_i 为区域人口指标权重；F_i 为区域人口指标量。

5.3.2 信息流量的度量

信息是人们对事物存在形式、运动状态的一种陈述，通常是以文字、语言、数据、图像等方式体现出来，供人们处理、传递、应用。信息的含义和价值的体现必须通过一定的信息载体，并在传递过程中表现出来。信息载体的形式是多种多样的，但是没有载体的信息是万万不存在的。城乡文化信息流量是综合反映城乡文化信息流强弱的指标，是一般通过计算机、电视等网络媒体等信息载体实现的文化信息处理。因此，可以通过定量分析文化节点的信息载体的多寡，进而反映城乡文化信息流量的高低。

（1）信息化是文化传播的加速器

在远古时期，人类的物质生活条件十分低下，文化的传播方式往往是“隔山相喊”。伴随人类农业革命、工业革命、信息革命的发展，文化传播的方式发生了巨大的变化。特别是信息时代，文化传播的速度之快、规模之大是让人叹为观止的。工业革命时期人们关注的焦点是生产“资本”；信息革命时期，人们把文化信息看成最重要的东西。伴随着人类物质文明的进展，文化信息进入了瞬息万变的时代。文化信息在其传递和使用过程中，有自身独特的性质和运动规律。随着时间的流逝，文化信息的价值可能因老化、衰减、重复使用而失值，也可能因加工再利用而增值。从某种意义上来说，文化信息是一种特殊的资源。随着高科技的发展，文化资源越来越彰显出对现代社会的重要价值。信息化缩短了人与人之间的距离，将地球变成了一个村落。现代社会是信息的时代，现代社会的进步主要得益于信息科学技术的发展，在信息技术的促进作用下文化传播媒介的形式是多种多样的。传播媒介的丰富化使人们可以有多种传播途径选择，在得到了大量文化信息后人们将进一步推进物质文化的发展。

（2）城乡文化信息流量的度量

城乡文化信息流量是综合反映城乡文化信息流强弱的指标，一般通过计算机、电视等媒体实现的文化信息处理，其大小与文化作品数量、文化传播设施水平、文化创新程度、文化从业人员及文化产品等各方面息息相关。本书遵循科学性和可衡量性等原则，参考《湖北统计年鉴 2011》《武汉统计年鉴 2011》《武汉城市圈社会经济发展报告》及《中国文化文物统计年鉴 2011》等，构建了城乡文化信息流量测度的指标体系，即包括城乡艺术团体年演节目数量（h_1）、城乡出版图书数量（h_2）、照相机和摄像机数量（h_3）、文化下乡演出场数（h_4）、电视机数量（h_5）、移动电话和固定电话数量（h_6）、家用电脑数量（h_7）、组合音响数量（h_8）、钢琴等中高档乐器数量（h_9）、城乡报纸期刊订阅量（h_{10}）等十大指标，并采用主成分分析所得因子加权生成的综合指数。其函数用线性加权和表示为

$$G_i = \sum_{j=1}^{m} W_j H_{ij} \tag{5.3}$$

式中，G_i 为城乡文化信息流量；W_j 是主成分 H_j 的权重；H_{ij} 是 j 的主成分得分。

5.3.3 空间模型构建

21 世纪以来，一些学者对城乡关联度、城乡关联发展水平等进行了定量分析。曾磊等（2002）明确地提出了城乡关联度的概念，并构建了城乡关联度评价指标体系，进而采用层次分析法（AHP）对我国 2000 年城乡关系发展状况进行了静态评价。战金艳等（2003）通过构建城乡关联发展水平测度指标体系，采用因子分析方法对山东省城乡发展水平进行评估。程叶青等（2010）运用 BP 神经网络模型和 ESDA 方法，对吉林省中部粮食主产区进行了城乡关联的空间分析。段晶晶和李同昇（2010）从城乡一体化的视角，统筹考虑城市和乡村两个子系统，选取城市发展水平、乡村发展水平和城乡协调水平三个功能目标层构建了县域城乡关联度评价指标体系，并用熵值法和德尔菲法对大西安地区各区县城乡关联度评价。吴涛（2011）运用格兰杰因果检验、脉冲响应函数及方差分解模型对陕西省城乡关联度和基础设施建设水平进行了动态计量分析。参照城乡关联度的内涵（吴康，2009），本书提出城乡文化整合度。

从学理上考量，城乡文化整合度是用来衡量城乡文化交流融合程度的指

标，亦是城乡文化相互作用的空间量化反映，并能反映城乡文化之间相互作用的辐射能力和互相接受程度。城乡文化整合过程是城乡间文化吸引力带动城乡文化易感知人群流量和城乡文化信息流量的一种反映（许大明等，2004）。综合考虑城乡文化最短传播路径、城乡文化易感知人口和城乡文化信息流量，构建如下城乡文化整合空间模型

$$R_{ij}=k\times\left(\sqrt{P_iG_i}\times\sqrt{P_jG_j}\right)\Big/D_{ij}^2 \tag{5.4}$$

式中，R_{ij}为i、j地区间的城乡文化整合度；P_i、P_j为i、j地区城乡文化易感者的数量（单位为万人）；G_i、G_j为i、j地区的文化信息流量；D_{ij}为城乡文化最短传播路径（单位为分钟）；k为常数项，取值范围为0～1。

5.4 城乡文化整合的时空模型

随着交通与通信技术的发展，一定地域范围内人际交往所需的时间和距离逐渐缩短，即呈现“时空压缩”（compression of time and space）的趋势。社会学家R. D. 麦肯齐早在1933年就定义了“时空压缩”的概念，并根据美国公路货运资料数据，制作了美国的“近代空间缩短形势图”，进而探讨了交通设施的变化对个人、社会组织的影响。哈维将历史叙事空间化，并赋予持续时间以一种经久不衰的人文地理学的视野（哈维，2003），将地理学思维方式引入“社会—空间”辩证法。哈维将后现代主义这种文化逻辑与“政治—经济”的机制联系起来考察，从经济的转变中将独特的生产方式和社会构成方式体现出的时间和空间的实践、时间和空间表达的丰富多样的客观品质、人们体验时间和空间的方式新一轮“时空压缩”揭示出来，以一种历史地理唯物主义方式建构后现代地理学的社会批判理论。哈维基于空间问题在当代资本主义生产中的重要性积极推动历史地理唯物主义，从而实现对现实世界的马克思主义干预。哈维以一种独特的、自己特有的后现代主义思想建构了后现代地理学的社会批判理论。

20世纪90年代以来，高速交通技术和移动通信基础设施进入迅速发展时期（Black，2003），在全球化背景影响下，区域社会经济空间组织产生了重大的转变（Zook，2001），进而引发了对传统空间观的反思和新空间形式的讨论

（刘卫东和甄峰，2004）。其中，基于信息技术和网络社会的“流空间”成为重要的前沿理论，西班牙裔著名社会学家曼纽尔·卡斯特尔（Castells，1989）将其视作一种社会实践的新空间形态特征，并给出了“动态化空间”的概念，之后又进一步辨析了流动空间与场所空间，将“流空间”从纯粹的虚拟技术空间扩展到地理空间与社会网络空间，并且认为围绕传统“场所空间”而组织的世界经济将转变为以“流空间”为逻辑的全球经济，“流空间”将最终取代“场所空间”（Castells，1996）。在研究互联网对社会发展的影响时，Castells（1996）发现地理空间因素已经不能限制城市和社会的发展，以互联网为代表的无形网络对城市和社会发展的影响越来越大，他认为互联网的广泛使用为“流空间”的构建提供了坚实的基础，由这种无形网络所创造的生产管理模式将逐渐改变人们的生产生活模式。在日益强大的信息化、全球化要素影响下，区域内城乡的社会关系、行政边界及政治制度的差异将逐渐被“流空间”弱化。

进一步地，部分学者基于信息技术的快速发展，认为地点的作用将被重新定义，甚至有学者认为“距离消失”（Couclelis，1996）、“地理死亡”（Stephen，1996），这些激进的观点遭到了包括地理学在内的大多数学者的反对（Graham，1998），以交通出行时间为表征的空间压缩并不意味着地点意义的丧失（Rietveld and Vickerman，2004）。全球化进程中流动空间的集聚与扩散同时并存。在流动空间的视角下，吴康等（2013）认为高速铁路交通客流已经成为城市区域功能联系的重要表征，并以京津城际高速铁路出行作为研究对象，从微观个体的角度深入分析了城际高铁所表征下的跨城流动空间。

从概念和内涵看，在人口流、物流、资金流、信息流等各种“流”的作用下，流动空间是以信息技术为基础的网络流线和快速交通流线为支撑，创造一种有目的的、反复的、可程式化的动态运动（沈丽珍，2010）。在移动信息和高速交通基础上建立起来的高度流动性社会，成为当前和今后城市和区域空间发展的重要支撑（甄峰等，2012）。等级化、功能化网络结构中的文化节点将管理、生产、分配等功能定位在最有利的区域，通过无形网络将所有文化活动联结整合起来。总之，信息化、全球化带来了文化要素的全球“流动”，今后这将成为各种文化要素集中再扩散的主要原因。

在全球化导致的“时空压缩”体验（哈维，2003；鲍曼，2001）及“流动空间”（卡斯特尔，2001）的环境中，新文化地理学强调文化的空间性作用以及其引起的快速变化和“时间—空间”的二律背反（詹姆逊，2000；May and Thrift，2001）。文化通过传播和扩散影响周围其他区域，城乡文化空间扩散的结果是城乡文化空间结构的均衡化。将时间函数与城乡文化整合空间模型结合起来，得到城乡文化整合的三维空间扩散过程，即城乡文化整合的时空模型。

$$I_{tr}=c\times k\times\frac{\left(\sqrt{P_iG_i}\times\sqrt{P_jG_j}\right)}{D_{ij}^2\times\left(1+a\mathrm{e}^{-bt}\right)} \tag{5.5}$$

式中，I_{tr} 表示 t 时刻 r 地点的城乡文化整合度。

5.5　小结和讨论

（1）构建评价城乡文化整合时间测度模型是十分科学有效的。文化是有时间刻度的，这个文化过程可以用时间来记录和标志，通过界定城乡文化整合的时间维，解析城乡文化传播的时间顺序特性和和时间间隔特性。城乡文化整合的时间维度表现在城乡文化生态系统的发生、发展、持续时间或时间间隔上，包括城乡文化传播的时间顺序特性和时间间隔特性两个方面。城乡文化传播的时间顺序特性类似逻辑斯蒂曲线，在一个固定距离的点，往往开始接受的人不多，但随着时间变化接受人群的数量从慢速增加到快速增长，再到趋于饱和、缓慢增加的过程。城乡文化传播的时间间隔特性体现在现代交通设施对文化整合方式、文化传播渠道的影响，即城乡文化最短传播路径。

（2）构建评价城乡文化整合空间测度模型是十分科学可行的。人和信息是文化的两个重要载体。在文化研究的空间化视野中，可以将人口流和信息流作为文化空间整合的两个核心要素。采用熵权法，通过城乡文化易感者离开居住地在本区域内流动的人口（F_1）、离开居住地跨区域流动的人口（F_2）、某时间段内人口跨区域流动后不返回本区域的人口（F_3）、某时间段内人口跨区域流动后返回本区域的人口（F_4）和区际访问式人口流动的数量（F_5）测算了城乡文化易感者的数量；通过构建城乡文化信息流量的测算指标体系，采用主成分分析法，通过加权得出城乡文化信息流量指数；进而创新性地构建了城乡文化易感知者、城乡文化信息流量及城乡文化最短传播路径“三位一体”的城乡文化整合测度的修正引力模型。

（3）创新性地构建了评价城乡文化整合时空测度模型。结合城乡文化整合时间维、城乡文化易感知者、城乡文化信息流及城乡文化最短传播路径构建了城乡文化整合度测算的时空结构模型。研究表明，城乡文化的交流、传播、整合过程，本质上是区域内人口流动与文化信息的传播和扩散过程；城市与乡村的这种中心与边缘位置以及城乡交通可达性则影响到城乡文化的相互作用程度。

6 城乡文化整合的时空解读

6.1 引言

如果说城乡文化整合的空间结构是城乡文化整合状态的显示器，城乡文化整合的时空结构就是城乡文化整合发展的历史函数。从城乡文化整合发展的历史进程角度看，不同生产力水平、不同生产方式下城乡文化整合的空间结构不同，即存在农业时代空间结构、工业时代空间结构、后工业时代空间结构、信息化时代空间结构的空间等级结构体系。尤其是现在全球化、经济一体化、信息化时代，世界级城乡网络体系已经初步形成，全球网络化的城乡文化空间结构初显。城乡文化空间体系是由一个具有成为全球空间和世界城乡网络体系文化节点的成长潜力的流空间，一个起链接流空间和地方空间作用的承转空间，多个处于发展中的地方空间和众多不发达的边缘空间构成的，和谐、互动的城乡文化有机整体。

时空特性是文化、社会等要素发展过程中表现出的时空结构特征，是研究一个地区、民族或国家文化发展及其特征的重要维度。物理学研究最早涉及时空问题，初期的物理学将时间和空间当做外部条件和衡量条件以研究物体的运动和存在，其本身是不变的尺度，也没有“被赋予”的特殊意义。20世纪后，物理学的革命赋予了时空重要的意义，爱因斯坦的相对论认为时间和空间随物体的运动而发生变化。史蒂芬·霍金（Stephen Hawking）说，当物体运动时，会影响时空的曲率；反过来，时空结构也会影响物体运动的方式并推动其运动（Hawking，1988）。梁漱溟认为我国政治、社会等所有问题最根本的症结是极其严峻的文化失衡（卫戈，2008）。五千年以来，广大的乡村地区一直是我国传统民族文化的基石，农业是人民坚实的经济基础，广大农民是我国最广大的群体。近年来，伴随着西方文化的入侵、工业革命的影响、新中国成立后中国相关发展政策的影响，以及现代社会全球化、信息化、经济一体化等新要素的影响，中国相袭数千年的“伦理本位，职业分途”的社会文化组织结构已经崩溃，传统乡村文化受到了严重破坏，城市的兴起和发展也没有形成真正的、优质的、健康的“城市文化”（梁漱溟，1934），即新的社会文化结构也没有建立起来，形成了严重的城乡文化二元结构。只有通过乡村文化的构建才能更改我国现有的文化结构，在我国文化有形的根（广大乡村）上重构文化无形的根（梁漱溟，1989），才能振兴我国传统文化，进而在传统文化的基础上顺利实现具有中国特色的新型城镇化。

本书通过对社会、文化发展的时空特性相关理论的介绍，以城乡文化底蕴深厚的武汉城市圈为例，以改革开放以后30多年快速城镇化发展为研究背景，探究 1980～2010 年武汉城市圈县域层面上城乡文化整合的空间结构特征及其折射的社会问题，并深度探析城乡文化整合的地理规律；分析了转型时期城乡文化整合发展过程中所表现出时空延伸、时空压缩及超越进化等时空特性，并从历史、现实相结合的视角分析城乡文化空间结构特性形成的原因（石德生，2001）；为促进新文化地理学发展提供研究案例，为建立统筹城乡文化一体化时空发展模式提供理论菜单，也为中国城市群地区形成城乡文化优势互补、整合发展新格局提供方略选择。

6.2 城乡文化整合的时序性分析

阿隆·开勒曼(Aharon Kellerman)在论述时空之间的关系时指出：地理学主要从空间的观点揭示人地系统的演变。时间与空间是人类生活中两个最基本的方面，研究人地关系地域系统的人文地理学，当然应该把时间与空间两者紧密联系在一起。中国古代用九宫图表达空间文化，用太极图表达时间文化，九宫图和太极图结合起来包含着动态、静态、简洁、抽象的“动静合一”的观念和整整齐齐的“时空观”。不同于西方文化地理的“十字图式”二元制时空观蕴含的精确性、分裂性、纯粹性，中国时空观的中心价值思想可以用“和”“中”两个字概括，“和”具有多样的文化思维方法论方面的特征，它的目的在于不断强化开放的大一统之“中”，“中”则代表了我国文化统一性的目的（韩社林，2011）。文化价值的空间结构与时间结构是连同一体而共时存在的，两者交织在一起，在文化空间广阔性和文化时间永恒性的聚合中，呈现出文化动人的魅力（傅腾霄，2002）。

城乡文化整合是一个动态演变过程，其空间结构随着时间的变化呈现动态分异，文化整合过程研究是文化地理学中的重要方面之一。地理科学的进展从过去单纯研究“形态”转向今天的“形态+过程”两个方面，文化地理学也是如此。文化地理学关注的文化空间体现，就与文化发展的时间过程、空间过程的两个方面息息相关。文化地理学是既注重区域文化的历史演变过程，又重视其空间结构演变过程。因为文化具有继承性、地域性和综合性三大特点，所以从时空的纵向、横向两个角度，结合单一文化要素及多文化要素整合的研究思维，综合地分析城乡文化整合，是本书有别于其他相关研究的显著特点。传统关于文化整合的课题集中在文化的起源和发展、文化系统的形成、文化格局的演变、文化扩散和文化趋同四个方面，无论就个别文化要素、文化现象来说，还是就人类整体文化来讲，这四个过程基本贯穿了人类文化地域演变的始终。因此，文化区、文化扩散、文化景观、文化生态、文化综合体等方面的研究也都以强调时间过程和空间过程为主要特色。城乡文化整合的空间结构成长过程一般要经历萌芽阶段、形成阶段、聚散阶段和兴盛阶段四个时期，不同时期城乡文化整合的时空结构演变特征有别，城乡文化整合的时空结构分异机制存在差异。

6.2.1 萌芽阶段

萌芽阶段一般出现在农业文明时期，城乡呈现离散状态，城乡文化空间分布相互独立，城乡之间、城乡与区域之间的关联少。文化从空间内的一个斑点萌生出来，然后扩散到相邻地区，形成“斑块”状文化圈。这种“斑点”是文化核心区，也是文化圈的生长核心。文化核通过极化作用和扩散作用，进一步对整个区域产生影响，形成文化受容区。被一种文化特质覆盖的地区，该地区的文化特质将随着文化生命力的消长增强或减弱。当外部空间的吸引力大于内部空间的聚合力时，即发生文化扩散，文化扩散是空间移动的一种文化现象。例如，人口的迁移一般由于外部适宜的气候条件、较高的生活水平、充分的就业机会和良好的学习机会而发生。除人口自发扩散外，强制性扩散，如内部的战争、暴力或政治压迫等因素也可造成人口的迁移。

文化扩散的方式大体上有两类，一个是邻接扩散，亦称为墨渍式扩散，进而形成波状式空间结构。文化因子或文化现象从其发源地向邻接地区逐渐扩散，这一过程通过人与人的直接传递进行。文化扩散的结果是文化分布的“斑块”化、整体化，如方言区的演变、宗教文化圈的蔓延等，这些现象总是和人与人之间的接触密切相关。二是易地扩散，或称为蛙跳式扩散。文化要素从一地跳跃到较远距离的另一地，从而造成了同一文化分布区不连续及嵌套的现象。人口的区位转移所带来的文化扩散就属于此类情况。在易地扩散中，等级扩散是一种常见的扩散方式，即文化的传播方向遵循文化节点的等级高低依次进行。在现代信息社会中，文化的传播方向往往是按照“首都—大城市—中等城市—小城市—小城镇—乡村”这样的传播链进行等级扩散的。例如，时尚、先进思想的传播，大城市总是引领着时尚和思想的新潮流，然后这些新事物迅速传到中等城市，最后才缓慢地波及小城镇及乡村。

文化因子起源于何处、波及何处，扩散过程所经地区及终止区域的文化因子间如何相互影响等一系列问题，一直是文化地理学研究的热点内容。文化扩散的起点是文化源地，文化移动的结果是文化分布，文化扩散将文化源地和文化分布联结起来，通过对这一过程的研究，上可追寻文化源地所在，下可查询文化分布的地理格局。在地域结构上三者存在下列关系（图 6.1）。

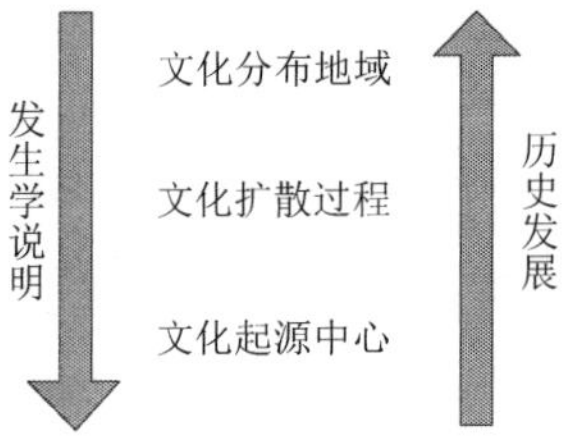

图 6.1　三者之间的相互关系

所有文化及文化因子都处于空间推免式因素的不断作用之下。文化距离可以用两地间文化相互作用量来衡量，也是超越绝对距离的一种空间关系诠释。文化群体之间相似性较大，文化因子间联系较为亲密，它们之间的相互交流较多，则文化因子间的相对距离较小，容易发生扩散现象。反之，文化因子间的相对距离较大，难以发生文化扩散。同时，文化距离是一种相对的尺度，处于不断变动之中，特别是受人为因素变化影响较大，而绝对距离或自然条件对文化距离的影响则随人类文明进步逐渐减小。当然，文化距离大小与绝对距离大小有关，“近朱者赤，近墨者黑”，地域上接近，自然环境近似，通常分布文化上相近的群体。城乡文化整合协调区首先呈现“斑块”状分布在区域文化中心，城乡文化整合“斑块”具有“源”的特点，该“斑块”上城乡文化整合度较高，城乡文化流向外扩散，同时“斑块”的边缘具有廊道特征和通道作用。在城乡文化整合进程中，城乡文化协调型一般选择文化设施完善、城乡文化易感知人群较多、交通系统完备的地区据点分布，然后通过城乡文化交流和融合，“斑块”地区通过极化作用带动整个区域发展。但是文化环境的空间突变也往往造就空间上相邻而又势不两立的文化群体，如国家、民族间的局部冲突和战争、种族隔离、宗教隔阂等。

6.2.2 形成阶段

形成阶段一般发生在工业化初期阶段，城乡呈现集聚形态，以城市文化节点为核心，向周围乡村地区扩散发展呈现波状式的城乡文化空间结构形态，城乡间的文化关联逐渐增多。空间动力学认为，空间集聚与城市发展需要“种子”，如果没有原始的“斑块”存在，中心地方（或区域）永远不会发展，这也是区域科学的增长极理论、点—轴学说等理论的基础。一般来说，“种子”的形成是“先验”的，正如克里斯泰勒（W. Christaller）在中心地理论中所提出的，物质向核心区聚集是事物发展的基本现象之一；地理空间中的各种要素从中心起源，逐渐向四周扩散；城镇是一个地区的核心和“元首”。扩散现象发生的前提条件之一是区域要有核心（中心），或者为各种形式的社会、经济、文化事物的集聚地。物理学理论认为，存在空间中任何物质都具有势能，而且时时刻刻都在向周围地区扩散和输送自身的势能。在区域演进过程中，这种“势能”的扩散方式表现为政策流、产品流、资金流、信息流、人口流、技术流等流要素，这些“流”由核心区（“斑块”）流向周围区域，在距中心不同的区位和半径重新集聚，并与当地原有的文化、经济、自然、社会等要素相结合，形成新的发展中心。

空间动力学认为在空间相互作用驱动下，空间系统的构成单元局域（或核心区）之间相互作用，形成空间地域结构和核心区人口（人口粒子）等的动态变化。空间聚集是一种特殊的空间动态现象，在空间系统的动态过程中，某些中心地方（或核心区）吸收了来自其他地方（或核心区）的人口、资金而增长起来，相应的某些中心地方（或核心区）发生衰退，这就是空间聚集。与空间聚集相伴而生的是反聚集，它的直观表现是逆城镇化过程和次级文化节点的发展。城市文化节点生长是另一种重要的空间动态现象，与聚集不同，它同时描述增长与文化节点辐射范围的扩张，聚集与生长的共同基础是人口粒子、文化要素等的空间扩散，空间扩散是微观现象，聚集与生长是宏观现象，空间动力学将它们追溯到了微观层次——扩散。

空间扩散现象的根源是由社会、经济、文化空间结构的不均衡引起的。在这里，空间结构是指社会、经济、文化等要素在空间层次上的集聚程度、疏密关系和强度差异。以文化而言，城市往往是一个区域范围的文化中心，各种文化设施及生产单位相对集聚在较小的空间范围内；从社会角度而言，城市是一定区域范围人口、政治、经济、文化等单位集中的地方，人口高度密集。文化、经济、社会等各种要素在城市或各类型的集聚区中，都要向周围地域辐射各种“流”。社会、经济、文化在相对较小范围内的集聚区，与周围社会经济文化设施相对疏少的地域之间，存在着“经济梯度”“社会梯度”“文化梯度”。因为“梯度”的存在，也就形成了“压力”“扩散力”，便形成了各种“流”，“流”从高压区向低压区流动，如同空气中的分子由分子密度高的地方流向密度低的地方一样。只要存在着“梯度”和“压力差”，就会形成“流”的空间扩散，流空间扩散的结果，会逐步导致空间结构均衡化，使经济、文化等要素的空间分布逐步达到均衡，以得到充分利用。

城乡文化整合度的变化是较有规律的，即是距文化节点距离的函数，以高级别文化节点为中心向周围区域的扩散，主要以人口流、文化信息流、技术流、经济要素流从高级别文化节点流向低级别文化节点。在发展中国家里，人口流的方向大多是从广大农业区、郊区向城市区域流动。因为发展中国家经济实力弱，资金困难，有限的资金只能倾斜投入到高级别文化节点建设中，促使这些高级别文化节点的生产条件、文化设施水平等比广大乡村地区要优越很多，自然对人口流动产生巨大的吸引力。

6.2.3 聚散阶段

聚散阶段一般出现在工业化成熟阶段，城乡文化之间呈现扩散性空间结构形态，城乡文化系统空间结构以高级别文化节点为文化服务中心、文化管理中心、文化扩散中心，并且在城乡文化系统空间结构内呈现次级文化核心，城乡文化空间结构逐渐成为一个整体。韦伯区位论认为，在一般的市场经济条件下，生产要素将向能够获得最大效益的最优区位方向扩散，而其方向不是固定的。城乡文化扩散过程具有同样的特点，城乡文化要素沿交通路线由城乡文化整合度较高地区向城乡文化整合度较低地区扩散。改革开放以后，国家积极出台了发展中小城市和小城镇战略，使得城乡之间、城际之间人口流动迅速加快、规模迅速扩大，封闭式的城乡关系开始松动，城乡文化整合发展处于形成阶段。城乡文化整合空间格局呈现以一级文化节点为中心，沿主要交通路线向外波状式发散。在这个阶段，首先是高级别文化节点按照“优势扩散原则”，通过大众媒介向农村波状式渗透。其次，人口流动也是高级别文化节点向低级别文化节点渗透的重要途径。此外，由于乡镇是城市文化向农村波状式发散的直接接受者和进一步传播的中枢，又是农村文化的集中体现者，因此城市文化主要通过乡镇这个中介对农村波状式发散。

高级文化节点通过极化过程和扩散过程两个方向作用于城乡文化系统。第一，极化过程也就是集聚化过程，即具有较强的文化实力、优越文化设施的高级文化节点将周围地区的自然资源、文化信息流、文化易感知人口吸引过来（陆大道，1979）；第二，一些人将扩散过程称为“渗漏过程”（陆大道，1990），即高级文化节点对周围区域进行经济投资或其他技术支援，逐渐发展自身的附属文化产业或文化腹地，为周围初级文化节点提供支撑，以吸引乡村剩余劳动力。在区域开发和实践过程中，高级文化节点形成的初期，对周围区域的影响以集聚为主，在这一时期，它的吸取作用大于给予功能，城乡文化系统发展内部平衡程度增加；高级文化节点发展演化的中后期，它以“渗漏”功能为主，这一时期，给予效应多于吸取功能，城乡文化系统发展结构趋于平衡。扩散作用趋于主导过程是高级文化节点发展的必然，同时意味着高级文化节点的生育。一方面，以能量物质的输出和空间拓展来壮大自身，高级文化节点的综合实力将越来越大；另一方面，高级文化节点以渐进扩散的形式促进新文化节点的诞生。上述发展的成果使城乡文化系统的某些文化功能超越了自身的需求，例如，日益增加的文化产品，在市场经济机制条件下，可能形成市场垄断。随着文化节点规模的不断扩大和资金积累的不断增加，经济需求也随之多样化，不断地产生进一步发展的要求，各类相关部门和服务业得到发展，实现更大规模的就业和国民收入的增长。

聚散阶段，文化节点渐进式扩散是指起源于扩散源，沿着文化廊道逐渐传播文化信息，在距扩散中心不同距离的位置上，逐渐形成了等级不同的文化节点。由于扩散力距离衰减规律的影响，新生文化节点的等级也随距离的增加而减小。相邻区域文化传播和扩散的结果是文化廊道相互联结，逐步发展成为文化轴。伴随社会、经济、科技的发展，文化发展轴继续延伸扩展，规模等级相对较低的新一轮文化节点、文化廊道逐步形成。

6.2.4 兴盛阶段

兴盛阶段一般出现在后工业化时期，即信息化时期，此时城乡文化空间结构形态呈现相对均衡的状态，核心文化节点呈现网络化发展，次级文化节点、乡村文化节点相对均衡，并且开始出现互相融合现象，呈现城乡文化一体化状态。本章根据县域空间尺度上城乡文化整合的时空结构演变特征，深度解析城乡文化整合时空结构分异机制。

文化节点渐进式扩散是城乡文化系统平衡发展的主要原因。文化渐进式扩散的过程，往往促进新文化节点的产生，进而带动周围文化发展水平较低的区域。线状基础设施束的建设可以提高区域的可达性，增强区域的机动性。伴随可达性、机动性的增强，必然会增加区域文化发展的机会。在一定程度上，线状基础设施束的存在与否决定了一个地区的文化发展水平。线状基础设施束的普及是缩小城乡文化差异的必经阶段。在文化节点体系发展过程中，为了防止文化资源高度集聚在高级文化节点上，特别是一级文化节点上，往往以一级文化节点为中心，建设多条由内向外的文化廊道，将文化设施建设逐渐地吸引到这些轮辐式的文化廊道上，以避免文化资源摊大饼式的球状发展。一些大城市周边规划建设的卫星城，往往位于这样的文化廊道上。因此，高级文化节点向外辐射的发展轴线，有助于高级文化节点及其所在区域城乡文化系统的均衡发展。

一个国家或一个地区，城乡文化发展的水平、文化节点的综合实力总是不均衡的。伴随文化发展轴线的延伸和区域文化综合实力的增强，逐渐缩小了城乡文化系统不平衡的状态，城乡文化甚至出现了相对均衡的发展状态。随着文化廊道和文化节点的延伸，整个国家或地区都逐渐布满文化廊道和文化节点，当然此时存在着明显的规律等级差异。城乡文化系统再进一步发展下去，文化节点和文化廊道的等级差异变小，相对均衡的状态开始形成，亦即由文化节点到文化廊道到文化域面的空间开发和发展状态形成。

6.3 武汉城市圈城乡文化整合的空间性分析

以保障城乡居民基本文化权益为基点，以构建社会主义和谐的城乡现代文化以及把握社会主义先进文化建设规律为重点，以促进文化与社会、经济、政治、生态协调发展为价值导向和出发点，在梳理国内外相关理论研究的基础上引入现代城乡文化整合理论。本章首先从定性的角度对武汉城市圈城乡文化的时空格局进行分析；接着运用城乡文化整合的时空测度模型对改革开放以后武汉城市圈城乡文化整合的时空演变进行定量分析；最后从宏观、中观、微观的视角对转型期武汉城市圈城乡文化整合的空间结构进行定量分析，以深度揭示城乡文化整合空间分异规律。

6.3.1 城乡文化的时空格局

文化是时间和空间的产物。从文化的时空性考察，不难发现武汉城市圈内的文化同源同脉，历史上深深地积淀了楚文化的底蕴，近代社会转型中又加入了具有汉派特色的都市文化形态，现代武汉城市圈又正在着力构建新型的城乡文化空间。

（1）具有水文化特质的楚文化

所谓楚文化，商周以来长江中游地区的文化被多数学者界定为楚文化或长江中游地区的古文化。楚文化是南方文化的代表之一，是中国文化之一脉，地域文化之一系。楚文化植根于长江中游地区尤其在江汉平原及其周围地区，其中水文化是楚文化的灵魂。有的学者认为，水文化是人类在与水打交道的过程中所创造的与水有关的精神生产能力和产品（戴耀昌，1996）。江汉平原地区自古地势低洼，河湖湿地众多，故楚文化的产生与发展始终都与水有缘，如开疆扩土、开垦垸田、伐木建房和建桥等。

在自然经济和农业文化社会，围湖造田的人地关系模式主导了楚文化发展历程。江汉平原的全面开发是随着垸田的兴起而开始的，一部特有的垸田史就是江汉平原围垦河湖改变地理面貌的文化发展史。江汉平原的围湖造田活动可以追溯到前秦时代。

明清时期，荆楚大地的人口和垸田面积不断增加，故后人有“湖广熟，天下足”的说法。20 世纪 50～70 年代，江汉平原发生了历史上最壮观、规模最大的围湖造田运动（黄进良，2001）。大规模的围湖造田加快了江汉平原湖泊面积的消失。一直以来，武汉城市圈地域范围的交通运输、农业经济、人居环境等方面的发展，大多与水联系密切，甚至一些歌曲、文学艺术作品、方言、地名、风俗等都打下了具有水文化特质的楚文化烙印。

（2）具有汉派特色的现代都市文化

学界认为汉派文化的历史渊源可上溯到商周时期，但以清末民初近代工业化时期为大盛。汉派文化起源于江汉平原，与乡土生活情愫、地域文化传统、民间文艺形式有着千丝万缕的关系。汉派文化具有鲜明的江汉平原地域文化特色。这也是近年来武汉城市圈倾力打造的现代都市文化，旨在以特大城市武汉为凤头，以周边 100 千米内的 8 座中小城市为辅翼，重塑以“江汉汇通、楚风汉韵、兼容并包”为主要特征的汉派文化。

城市是历史文化的结晶和产物，同时又是历史文化的创造者和承载者。被学界凝练的“江汉汇通、楚风汉韵、兼容并包”的汉派文化精髓，则反映了武汉城市圈大都市的历史文化积淀，彰显了独特的文化魅力，体现了武汉城市圈独特的文化特色和人文精神（吴永平，2005）。所谓“江汉汇通”，意在突破“九省通衢”的自然地理局限，表达了渴望融入全球化大潮的胸襟。所谓“楚风汉韵”，不仅展示了楚地凤翥文明的历史传承和文化积淀，也充分显现出了“敢为人先、追求卓越”的武汉精神。所谓“兼容并包”，则准确地描绘出地理生态与人文传承催生的开襟博纳、开放畅达及开明睿智的文化个性。

汉派文化属于当代城市特色文化，而且与京派文化、海派文化一样，属于大都市特色文化派系。它反映了现代大都市武汉的两大特点：第一是大集聚，8000 多平方千米的城市空间聚集了上千万人口，集聚了大容量的工业、商业、文化教育事业、交通；第二是大流动，常年居住在武汉的非本市人口约有四百万，流动高峰时一天的流动人口就达一百万以上。因此，带来巨大的信息量、频繁的文化交流及多彩的外域文化，这些都是一般地域文化所无法比拟的。因而，汉派文化中所具有的东西交流、南北融合及浓厚商贸文化的特点，已超出地域楚文化的概念。

概言之，汉派文化是一种特异的平民文化，是一种包容性、融合性及更新性极强的文化。汉派文化又是一种特异型的特色都市文化（湖北省社会科学院课题组，2005）。它以“九省通衢”交通枢纽为基础，以两江交汇、八方辐集为机缘，得“中”（内陆腹地）活络，得水（黄金水道）激灵。它作为武汉城市圈文化和武汉文化的精华和标志，展示出独有的汉式汉俗、汉味汉调、汉风汉韵。从汉派文化的内容建构维度来看，它以首义文化、黄鹤楼文化、影视艺术、戏剧艺术（特别是汉剧、楚剧）、杂技艺术、民间艺术、汉派服装文化、汉味文学、武汉方言、江城市民文化、汉系饮食文化等为主体，其历史底蕴深厚，传统底色鲜明，江城特色亮丽，还能随着城镇化发展尽显时代风貌、都市色调和江汉气象。

（3）具有文化产业特点的新型城乡文化空间

近年来，在国家推动文化大发展大繁荣以及加快城乡文化一体化发展的新时期，武汉城市圈注重“1+8”城市地区的城乡文化空间布局，旨在通过配置重大文化产业项目，规划建设一批各具特色的文化产业空间。

重点建设的文化产业基地有华中国家数字出版基地、湖北影视基地（影视产业园）、湖北广告创意产业园、华中印刷包装物流产业园、楚天传媒与文化创意产业园、传奇文化产业园、知音动漫创意基地等重大项目，以及江通动画产业园、武汉华侨城东湖欢乐谷等文化园区。由于城市圈各个城市区域的文化资源与环境的差异性，城乡文化空间的建设重点也有别。其中，武汉市是楚文化久负盛名的全国历史文化名城，又是武汉城市圈城乡文化空间的最大集散中心，在城乡文化时空整合的进程中将起到重要作用。今后若干年内，武汉市将以建设“文化五城”（读书之城、博物馆之城、艺术之城、设计创意之城、大学之城）为战略任务，创建“武汉·中国文谷”的十大文化产业集群（文化旅游、数字出版、文化艺术、动漫游戏、民间工艺、演艺娱乐、创意设计、古玩艺术、影视制作、国学文化产业）（专栏 6.1），作为服务和推动武汉城市圈城乡文化建设的重大项目和战略举措。

专栏 6.1 近年来武汉城市圈重点构建的城乡文化产业空间

武汉市：长江传媒产业园、两湖两岸文化演示街区、汉阳造文化创意产业园、洪山创意大道、昙华林艺术村、谭鑫培文化园、武汉东创研发设计创意园、武汉大学珞珈创意产业园、中山舰文化产业园、武汉新工厂设计产业园。

黄石市：黄石国家矿山公园、东楚传媒文化产业园、黄金山矿冶文化创意产业园（重点发展观光旅游、影视剧拍摄、休闲度假等）。

鄂州市：鄂州市传媒创意产业园（重点建设报业集团、印务产业园、围棋院等）。

孝感市：华中印刷产业园（重点发展包装印刷、物流配送、创意设计等）、中华敬老园。

黄冈市：黄冈名人园、李时珍健康文化产业园（重点发展健康文化旅游、中医药文化产业等）、黄梅禅文化产业园。

咸宁市：向阳湖文化中心景区（重点发展特色文化、观光农业、生态休闲等）。

仙桃市：江汉文化创意产业园（重点发展创意设计、演艺娱乐、文化旅游、艺术培训等）。

天门市：陆羽故里园（重点建设一廊、六馆、六湖、十桥）。

潜江市：曹禺文化产业园（重点建设梅苑、曹禺祖居博物馆、中国戏剧家协会曹禺剧本奖创作基地、梅花奖艺术交流中心、曹禺大剧院等）。

——资料来源：秦尊文. 2010. 武汉城市圈的形成机制与发展趋势[M]. 武汉：中国地质大学出版社：113.

6.3.2 城乡文化整合的时空演化

城乡文化整合是一个动态演变过程，其空间结构随着时间的变化呈现动态分异。利用城乡文化整合的时空模型，从县域层面上探究 1980～2010 年武汉城市圈城乡文化整合的空间结构，并按照城乡文化整合度从高到低依次将其划分为协调型、磨合型、发轫型和拮抗型等四种空间整合类型。根据县域空间尺度上城乡文化整合的时空结构演变特征，深度解析城乡文化整合时空结构分异机制。

城乡文化整合拮抗型：拮抗指归两相抵触，是指不同子系统对某一生理效应发挥相反的作用，以图稳定系统内部结构。文化整合拮抗型区域，文化节点的结节性相对最低，其辐射范围相对最小，文化遗产极少，文化资源匮乏，文化传播和扩散条件差，文化管理和文化服务水平差，文化投资匮乏；城乡文化整合度相对最低，城乡关联度最低，城乡几乎是“分裂”的状态，城乡文化特质流动性很差。城乡文化整合拮抗区城乡文化特质接触机会较少，即使接触，也呈现碰撞、冲突的局势。

城乡文化整合发轫型：“朝发轫于太仪矣，夕始临乎于微庐”，发轫意指新事物或某种局面刚刚开始出现。文化整合发轫型区域，文化节点的结节性相对较低，其辐射范围相对较小，文化遗产比较少、文化传播条件较差、文化投资相对匮乏、文化管理和文化服务欠佳；城乡文化整合度相对较低，城乡关联度较低，城乡文化特质流动性较差。城乡文化整合发轫区城乡文化特质刚刚开始频繁接触、碰撞、冲突、吸收、变迁。

城乡文化整合磨合型：磨合，指为整体上使配合“零件”正常稳定运转而采取的一种措施，是一种有意安排的磨损，以便达到协调的过程。文化整合磨合型区域，文化节点的结节性相对较高，其辐射范围相对较广，文化遗产比较多，文化资源相对丰富，文化传播和扩散条件较好，文化管理和文化服务比较科学，文化投资相对富足；城乡文化整合度相对较高，城乡关联度较高，城乡文化特质在相对平等、自由的环境里交流。城乡文化整合协调区城乡文化特质是不同的文化频繁接触、碰撞、冲突、吸收、变迁、融化，进而趋于一体化的过程。

城乡文化整合协调型：协调，意指和谐一致、配合得当。文化整合协调型区域，文化节点的结节性相对最高，其辐射范围较广，文化遗产多，文化资源丰富，文化传播和扩散条件优良，文化管理水平高，文化投资力度大，文化服务科学合理；城乡文化整合度相对最高，城乡关联度高，城乡文化特质相对平等、自由交流，相互接近、彼此协调，进行文化整合；城乡文化整合协调区以文化生态理论（文化节点、文化廊道、文化域面）为指导，以城乡文化融合发展为途径，以城乡文化公共服务设施一体化建设等为措施，全面建设社会主义新文化，形成城乡文化整合发展的新格局。新格局是在研究城乡文化整合发展的差异性和可能性的基础上，针对城乡文化整合发展的历史与现状以及城乡文化二元结构等问题而进行探索与设计。新格局的形成具体要落实到城乡文化建设的重要节点、文化传播渠道等空间要素上，因此，形成由“文化节点—文化廊道—文化域面”组成的城乡文化网络是新格局的基本要素。

（1）改革开放初期：“斑块”式空间结构

以武汉城市圈地区包含的 37 个县级行政单元为研究对象，城乡文化的空间整合呈现“斑块”式空间结构。城乡文化整合度的测度结果显示（表 6.1）：城乡文化整合协调型主要是当初武汉市及其所辖的几个郊县，如武昌区的整合度为 5851.00、东西湖区为 5850.88、汉南区为 5651.00、孝感市为 3331.74、黄陂区为 3060.38；城乡文化整合磨合型主要是江汉平原的几个县市，如鄂城区的整合度为 2214.54、汉阳县为 1954.11、汉川县为 1126.50、潜江市为 1026.68；城乡文化整合发轫型主要集中分布在北部低山丘陵地区，其中仙桃市的整合度为 694.60、云梦县为 474.62、嘉鱼县为 444.29、天门市为 425.08、咸宁市为 392.98；城乡文化整合度较低的拮抗型主要是鄂东南幕阜山区和大别山区的少数几个县，其中崇阳县的整合度为 163.46、通山县为 161.73、浠水县为 161.70、英山县为 151.95、黄冈县为 134.00、武穴市为 112.00、阳新县为 104.28。

表 6.1 1980 年武汉城市圈城乡文化整合度测算结果

分区分类	城乡文化整合度	数量/个
协调型	武昌区 5851.00、东西湖区 5850.88、汉南区 5651.00、孝感市 3331.74、黄陂区 3060.38	5
磨合型	鄂城区 2214.54、汉阳县 1954.11、汉川县 1126.50、潜江市 1026.68	4
发轫型	仙桃市 694.60、云梦县 474.62、嘉鱼县 444.29、天门市 425.08、咸宁市 392.98	5
拮抗型	应城市 344.44、安陆市 342.72、石灰窑区 342.00、下陆区 321.00、罗田县 313.37、铁山区 310.00、麻城市 292.69、大悟县 289.85、黄石港区 256.00、新洲县 234.00、红安县 231.00、蕲春县 204.67、通城县 194.21、大冶县 182.52、蒲圻市 175.95、崇阳县 163.46、通山县 161.73、浠水县 161.70、英山县 151.95、黄冈县 134.00、武穴市 112.00、阳新县 104.28、黄梅县 103.56	23

从整体上看，20 世纪 80 年代初，武汉城市圈城乡文化整合呈现“中部偏高且西高东低”的“斑块”式空间格局。武汉城市圈城乡文化整合协调型首先呈现“斑块”状分布在区域中心武汉市（图 6.2、图 6.3），城乡文化整合“斑块”具有“源”的特点，该“斑块”上城乡文化整合度较高，城乡文化流向外扩散，同时“斑块”的边缘具有廊道特征和通道作用。在城乡文化整合进程中，城乡文化协调型一般选择文化设施完善、城乡文化易感知人群较多、交通系统完备的地区据点分布，然后通过城乡文化交流和融合，“斑块”地区通过极化

作用带动整个区域发展。

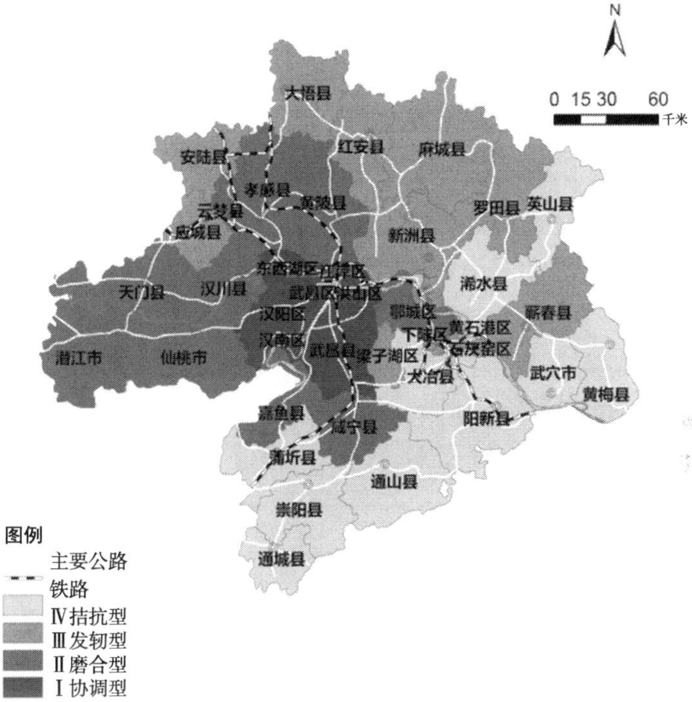

图 6.2 武汉城市圈“斑块”式空间结构

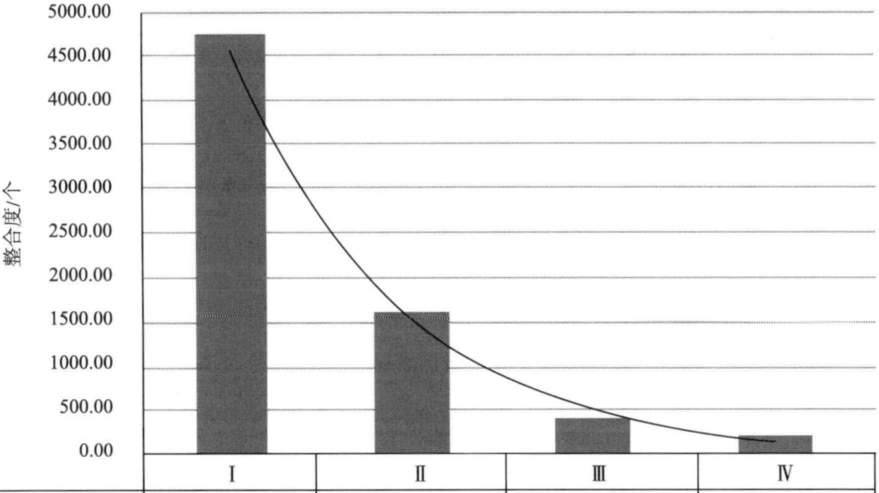

	Ⅰ	Ⅱ	Ⅲ	Ⅳ
■ CUI_1980	4749.00	1580.46	400.47	185.50

CUI_1980 —— 指数（CUI_1980）

图 6.3 1980 年城乡文化整合度测度

（2）全面改革开放：波状式空间结构

以武汉城市圈地区包含的 45 个县级行政单元为研究对象，城乡文化的空间整合呈现波状式空间结构，从里向外依次是城乡文化整合协调型、磨合型、发轫型和拮抗型。城乡文化整合度的测度结果显示（表 6.2）：城乡文化整合协调型的武昌区为 28 723.57、硚口区为 28 700.19、青山区为 27 889.89、洪山区为 27 889.11、江汉区为 26 778.11、汉阳区为 26 777.11、东西湖区为 25 453.84、江岸区为 21 111.11、汉阳县为 19 683.77。这些县（区）均位居圈层的核心。环抱整合协调型的是城乡文化整合磨合型，其中黄陂区为 8183.53、武昌县为 8149.00、孝感市为 4900.37、汉川县为 4115.98、黄冈县为 3567.54。依次是城乡文化整合发轫型，其中鄂城区为 2214.54、梁子湖区为 2210.11、咸宁市为 1614.34、仙桃市为 1598.91、汉南区为 1481.18、新洲县为 1296.68、应城市为 1077.19。最外围是城乡文化整合拮抗型，其中天门市为 870.91、云梦县为 855.43、潜江市为 800.58、蒲圻市为 768.84、嘉鱼县为 749.26 等。

表 6.2　1990 年武汉城市圈城乡文化整合度测算结果

分区分类	城乡文化整合度	数量/个
协调型	武昌区 28 723.57、硚口区 28 700.19、青山区 27 889.89、洪山区 27 889.11、江汉区 26 778.11、汉阳区 26 777.11、东西湖区 25 453.84、江岸区 21 111.11、汉阳县 19 683.77	9
磨合型	黄陂区 8 183.53、武昌县 8 149.00、孝感市 4 900.37、汉川县 4 115.98、黄冈县 3 567.54	5
发轫型	鄂城区 2 214.54、梁子湖区 2 210.11、咸宁市 1 614.34、仙桃市 1 598.91、汉南区 1 481.18、新洲县 1 296.68、应城市 1 077.19	7
拮抗型	天门市 870.91、云梦县 855.43、潜江市 800.58、蒲圻市 768.84、嘉鱼县 749.26、大冶县 628.53、麻城市 604.01、安陆市 572.84、黄石港区 530.35、红安县 520.48、铁山区 520.00、下陆区 510.00、石灰窑区 500.00、浠水县 411.61、阳新县 377.08、大悟县 283.66、罗田县 275.94、蕲春县 267.55、崇阳县 196.95、黄梅县 182.92、通山县 159.58、通城县 146.25、英山县 143.82、武穴市 139.54	24

相对于 1982 年城乡文化整合度整体呈上升趋势，整合协调型和整合磨合型的地域扩大，整合发轫型减少，整合拮抗型相对不变。改革开放以后，湖北省积极出台了发展中小城市和小城镇战略，并确立了武汉为全省的经济中心，使得城乡之间、城际之间人口流动迅速加快、规模迅速扩大，封闭式的城乡关系开始松动，城乡文化整合发展处于形成阶段。城乡文化整合空间格局呈现以武汉市为中心，沿主要交通路线向外波状式发散的特征（图 6.4、图 6.5）。在这个阶段，按照“优势扩散原则”，通过大众媒介城市节点文化向广大乡村地区波状式渗透。其次，人口流动也是城市文化向农村渗透的重要途径。此外，由于乡镇是城市文化向乡

村地区波状式发散的直接感染者和下一步扩散的枢纽，同时又是乡村文化的集中表现者，因此，城市文化主要通过小城镇这个传播中介对广大乡村波状式发散。

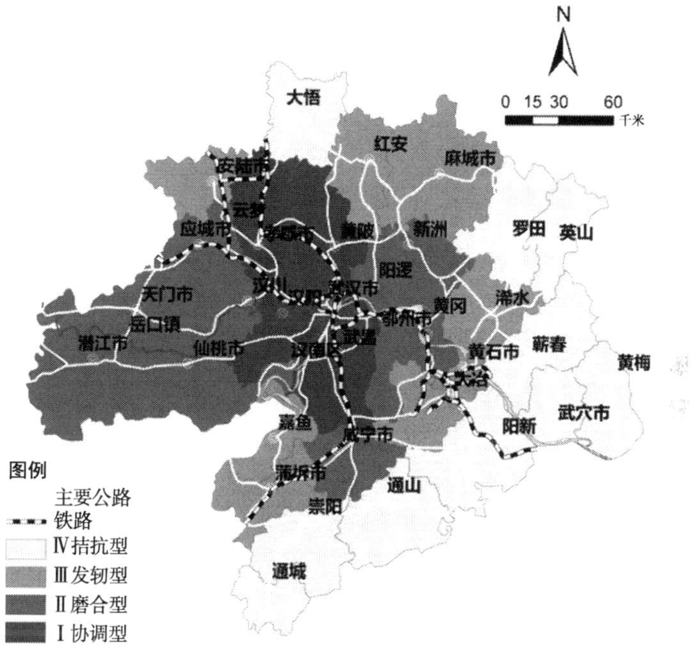

图 6.4 武汉城市圈波状式空间结构

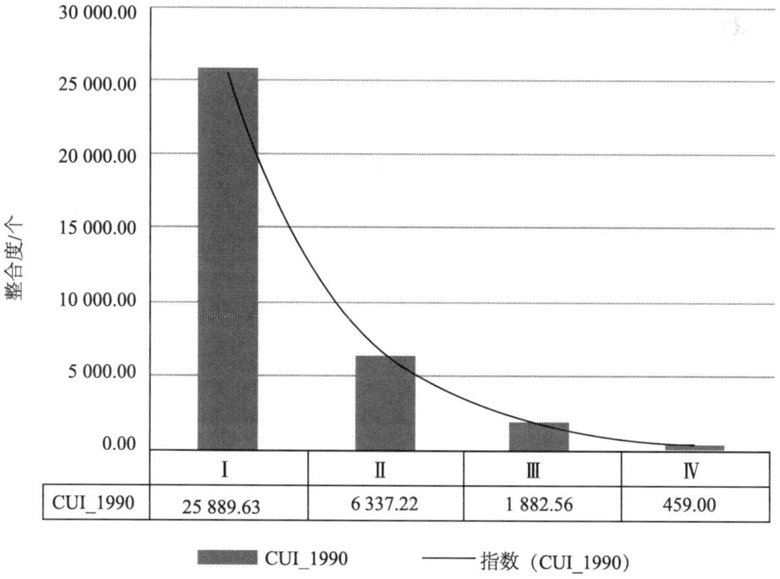

图 6.5 1990 年城乡文化整合度测度

（3）改革开放全面突破：廊道式空间结构

以武汉城市圈地区包含的 48 个县级行政单元为研究对象，城乡文化整合的空间结构呈现廊道式格局。城乡文化整合度的测度结果显示（表 6.3）：城乡文化整合协调型的江岸区为 1 085 642.59、江汉区为 177 829.69、汉阳区为 175 834.35、洪山区为 126 694.33，这 4 个市（区）均沿江分布。城乡文化整合磨合型的武昌区为 95 060.04、硚口区为 91 708.43、黄陂区为 21 293.25、东西湖区为 19 976.44。这种类型的市（区）与城乡文化整合协调型一起，呈现“H”形文化廊道以支撑整个区域。整合发轫型的青山区为 7353.34、孝南区为 6805.02、汉川市为 4968.17。这几个县市（区）紧紧围绕协调型和磨合型分布。城乡文化整合拮抗型的仙桃市为 3471.86、新洲区为 3297.64、鄂城区为 3140.44、江夏区为 2148.44、华容区为 1874.65、咸安区为 1690.68、麻城市为 1644.85、云梦县为 1428.19、应城市为 1016.01 等。

表 6.3　2000 年武汉城市圈城乡文化整合度测算结果

分区分类	城乡文化整合度	数量/个
协调型	江岸区 1 085 642.59、江汉区 177 829.69、汉阳区 175 834.35、洪山区 126 694.33	4
磨合型	武昌区 95 060.04、硚口区 91 708.43、黄陂区 21 293.25、东西湖区 19 976.44	4
发轫型	青山区 7 353.34、孝南区 6 805.02、汉川市 4 968.17	3
拮抗型	仙桃市 3 471.86、新洲区 3 297.64、鄂城区 3 140.44、江夏区 2 148.44、华容区 1 874.65、咸安区 1 690.68、麻城市 1 644.85、云梦县 1 428.19、应城市 1 016.01、大冶县 881.48、潜江市 877.48、黄州区 874.94、安陆市 852.69、天门市 835.77 浠水县 772.35、红安县 726.64、赤壁县 678.02、团风县 620.48、孝昌县 538.96、罗田县 473.78、大悟县 462.14、阳新县 428.18、蔡甸区 416.44、蕲春县 376.97、通山县 369.03、汉南区 281.30、黄石港区 277.70、崇阳县 266.03、英山县 243.94、嘉鱼县 233.26、黄梅县 208.60、武穴市 204.01、通城县 197.69、梁子湖区 174.77、石灰窑区 171.82、下陆区 75.63、铁山区 28.96	37

如图 6.6、图 6.7 所示，2000 年时武汉城市圈的城乡文化整合度整体呈上升态势。20 世纪 90 年代，湖北省政府充分发挥长江“黄金水道”、汉江“经济走廊”优势和京广、汉丹铁路大动脉的作用，该地区城乡文化流沿着交通线扩散，迅速地形成了城乡文化整合进程中的发展廊道。廊道是文化资源、文化要素和文化产业等传输的通道，亦是武汉城市圈区域发展的纽带和城乡文化交流的通道。城乡文化整合廊道具有聚散功能，对附近区域有很强的文化要素集聚作用和扩散作用，致使沿廊道形成城乡文化聚集带。因此，在城乡文化整合

进程中，优先选择有发展潜力的城乡文化整合廊道，有利于充分发挥城乡“主流文化”的作用，实现文化基础设施与线状基础设施束之间最佳的空间结合；有利于实现城乡之间的专业化与协作，初步形成有机的城乡文化整合系统。

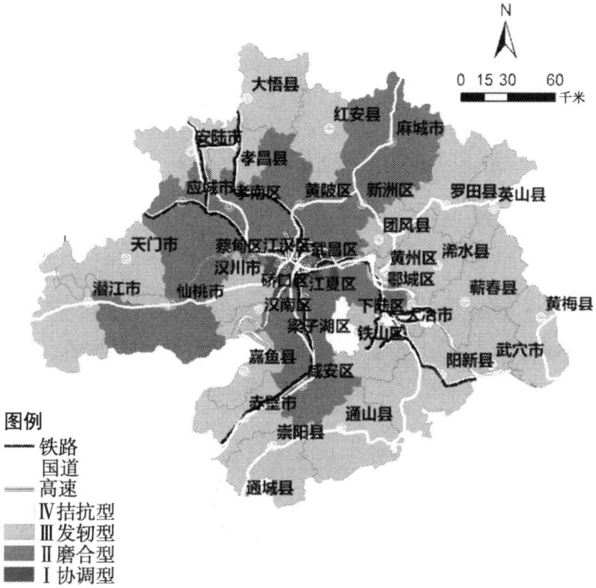

图 6.6 武汉城市圈廊道式空间结构

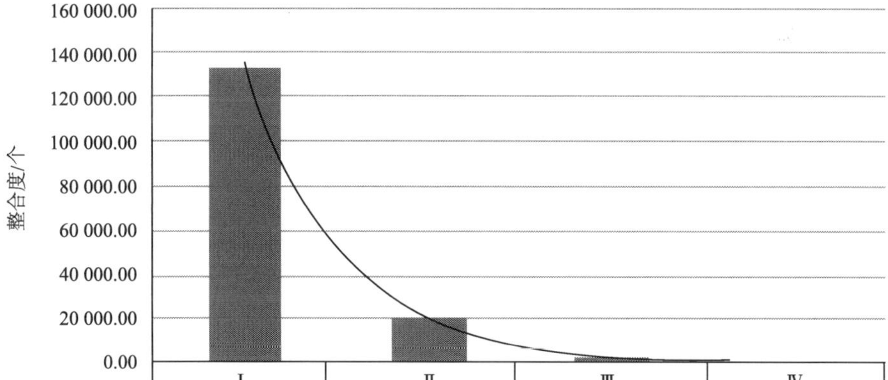

	Ⅰ	Ⅱ	Ⅲ	Ⅳ
CUI_2000	133 425.37	20 634.85	3 236.61	448.19

图 6.7 2000 年城乡文化的空间整合结构

（4）全面建设小康社会：网络式空间结构

以武汉城市圈包含的 48 个县级行政单元为研究对象，城乡文化的空间整合呈现“圈层扩散+轴向推进”网络式空间结构。城乡文化整合度的测度结果显示（表6.4）：城乡文化整合协调型的武昌区为1 683 293.67、洪山区为404 714.13、黄陂区为288 566.79、江夏区为281 562.63。城乡文化整合磨合型的麻城市为15 027.84、大冶市为10 124.44、咸安区为9351.70、汉阳区为9157.16等。从整体上看，上述两种类型沿京广铁路与长江经济带呈“巾”字形空间格局。城乡文化整合发轫型的阳新县为6499.09、华容区为6359.29、江岸区为5847.44等，城乡文化整合拮抗型的红安县为444.23、安陆市为436.17、罗田县为301.03等。上述发轫型和拮抗型相间分布在“巾”字形空白区域。

表6.4　2010年武汉城市圈城乡文化整合度测算结果

分区分类	城乡文化整合度	数量/个
协调型	武昌区 1 683 293.67、洪山区 404 714.13、黄陂区 288 566.79、江夏区 281 562.63、青山区 218 338.87、新洲区 188 080.92、仙桃市 165 069.52、硚口区 163 928.72	8
磨合型	麻城市 15 027.84、大冶市 10 124.44、咸安区 9 351.70、汉阳区 9 157.16、鄂城区 8 990.95、浠水县 8 763.06、蔡甸区 8 161.28、汉川市 7 699.68、黄州区 7 023.03	9
发轫型	阳新县 6 499.09、华容区 6 359.29、孝南区 6 057.91、东西湖区 6 009.42、蕲春县 5 982.03、江岸区 5 847.44、天门市 5 174.59、黄梅县 5 116.06	8
拮抗型	红安县 444.23、安陆市 436.17、云梦县 427.15、潜江市 418.94、孝昌县 416.01、大悟县 393.65、江汉区 359.46、赤壁市 341.30、武穴市 341.20、嘉鱼县 315.17、通山县 308.01、罗田县 301.03、黄石港区 276.31、团风县 275.80、应城市 261.31、英山县 224.66、通城县 196.33、汉南区 187.97、下陆区 176.93、崇阳县 176.51、西塞山区 159.46、梁子湖区 124.61、铁山区 74.81	23

如图6.8、图6.9所示，武汉城市圈城乡文化的空间整合架构，总体上呈现出以武汉市为中心，并向城乡文化整合磨合型和发轫型方向圈层扩散，其中沿京广铁路、长江经济带、武广高铁、福银高速和杭瑞高速，以及318国道、106国道、107国道和316国道等交通路线轴向推进，整个区域开始出现点、线、面有机结合的空间网络模型。21世纪以来，湖北省在城乡文化整合发展过程中采取空间线性推进方式，先后出台了“两圈一带”战略和武汉城市圈省级区域发展战略等。圈域内城乡文化发展廊道逐渐增多，廊道之间也出现了相互联结、交互，形成城乡文化整合发展轴。种种迹象表明，武汉城市圈多个“斑块”和廊道交织并开始构成网络系统（图6.8、图6.9），由20世纪的“点—轴”发展模式迈进了城乡网络化发展模式。城市圈内的乡村发展已经和城市牢牢地绑在了一起。城市化对农村的影响，不仅表现在经济结构和经济模式的改变，也表现在生活模式的改变。以大众传媒为武器的城市文化，正在冲击着传统的乡村文化市场，改变、解

构着原有的农村文化生态。随着城市圈城乡网络系统的不断完善，城乡社会经济的相互作用将日趋增强，城乡文化的空间整合将进入网络化发展模式的兴盛时期。

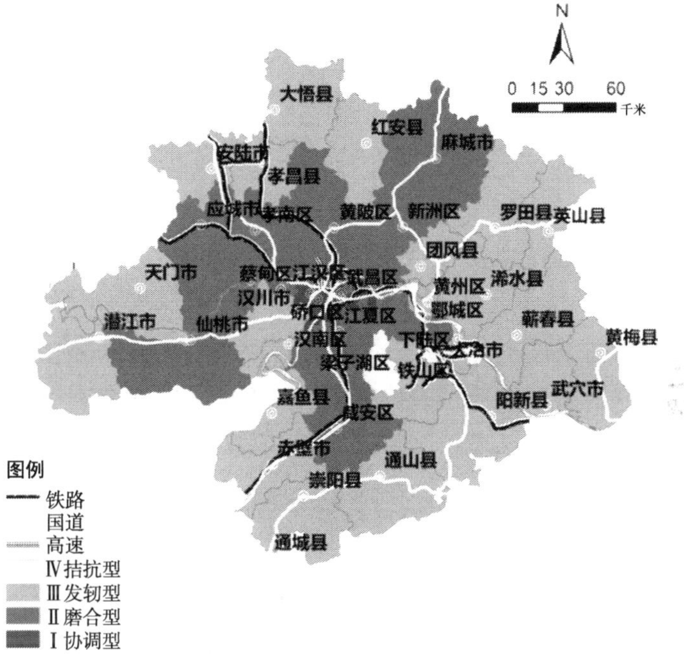

图 6.8 兴盛时期武汉城市圈城乡文化整合的空间结构

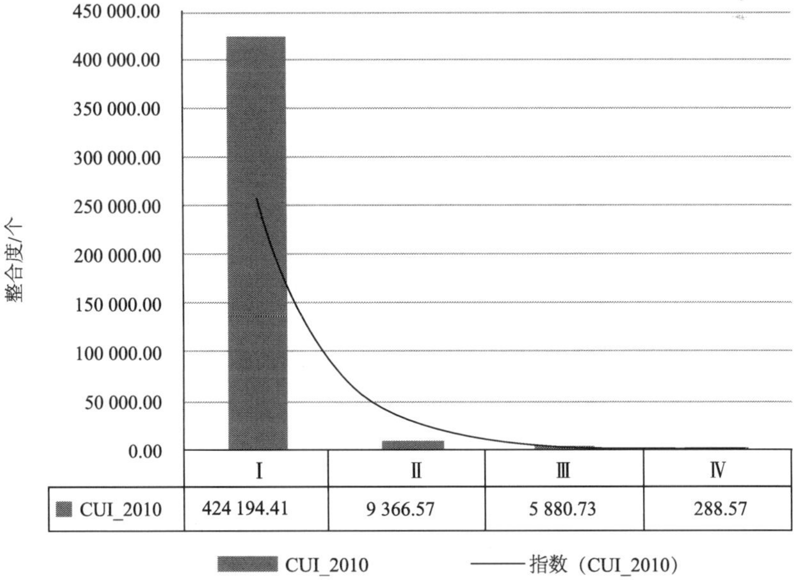

	Ⅰ	Ⅱ	Ⅲ	Ⅳ
CUI_2010	424 194.41	9 366.57	5 880.73	288.57

图 6.9 2010 年武汉城市圈城乡文化整合度测度

6.3.3 城乡文化整合的空间结构

在社会转型期多要素作用下，创新性地构建了城乡文化易感知者、城乡文化信息流量及城乡文化最短传播路径“三位一体”的城乡文化整合测度的修正引力模型；根据《湖北统计年鉴 2011》、湖北省第六次人口普查数据、《武汉统计年鉴 2011》、《武汉城市圈统计年鉴 2011》及《中国文化文物统计年鉴 2011》等相关统计数据，利用城乡文化整合度测算模型与 ArcGIS 网络分析功能，从微观、中观和宏观三个空间尺度上，分别从县域、市域和圈域三个空间层面上探究现在武汉城市圈城乡文化的空间整合结构，并依据城乡文化整合度的高低，把武汉城市圈城乡文化的空间整合划分为协调型、磨合型、发轫型、拮抗型四种类型。根据三种空间尺度上的城乡文化的空间整合结构，深度解析其彰显的社会问题，旨在提出相应的空间整合优化对策，为构建城乡文化建设新格局提供研究范本和理论菜单。

（1）微观尺度：“十”字形层化的空间结构

以武汉城市圈包含的 48 个县级行政单元为研究对象，城乡文化的空间整合呈现“十”字形层化架构。城乡文化整合度的测度结果显示：城乡文化整合协调型（如麻城市为 1502.78，武汉市各区、仙桃市为 1650.70 等）与城乡文化整合磨合型（如阳新县为 649.91、华容区为 635.93、汉川市为 769.97 等）整体沿京广铁路与长江经济带分布，呈现“十”字形空间格局；城乡文化整合发轫型通山县为 308.01、江汉区为 359.46、潜江市为 418.94 等与城乡文化整合拮抗型西塞山区为 159.46、崇阳县为 176.51、汉南区为 187.97 等呈发轫、拮抗相间分布在四个象限（图 6.10）。

（2）中观尺度：协调、拮抗相间的空间架构

以圈域内武汉市、黄石市、鄂州市、黄冈市、孝感市、咸宁市 6 个市域作为独立测算对象，县级行政单元的城乡文化空间整合整体上呈现协调、拮抗相间的“斑块”式格局。城乡文化整合度的测度结果显示：城乡文化整合协调型（如西塞山区为 21 214.84、大冶市为 78 113.35、团风县为 19 746.24 等）与城乡文化整合磨合型阳新县为 10 865.81、蕲春县为 8968.59、黄梅县为 7565.66 等均分布在京广铁路以东；城乡文化整合发轫型安陆市为 4189.30、黄陂区为 2885.67、应城市为 2260.40 等与城乡文化整合拮抗型安陆市为 1650.70、蔡甸区为 816.13、华容区为 583.70 等分布在京广铁路以西，整体上呈“东高西低”的局面（图 6.11）。

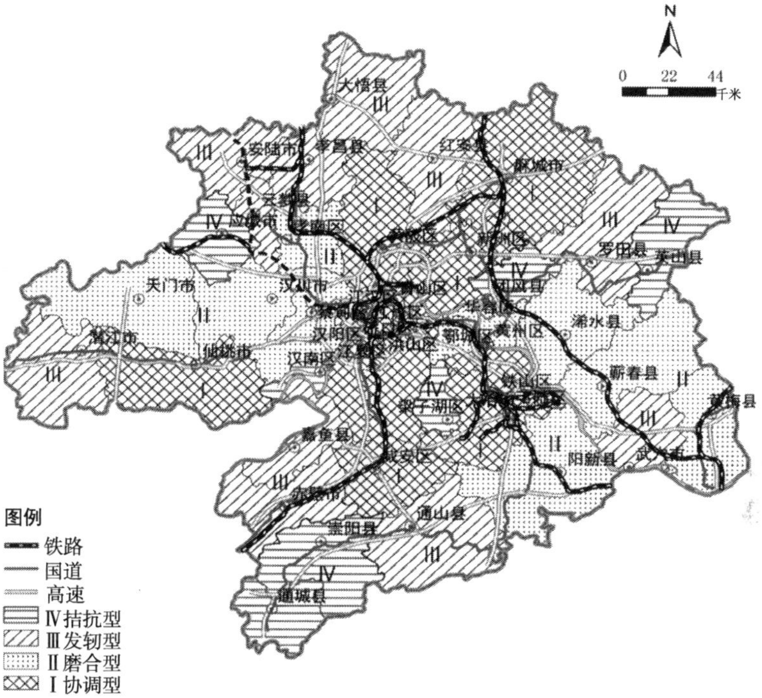

图 6.10　微观尺度上武汉城市圈城乡文化的空间整合格局（文后附彩图）

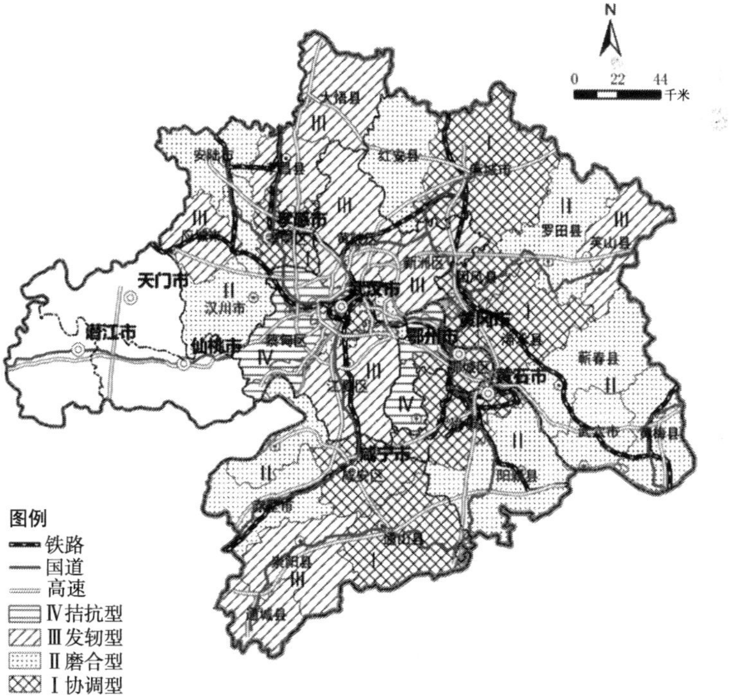

图 6.11　中观尺度上武汉城市圈城乡文化的空间整合格局（文后附彩图）

（3）宏观尺度：集中连片式的空间结构

以武汉城市圈作为测算对象，市级行政单元的城乡文化的空间整合呈现集中连片式结构。城乡文化整合度的测度结果显示：城乡文化整合协调型（如武汉市为126 845.62、黄冈市为106 855.89、黄石市为26 575.64）与城乡文化整合磨合型咸宁市为 38 243.14 相邻分布；城乡文化整合发轫型孝感市为 25 715.64、仙桃市为16 506.95与城乡文化整合拮抗型天门市为5174.59、潜江市为4189.41相邻分布，其中鄂州市为14 241.82跳跃式地分布在文化协调型区内（图6.12）。

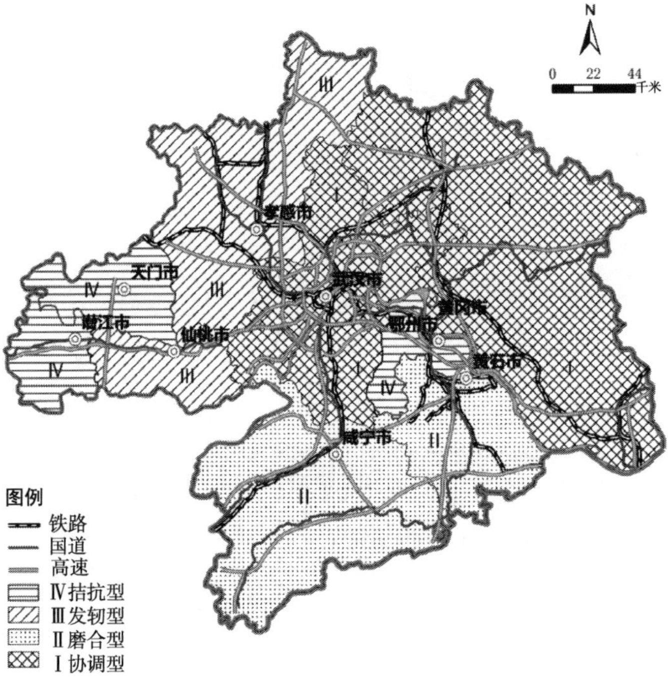

图6.12 宏观尺度上武汉城市圈城乡文化的空间整合格局（文后附彩图）

（4）空间叠加：“圈层扩散+轴向推进”的嵌套网络型空间结构

叠加县域、市域、圈域城乡文化的空间整合格局，便可得到武汉城市圈城乡文化整合的嵌套网络型空间结构，从中可以看出圈内城乡文化整合协调型、磨合型、发轫型、拮抗型的高度重叠。武汉城乡文化的空间整合架构，总体上呈现出以武汉市为中心，并向城乡文化整合磨合型、发轫型、拮抗型地区方向圈层扩散，其中沿京广铁路、长江经济带、武广高铁、福银高速和杭瑞高速，以及318国道、106国道、107国道和316国道等交通路线轴向推进，整个区域呈现点、线、面有机结合的嵌套网络型空间结构（图6.13）。

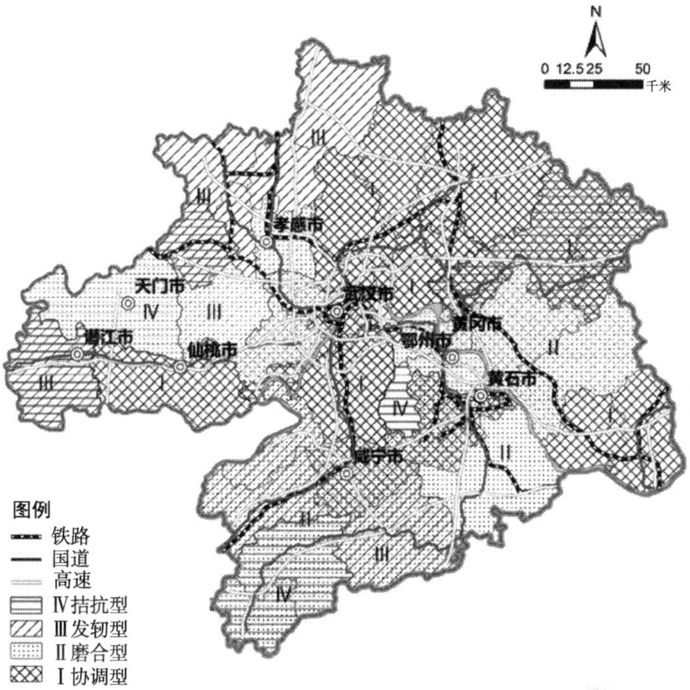

图6.13 武汉城市圈城乡文化的空间整合嵌套格局（文后附彩图）

6.4 小结和讨论

（1）城乡文化整合是一个动态演变过程，其空间结构随着时间的变化呈现萌芽阶段、形成阶段、聚散阶段和兴盛阶段四个阶段动态分异。城乡文化整合的空间结构成长过程一般要经历萌芽阶段、形成阶段、聚散阶段和兴盛阶段四个时期，不同时期城乡文化整合的时空结构演变特征有别，城乡文化整合的时空结构分异机制存在差异。萌芽阶段一般出现在农业文明时期，城乡呈现离散状态，城乡文化空间分布相互独立，城乡之间、城乡与区域之间的关联少；形成阶段一般发生在工业化初期阶段，城乡呈现集聚形态，以城市文化节点为核心，向周围乡村地区扩散发展呈现波状式的城乡文化空间结构形态，城乡间的文化关联逐渐增多；聚散阶段一般出现在工业化成熟阶段，城乡文化之间呈现扩散性空间结构形态，城乡文化系统空间结构以城市文化节点为文化服务中心、文化管理中心、文化扩散中心，并且在城乡文化系统空间结构内呈现次级文化核心，城乡文化空间结构逐渐成为一个整体；兴盛阶段一般出现在后工业化时期，即信息化时期，此时城乡文化空间结构形态呈现相对均衡的状态，核心文化节点呈现网络化发展，次级文化节点、乡村文化节点相对均衡，并且开始出现互相融合现象，呈现城乡文化一体化状态。

（2）不同视角武汉城市圈城乡文化整合的空间结构不同。文化是时间和空间的产物。从文化的时空性考察，发现武汉城市圈内的文化同源同脉，历史上深深地积淀了楚文化的底蕴，近代社会转型中又加入了具有汉派特色的都市文化形态，现代武汉城市圈又正在着力构建新型的城乡文化空间。定量研究表明，武汉城市圈城乡文化整合呈现改革开放以后 20 世纪 80 年代的“斑块”式空间结构、20 世纪 90 年代的波状式空间结构、21 世纪初的廊道式空间结构和现代的“圈层扩散+轴向推进”的嵌套网络型空间结构。从县域、市域和圈域三个空间层面上看，武汉城市圈城乡文化整合空间结构微观尺度上呈“十”字形层化模式；中观尺度上呈协调、拮抗相间的空间架构；宏观尺度上呈集中连片式的空间形态；整体上呈“圈层扩散+轴向推进”的嵌套网络型空间结构。

（3）城乡文化整合的时空结构演化模式符合点—轴渐进扩散规律。本书研究中提出的四种城乡文化整合的时空发展模式，即“萌芽阶段的‘斑块’式发展”“形成阶段的波状式发展”“聚散阶段的廊道式发展”和“兴盛阶段的网络化发展”，一般遵循“社会经济发展水平越高，城乡路网空间关联作用越强，城乡文化要素交流强度越大，城乡文化整合空间结构趋向完美”的基本规律；城乡文化空间结构的发育程度遵循“核心区＞受容区”的渐进式圈层分异规律。

7 城乡文化整合的主体行为

牛顿认为动力是推动物体运动的力量，机制是系统内一组特殊约束关系，通过对微观层面的运动控制、引导和激励，使系统微观层面的相互作用转化为宏观层面的定向运动（陈忠和盛毅华，2005）。动力机制是把两者结合起来，即系统动力按照特定约束关系所进行的演化运动（吴丰林等，2011），城乡文化整合的动力机制是指驱动城乡文化相互作用、整合发展、城乡文化系统演化的力量结构体系及其运行规则，具有相对稳定的构成方式和作用规律（刘恒江和陈继祥，2004）。城乡文化整合的动力机制，是对文化整合系统内外影响要素的数量、对各驱动力对文化整合运行发展作用机制的解析；而基于动力机制的文化整合发展模式，则是文化整合在内外驱动力的作用下所采取的发展策略，其表示形式是简单的理论概括。我国正处在双重转型时期，即体制转型（从计划经济体制向市场经济体制转变）和发展转型（传统的农业社会向现代的工业社会转变），这一时期我国社会除了要解决文化发展中历史性、常规性所具有的城乡文化二元结构问题，还需要借助政府的力量来缩小城乡差距。从这个意义上说，当前强调政府在城乡文化整合发展中的主导作用，具有非常重要的现实意义。本章从政府、企业、非政府组织、城乡社区四个角度诠释城乡文化整合的内外驱动力，以解释城乡文化整合发展模式。

7.1 多元主体：城乡文化整合中的博弈格局

城乡文化整合的时空结构形成与演化尽管有其固有的一般规律，这些规律使时空结构具有宏观上的方向规定性。但就微观层面看，某一时间断面上的空间结构格局的形成是受不同的利益主体控制的。理论上的城乡文化整合的时空结构理想形态在这些利益之手的操纵下会出现扭曲，因此，现实中的城乡文化整合的时空结构重组必须考虑空间秩序中的利益格局和权力结构。形象色色的利益主体最终都会通过城乡文化整合的时空结构重组的实施者体现并落实其空间利益，实际上最大的利益主体就是城乡文化整合的时空结构的实施者。

7.1.1 城乡文化整合的三大实施主体

政府、企业和城乡社区三大实施者也是三大利益主体的代言人，它们之间的利益格局和权力结构共同推动城乡文化整合的时空结构重组。政府的利益需求是宏观文化的可持续发展和社会的安定团结。政府参与城乡文化整合的时空结构重组的手段是尽可能地运用国家权力所赋予的政策工具，调节文化活动的行为者的空间选择行为，体现国家意志。计划经济时期，政府是唯一的权威；在高度自由的市场经济时期，政府是有限的调节者和参与者。

城乡社区代表地方利益，是城乡文化整合的时空结构的管理者，其最大的利益需求是通过城市管理和城市经营促进城市及其腹地文化的可持续发展，培育城市文化区的综合竞争力，与周边城市展开竞争以期通过竞争获得较大区域内的先行者和领导者地位。城市参与城乡文化整合的时空结构重组的手段是尽可能运用管理职能行使其管理权力，如通过用地的计划管理，中央下划财政资金的再分配等，它们可以改变铁路等主要干道的走向，也可以让国家大型建设项目落户小地方。

企业的最大利益需求是以尽可能少的投入获取最大的利益，它们代表着广大经营者——城乡文化系统的真正主人的利益。从权力的角度看，它们是弱者，但从整体利益的角度看，他们的实际权力在日益上升，因为它们构造了城乡文化系统的综合竞争力，是实现国家宏观文化可持续发展的最终力量。在代表着城市文化竞争力的新文化区中，往往可以看到大型跨国公司和大型垄断企业左右城乡文化整合的时空结构形成演化的力量，往往它们投资的文化区选择就代表了新的城乡文化整合空间结构格局的出现，并且它们的身后有一大群追随者——具有文化产业关联的中小企业和服务企业，更加明确了城乡文化整合的时空结构内生产力的流动方向和将被极化的空间。

7.1.2 城乡文化整合的三边体系

在文化全球化背景下，形成了政府、城乡社区和企业相互制约、相互协调的三边体系。随着城乡文化系统的不断开放，由于加入了多边贸易协定和各种政府间组织，国家行为受制于国际社会和国际条约的多方约束，国家主权政府再也不是国家经济的独裁政府。政府对城乡文化系统发展的独裁日益减少，通过行政手段的方式直接干预文化活动的权利之手日益萎缩，但是仍然可以通过控制土地、财政资金和国家（区域）宏观政策等三大要素对城乡文化系统的发展进行战略引导，通过对大型项目的区域安排，基础设施尤其是交通设施的空间规划，土地利用方向的调控，城乡文化政策的制定等手段，实现对城乡文化整合的时空结构重组的调控和引导。政府的作用仍然是前瞻的和战略的。

城市是文化行为的直接管理者，其作用是营造一种公平竞争的市场环境，充当服务员角色。随着城市文化区的形成，城乡文化系统重要文化节点还必须协同城乡关系，促进城乡文化空间结构一体化，调控城乡体系状态，直接推动城乡文化整合的时空结构重组的实现。随着城镇化水平的不断提高，城市集聚的生产力要素日益增加，生产力日益强大，相应地调控城乡文化整合的时空结构重组的能力也日益增长，城市不仅仅是政府代言人的角色，城市既是政策执行者又是经济实体管理者。同时区域内不同城市竞争实力的此消彼长，本身就会导致城乡文化整合的时空结构的重组，城市间的竞争是城乡文化整合的时空结构重组的动力之一。

企业是文化活动的行为主体。随着市场经济的深化和市场体制的健全，经济行为主体的行为导向是价值规律而不是政府权威，趋利的行为主体随时都在进行投入——产出核算和区位、市场的进入和退出的战略评估，企业是城乡文化整合的时空结构重组的最终执行者，在城乡文化整合的时空结构重组中所发挥的作用日益突出。在经济全球化和信息化背景下，生产的分工日益深化，尤其是产业价值链形成的垂直分工体系不断强化，在开放的世界中，几乎不存在游离于分工链条之外的孤单企业，企业依据产业簇群关系在特定地域上集聚，形成新的产业空间和产业集聚区，它们是产业同盟。这种新兴产业集聚区是区域经济竞争力的表现，他们构成城乡文化系统的新文化成分，对城乡文化整合的时空结构的调控能力是巨大的，尤其是有外资参与或有核心大型企业的产业集聚区，其对城乡文化整合的时空结构重组的能量是无法忽视的。

政府、城乡社区和企业共同构成了城乡文化整合的时空结构重组的三方力量，由于各自的利益主体并不总是统一的，三边关系时有冲突。迈克尔·波特（Michael Porter）认为，在文化上，政府无可避免地要扮演多重的角色，但主要充当三大角色。政府最大的角色是保持宏观文化稳定和政治稳定，要做到这一点，靠的是稳健的政府机构、持续一贯的文化基础架构及健全的宏观文化政策；政府的第二个角色是改善城乡文化系统中微观文化的一般能力，这主要靠改善一般文化资源的效率和品质；政府的第三个角色是建立整体的微观文化规则与监督竞争的诱因。由此可见，谋求政治、经济局面的稳定是任何国家政府的渴求。基于此，政府对文化活动的调控行为总是趋于保守的。这一价值取向在城乡文化整合的空间结构上必然会有响应。追求城乡文化整合的均衡空间结构模式有利于缩小区域差异。通过财政补贴和各种挽救局面的政策竭力延缓老工业基地的衰退，对新的产业空间形式的出现总是进行滞后的管理，更谈不上积极引导等，这些作为都将延缓城乡文化整合空间结构及时、有效的重组。

纳入政府调控因素的综合动力机制：政府也是一只强有力而“看不见的手”，具有内在的均衡稳定机制，并对城乡文化整合发展有着极大的促推或抑制作用，其促推力或抑制力必然会叠加于市场供需和空间集散动力之上，使供需均衡点和空间均衡点发生偏移而形成新的均衡点，且这一叠加作用将影响城乡文化系统演化的整个过程。总体来看，城乡文化整合时空演化是供需因素、空间集散因素和调控因素所形成的相应的供需机制、空间集散机制和调控机制共同作用的结果，三种机制相辅相成、互动制约、强弱有异（图 7.1）。同时，从三者性质看，前两者主要表现为内生性，市场和空间都主要通过微观主体趋利性选择，决定文化服务产品生产和需求的数量、质量、品类和层次，并决定在哪里进行生产或在哪里获得需求，向哪里集聚或向哪里扩散；而后者主要表现为外生性，通过调控和引导以影响微观主体选择的状态集合，或者直接参与和实现城乡文化系统演化的重大事项，但值得注意的是，这种外生性也存在内生化过程。总之，三种机制共同形成综合动力机制，推动着城乡文化系统的时空演化。

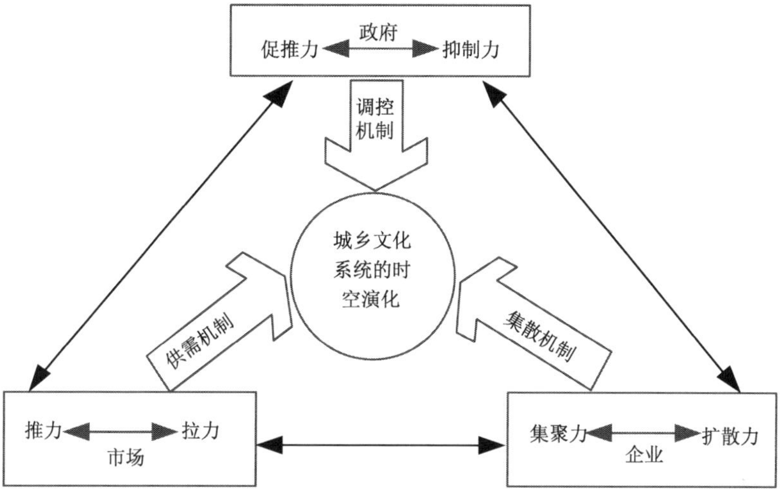

图 7.1　城乡文化系统时空演化的三边机制

7.1.3　促进城乡文化发展的方式

政策体系优化是城乡文化发展方式变革的根本点。调整文化企业、文化产业的所有制结构，加快文化产品的市场体制改革，充分发挥市场在文化资源配置中的主导性作用。“十二五”期间，我国文化体制改革面临国内外更为复杂的一系列环境挑战，要实现我国社会文化大发展大繁荣的战略目标，就要着力解决制约城乡文化发展的各种难题，积极构建有利于城乡文化健康发展的体制机制。城乡文化发展方式变革的根本点是政策体系的优化。

（1）把握城乡文化发展的新规律

城乡文化管理部门要树立社会主义文化大发展大繁荣的战略目标，做到充分把握城乡文化发展规律，如文化全球化、文化产业竞合发展、城乡文化整合等。城乡文化产业的重组促进了文化资源流向新文化区、文化发展全球化等局势。城乡文化管理人员需要进一步解放思想，努力推进城乡文化管理机制的创新，进而提高文化专业化管理水平。同时，要充分认识到文化既是社会进步的重要手段，也是社会文明发展的重要目标；文化发展既直接关系到民生幸福，又在社会经济增长速度和质量中发挥重要作用。城乡文化发展的最高目标是社会主义文化的大繁荣，增强个人在城乡文化发展中的使命感和责任感。

（2）构建城乡文化的新型领导体制模式

文化管理部门要逐步完善城乡文化发展的体制机制，为城乡文化体制改革提供政策保障，努力构建新型文化领导体制模式。文化管理部门要把文化建设、文化体制改革、文化发展纳入到社会发展总体规划和科学发展考核评价指标体系中，建立健全工作体制和领导机制，积极掌握文化发展的主动权。在财政上提供文化发展的物质基础保障，尽快提高文化事业的投资力度，改变每年低于医疗、教育、科技投资费用的局面，优化财政投入结构。

（3）建构城乡文化的多元化融资体系

积极推进城乡文化产业融资制度的改革，努力建构市场化、社会化、多元化的文化融资体系。首先，改变财政投入方式。在继续发展和完善文化专项基金的同时，设立国家级文化发展基金，遵循“社会监督、专家推荐、政府出资、间接资助”的原则，完善文化发展体系。其次，积极整合国内优秀的城乡文化资源，推动竞争实力较强的文化产业诞生，通过股份制改革的文化企业积极进入资本市场的上市。利用资本的投融资结构，充分调整文化产业的功能，培育文化市场潜在的投资者，不断优化我国的城乡文化系统、文化产业结构等。再次，要加快发展市场化、社会化、多元化的文化融资体系，如组合投资、风险投资、文化创业投资、文化产业投资等。最后，放宽非公有制资产进入文化产业领域的政策许可，积极引导国有文化企业的股份制改造工作，进一步完善以公有制为主体、多种所有制共同发展的文化产业格局。

（4）培育良性竞争的城乡文化市场

鼓励城乡文化产业科技创新，积极引导城乡文化市场的良性竞争局势。大力发展城乡文化科技产业，建设多层次的科学技术支撑体系；大力发展高端的文化产业；在全国统一的、开放的、良性的市场竞争环境下，促进城乡文化发展新模式的产生和城乡文化空间布局的改善。

7.2 政府行为：构建城乡文化整合的保障体系

城乡文化关系的变迁是一个国家和地区现代化的一条主线。一个国家和地区，如果城乡文化关系失衡，那么它绝不可能实现现代化。无论是发达国家还是发展中国家，在农业社会向工业社会过渡的过程中，由于城市本身的聚集功能和工业较高的比较利益，要素收益差异吸引而发生的由乡村地区向城市流动的回波效应，使得城乡发展差距的形成实际上是一个自然的、历史的过程。从发达国家的实践来看，随着工业化进程的推进，二元文化结构可以发展到现代文化结构，但其自然演进是一个漫长过程，因此一些发达国家在其工业化进入中后期时，都采取了一些政府干预措施以加快其演进。由此，城乡文化关系的演进是随着工业化、城镇化的进程不断变化的，总的趋势是从工业化初期阶段的逐步失调，到工业化中后期阶段的逐步协调。但是，这种从失调到协调的演进并不完全是一个自然而然的过程，还与当政者是否把握规律和积极作为密切相关。

中国是一个农村人口占多数的国家，工业化、现代化的重点和难点都在农村。中华人民共和国成立以来，尤其是改革开放 30 多年的艰辛努力，使中国农村社会已经发生了巨大变化，取得了令人瞩目的成就。作为工业化进程中不可避免的问题，城乡文化失衡问题是党和政府关注的中心所在，依然是工作的重中之重。党和政府在制度安排、制度创新方面所做的努力，为改善城乡文化关系、解决新时期的城乡文化问题奠定了一定的基础。

政府的保障作用体现在对城乡文化网状设施建设的引导和保护上（黄坤明，2009）。城乡间的道路、电力、电信等公共性基础设施一般由政府投资或通过“建设、经营、转让”的市场化模式进行建设，在建设中政府的导向尤为重要。政府通过公共投资的倾斜将带动特定区域的基础设施建设进而带动相关地区的文化发展。网络设施中的点状设施是城市文化传播的重要节点，作为公共性的服务节点政府应加大政策投入和资金投入，这也是提高公共服务设施服务水平的重要手段（房国坤等，2009）。

7.2.1 出台国家方针政策

2002 年，根据 21 世纪我国经济社会发展的时代特征和主要矛盾，党的十六大首次提出了“统筹城乡经济社会发展”和“推进文化体制改革”的方针政策。党的十六大报告指出：当今世界，文化与经济和政治相互交融，在综合国力竞争中的地位和作用越来越突出；文化的力量，深深熔铸在民族的生命力、创造力和凝聚力之中。这些精辟论断，深刻阐明了发展文化产业在建设中国特色社会主义事业中的伟大战略地位和重要作用。因此，加强文化产业的研究，为中国文化产业的发展提供理论参考有重要价值。

2005年，为贯彻落实党的十六大和十六届三中、四中、五中全会精神，促进农村文化和经济、政治、社会协调发展，中共中央办公厅和国务院办公厅发布了《关于进一步加强农村文化建设的意见》。2011年，党的十七届六中全会又通过了《中共中央关于深化文化体制改革　推动社会主义文化大发展大繁荣若干重大问题的决定》，从战略高度号召“推动社会主义文化大发展大繁荣，进一步兴起社会主义文化建设新高潮，对夺取全面建设小康社会新胜利、开创中国特色社会主义事业新局面、实现中华民族伟大复兴具有重大而深远的意义”（新华社，2011）。党的十七届六中全会会议公报指出，要构建公共文化服务体系，发展现代传播体系，建设优秀传统文化传承体系，加快城乡文化一体化发展。该决定还明确提出了“加快城乡文化一体化发展，增加农村文化服务总量，缩小城乡文化发展差距，对推进社会主义新农村建设、形成城乡经济社会发展一体化新格局具有重大意义”。

党的十八届三中全会提出，建设社会主义文化强国，增强国家文化软实力，必须坚持社会主义先进文化前进方向，坚持中国特色社会主义文化发展道路，坚持以人民为中心的工作导向，进一步深化文化体制改革。要完善文化管理体制机制，建立健全现代文化市场体系，构建现代公共文化服务体系，提高文化开放水平。“十三五”规划进一步确定“发展文化事业和文化产业，满足人民群众不断增长的精神文化需求，充分发挥文化引导社会、教育人民、推动发展的功能”（中国经济网，2013）。

中央大力推进的“深化文化体制改革”，号召加快城乡一体化文化建设，主旨是统筹城乡文化发展。这是遏止城乡文化发展差距拉大趋势、扩大农村市场需求的根本出路，是解决“三农”文化问题和全面建设小康社会的重大战略举措。要打造中国文化的升级版、实现“中国梦”，就必须在更高层次、更宽领域、更广视野上，探索能够跨越中等收入陷阱的体制机制、战略和结构；就必须加快转变发展方式，推动包容性文化发展、平衡性文化发展、可持续性文化发展。

7.2.2　创新文化动力机制

政策和制度是影响城乡文化系统空间布局的一个重要的长期性决定因素，是政府作用于城乡文化系统发展的主要方式。城乡土地使用制度、城乡户籍管理制度对城乡文化系统空间演变产生的作用相对更为重要。20 世纪 90 年代，大量农村剩余劳动力涌入城市，形成规模宏大的“民工流”，在这种情况下，20 世纪 90 年代以后，我国全面启动城市住房制度改革，由于级差地租具有从中心到边缘递减的规律，导致城市郊区产生了大批的新住宅区。在城市内部，由于土地价值、居住区档次和个人收入差异的综合作用，居住空间出现了明显的层次分异现象。在城市中心区，旧区改造后出现的往往是高级公寓；在城市中间地带，主要分布的是中等收入者聚集的多层住宅；在城市边缘和郊区，为富裕阶层的花园别墅居住场所；由于旧城拆迁安置的需要，城市边缘新兴了一配套设施差的低档住宅；城市边缘地带还出现了棚户区、临时住宅区，供外来人口栖息。居住区空间分异现象是快速城镇化进程中大城市出现的新现象，在一定程度上反映了城乡社会阶层分化的现实。2001 年 5 月，国务院批转公安部《关于推进小城镇户籍管理制度改革的意见》，这标志着我国小城镇已经废除了城乡分隔制度。到 2004 年，全国多地均出台了新的户籍管理制度。户籍制度的松动极大地促进了农村剩余劳动力流入城市的进程。我国东南沿海城市特别是广州、上海、北京等特大城市外来人口急剧增加，由于收入差距原因和社会阶层关系的影响，外来人口一般居住在城市边缘地带，形成了“移民区”。与此同时，我国城市土地使用制度也开始变化，土地有偿出让、级差地租等作用开始在城乡文化系统空间布局中显现。

（1）创新宏观文化管理机制

首先，调动各方面力量参与文化事业的积极性，实现文化管理主体、文化管理手段由单一向多元的转变，坚持走“部门出钱、政府出面、社会出谋、共同出力”的路子，以创建社会主义文化工作先进区为抓手，逐步形成党委领导，政府挂帅，文化部门主管，群团组织配合，社会各界努力，国家、集体、个人共同参与的大文化格局（李云鹏，2011）。其次，创新文化内部管理机制。加快推进以“主管负责制、专业岗位聘任制、个人责任制”为主要内容的文化站、图书馆等内部管理体制机制改革，逐步使站（馆）长和业务主干的选聘、培训、考核、奖惩实现制度化、规范化。重点搞好人事分配体制改革，激发站（馆）内部活力，调动文化从业者创造性地做好本职岗位工作的积极性，形成科学高效的运作格局。最后，创新文化设施运行管理体制机制。统筹文化、教育、科技、文化活动场所的规划建设和综合利用，努力做到相关设施共享，着力解决乡村文化设施匮乏、分散的问题。对电影院、歌剧院等设施，在确保其文化功能不变的前提下，鼓励其进入大型文化集团，或实行所有权与经营权分离的模式，采用公办民营、委托经营的方式，更好地提供文化服务、文化设施，更好地对农民开放（高曲，2012）。

（2）建立城乡文化整合制度体系

引领制度创新，率先建立以公平为核心的城乡文化整合制度体系。改革开放 30 多年，凭借在改革开放中形成的经济基础和体制优势，实现从资源向经济、农业社会向工业社会、基本温饱向总体小康的三大跨越。21 世纪以来，保持经济高速增长、社会全面进步的良好发展势头，跨入了工业化中后期新的发展阶段。处在工业化中后期阶段，既有破解难题、加快发展的历史机遇，也有制约增长、结构失衡的严峻挑战，统筹城乡发展，推进城乡文化一体化是事关全局和长远的重大战略，如何进行有效的制度安排成为工作的重心所在。必须坚持以人为本，认真落实全面、协调和可持续发展的科学发展观，围绕加快建设小康社会、提前实现基本现代化的目标，统筹城乡文化基础设施建设，统筹城乡环境保护和生态建设，逐渐缩小城乡差别，使城乡居民共同富裕、共享现代文明。统筹城乡发展、推进城乡一体化，规划是龙头，改革是动力，工业化、城镇化是支撑，农业农村现代化是基础，投入是保障。各级政府要切实加强领导，集中更多精力抓统筹城乡发展；要协调各方面力量，整合各种资源，形成强大工作合力；要分类指导，从实际出发，因地制宜，有序推进；要遵循客观规律，大胆探索，务求实效，切实维护群众合法权益，把实事办好、好事办好。此外，文化行政体制管理改革也是城乡文化整合制度体系改革的一个重点（宁越敏，1998）。

（3）构建城乡文化空间整合体制

秉承城乡文化均衡发展理念，构建城乡文化空间整合发展的体制机制。推动城乡文化均衡发展，旨在保障农民文化权益和满足群众文化需求。针对城市圈中乡村文化发展相对滞后以及可用文化资源相对贫乏等问题，推动城乡文化空间整合发展应树立统筹和均衡的基本理念，全力构建创新型的城乡文化空间整合发展的体制机制。首先，积极探索并促进城乡文化体制的市场转型。借鉴和依托较为成熟的城市文化体制，培育具有农村特色的文化产业，特别重视和发展经营性农民自办文化，发掘、保护和利用传统民间艺术的价值和作用，维系城市圈中江汉平原的美丽田园风光和鄂东地区的美丽山林风光。其次，健全城乡文化空间整合发展的保障机制。其一是强化组织领导保障，建立有力的组织领导机制。加强对城乡文化空间整合发展的统一部署，建立专门工作机构和工作队伍，为统筹城乡文化发展提供坚强有力的组织保障。其二是制定完善的管理和考核体系。各级政府要发挥文化主管部门和文化服务单位的职能优势，共建各尽其责、共享意识和密切协作的运行机制。其三是建立稳定、有效和多元的投入保障机制。通过立法明确划分各级财政的财权事权，建立统筹城乡文化发展专项资金，特别要加大对农村文化事业的财政投入力度，完善文化服务和产品供给市场多元化供给模式。

7.2.3 深化文化体制改革

深化文化体制改革，提供城乡文化整合有力的保障体系。城乡文化科学发展是城乡文化整合的目标。城乡文化整合是择优的过程，其整合的过程并不是城市文化侵略乡村文化，抑或是颠覆城市文化崇尚乡村文化，而是城市和乡村互相吸收优秀文化、摒弃落后文化的双向演进，是在承认城乡文化的差异性和互补性基础上城乡文化间的相互作用走向有序、科学的和比较完善的过程。首先，对乡村传统文化进行批判性继承，保留其重情重义、崇尚自然的人文主义精华，剔除其落后的“三大主义”糟粕，既维持了文化的历史、民族和地域特色，又可弥补城市文化世态炎凉的缺陷。其次，对城市文化进行选择式的吸收，立足乡村实际汲取有益、有利的部分带动乡村的进步，避免引入唯利、享乐、私欲等颓废的因素。最后，在继承和吸收的基础之上，结合城乡文化一体化与城乡统筹发展的背景积极创新，形成根植于地域历史民族又顺应时代大潮流的文化。本书通过文化整合机制、价值引导机制、法律法规政策机制、城乡一体化机制等相关体制机制的改革，提供城乡文化整合有力的保障体系。

（1）城乡文化整合机制的改革

文化整合的宗旨在于把各种孤立、分散甚至互相矛盾的文化价值力量整合成为汇聚人类整体利益和价值的文化力量，从而使人类的文化实践行为充满了自觉、健康的人文主义关怀（邹广文，2007）。城乡文化整合机制是指在制定文化规范时以文化整合作为价值导向，控制着内外部的整合力量，使它们积极主动配合，超越冲突，促进城乡文化系统发展。城乡文化整合的关键是城乡文化系统改善。城乡文化系统是由文化的物质要素、精神要素、行为要素和制度要素按一定的组合方式形成文化结构，具有整体性、结构性与层次性等基本特征。其中物质要素是整合的基础，精神要素是整合的核心，行为要素是整合的关键，制度要素是整合的保证。改善城乡文化系统是提高城乡文化整合度的关键：首先，物质要素上把增加农村文化服务总量，缩小城乡文化发展差距，作为工作的重点；其次，精神要素上用社会主义先进文化引领城乡文化的发展，从社会主义初级阶段的中国实际出发，实行正确的方针政策；再次，行为要素上重视农村文化的发展，保护乡村文化中的传统文化元素，剔除传统文化的糟粕以形成城乡文化整合发展的新格局；最后，制度要素上利用我国推行深化文化体制改革、加快城乡一体化文化建设以统筹城乡文化发展的政策，加快城乡文化间的相互交流、吸收，从而推进城乡文化整合的进度。

文化世界建构价值意识就是通过无数“行为场”、“文化场”、生活细节、文化环境、情境，在人的心理机制上不断发生知识、意义、意识的过程，是不断积累、凝聚文化世界的价值和意义的过程，也是人根据自己的道德本性和特殊需要，并通过理解、体验、想象等知性活动能力把上述种种文化情境中的价值和意义内化、整合为价值意识的过程。它编制各种文化发展的“指令表”，控制文化失调，控制文化变迁（司马云杰，2003）。

（2）建立文化改革的社会保障

深化文化领域的政策保障、改革开放、法律保障等是重要条件，而且必须机制化、长效化。第一，建立文化法律保障体系。加快文化各方面的立法，制定并完善公共文化服务保障体系，增加文化产业、文化管理等方面的法律法规，提高城乡文化建设法制化水平，依照法律保障城乡文化体制改革的成果。第二，强化文化政策保障。完善城乡文化政策保障体系，落实城乡文化体制改革的经济扶持制度，加大财政、金融等方面对文化产业的经济扶持力度，在原来相关文化基金的基础上，增设文化发展基金。第三，强化城乡文化发展的财政支持。提高文化财政投资占总支出的比例，保证政府财政对城乡文化建设投入的增长幅度高于收入增长水平，扩大政府财政服务范围，完善投资方式，加强文化资金管理，提高文化投资效益。提高各级公益基金用于文化事业的比重，支持政府机构、社会组织、个人捐赠和兴办公益性文化事业。第四，建立覆盖城乡的大社会保障体系。社会救助就是由国家和社会按照法定的程序和标准，在公民无法维持最低生活水平时，向其提供满足最低生活需求物质援助的社会保障制度。按照统筹城乡经济社会发展的需求，从解决困难群众最关心、最迫切的问题入手，全面建立覆盖城乡的医疗、教育救助制度，基本建立以最低生活保障为基础，以养老、医疗、教育、住房等专项救助为辅助，以其他救助、救济和社会帮扶为补充的城乡文化一体化、组织网络化、保障制度化的新型社会救助体系。

（3）推行城乡文化一体化政策

实施推进城乡文化一体化政策，有系统地推进城乡文化整合的新型城镇化实践。市场经济的快速发展和城镇化战略的大力实施，加速了生产要素在农村与城市之间的互通和流动，推动了工业化提升、城镇化提速，也带来了工农差别、城乡差别、市民与农民差别的不断扩大和“三农”问题的日益凸现。应以建立健全以工促农、以城带乡的十大机制，更加全面地发挥工业化、城镇化对城乡发展的带动作用，以促进城乡经济社会协调发展为目标，提出村庄整治建设、城乡教育均衡化、农民健康与农民素质培训、农村交通水利农田基础设施建设等任务，走“资源节约，环境友好，经济高效，社会和谐，大中小城市和小城镇协调发展，城乡互促共进的新型城镇化道路”。

（4）协调政府与市场、社会间的关系

政府与市场、社会有着多重的复杂联系，有着历史的、现实的与未来的复合关系，有着政治的、经济的、文化的重叠复式关联。我国目前处于体制和发展的双重转型时期，这一时期政府如何摆好自己的位置、如何在缩小城乡文化差距过程中充分发挥不可替代的作用、如何在推进城乡文化整合发展中的发挥主导作用，这些都需要一系列的制度创新和制度安排。我国各级政府在文化问题上的“欠情”“欠账”，是城乡文化问题形成的根源之一。农村经济体制改革方面，经历了 30 多年的风雨，政府逐步加大了对承包经营权流转、农村要素市场、流通体制、户籍制度等方面的改革创新力度，加强了制度安排，改善了政府对农业的宏观调控方式，扩大了集体经济组织和农户的自主权。但是，在一些关键性的领域，政府缺位现象依然存在，对城乡问题的解决、城乡文化关系的改善构成瓶颈性制约。中国区域经济和社会发展差距很大，因而地方政府行为和决策过程也是千变万化、异彩纷呈。经验表明，从制度供给来看，中国经济体制改革是诱致性变迁与强制性变迁结合、互动的过程。地方政府在群众探索制度创新的实践过程中，如何顺应民意、逐步提高制度供给质量是制度创新的关键。

7.2.4 合理配置城乡文化资源

城乡文化资源合理配置的两大政策体系包括城乡文化资源配置政策解析和资源配置的体制机制创新。改革开放以来，由于城乡文化持续地非均衡发展，城乡文化资源的配置始终具有强烈的“城市偏向”。由于乡村文化人力资源短缺、文化设施匮乏、文化组织稀疏和文化产品单一等原因，本应成为人类文化家园的乡村，却受到文化匮乏的冲击。为此，要解析文化组织城乡分布、文化人力资源城乡流动、文化产品城乡消费和文化设施城乡布局的现状与规律，解析其背后的制度机理，为设计优化政策提供理论与实证指导。

（1）城乡文化资源差异是空间结构分异的根本

文化资源能够产生直接和间接的经济利益，具体包括文化遗产、文化团体、文化投资与文化建设等方面。在城乡文化整合过程中城乡文化资源的差异是其空间差异产生的根源。以武汉城市圈为例，城乡文化资源差异系数与城乡文化整合度的相关性高达 0.945，一定程度上城乡文化资源的差异大小决定了城乡文化整合度。可以通过以下方式缩小城乡文化资源差异以提高城乡文化整合度：首先，善于挖掘农村文化资源，实现农村文化产业化发展；其次，有效组织文化活动团体，利用传统节日举办特色文化艺术节，积极开发具有地域特色的民间工艺项目；最后，提高农民综合素质，使乡村文化服务业的投入与经济社会发展相协调，满足乡村居民日益增长的物质生活、精神文化生活需求，充分利用文化资源。

（2）构建区域性“文化服务圈”，缩小城乡文化发展差距

区域性“文化服务圈”是将城乡同等看待，使城乡居民享受均等的文化发展权利和机会，平等地配置公共文化服务资源，从源头上缩小城乡文化差异，防止城乡文化二元结构的产生。以武汉城市圈为例，首先，以武汉城市圈的 9 个市作为“文化服务圈”的原点，围绕其配置完善的社会公共文化服务设施，包含文体场所、社区卫生中心和商业网点等，为该区域城乡居民及时提供各种优质文化生活的服务需求。其次，打造空间结构紧凑型“文化服务圈”。区域性“文化服务圈”体现一个区域的外在物质形态，也是完善基层社会管理的有效途径。通过打造武汉城市圈内城市“十分钟文化服务圈”与农村“十里文化

服务圈”，使农村居民和城市居民享有同等的公共文化服务资源，实现城乡平等和社会资源的最大化利用。

（3）构建城乡文化关联体系，实现城乡共享优质文化资源

城乡文化关联是城乡文化的物质、精神、行为、制度等要素的动态交换过程。城乡文化系统本身具有差异性、传递性、发展性和习得性，为城乡文化关联提供了依据和可能。城乡文化关联的不断加强，也为城乡文化整合提供了前提和必要条件。以武汉城市圈为例，首先，在城乡文化进程中，试图利用和继承武汉“首义”文化精神，旨在抵制西方工业文化带来的人际关系冷漠以及精神生活的贫乏，防止破坏传统优质的本土文化生态系统。其次，继承和有效利用武汉城市圈历史悠久的水文化特质的楚汉文化（开垦垸田、开疆扩土和伐木建房）、汉派特色的现代都市文化（江汉汇通、楚风汉韵、兼容并包）及各种民俗文化。最后，通过城乡文化关联发展使对立的城乡文化形成优势互补、彼此促进、共同和谐发展的文化体系。构建合理的城乡文化关联体系，不仅可以弱化城市文化和乡村文化的对立面，而且可以保持城乡文化的异质性，并有可能滋生区域城乡文化新特质。

（4）合理配置城乡文化资源的体制机制创新

在计划经济时代，城乡文化资源配置的主体是政府，政府包揽了人才培养与分配、文化组织建立与运营、文化设施投资与经营、文化产品销售与消费等诸多环节，但是这远远不能满足城乡居民日益增长的文化需求。为此，党的十七届六中全会提出：要形成公有制为主体，多种所有制共同发展的文化产业格局，这显然要求市场参与城乡文化资源配置。因此，建立一个政府与市场共同参与的城乡文化资源配置政策体系是当务之急，开展城乡文化资源合理配置的改革创新势在必行。在透视城乡文化整合发展的聚集扩散机制、市场互动机制和政府管理机制的基础上，把主要创新研究领域放在城乡人力资源的流动机制、城乡文化组织的互助机制、城乡文化设施的共享机制和城乡文化产品的共赢机制等方面。

城乡文化资源合理配置的政策工具包括调控城乡文化人力资源、文化设施、文化组织和文化产品等政策工具研究，其中城乡文化人力资源配置的政策工具包括吸引优秀文化人才服务基层和培育乡村文化人才的激励性政策工具等。在城乡人力资源的流动机制创新的前提下，各级政府和党委可以综合运用志愿服务、支农支教、基层锻炼等方式吸引优质文化人才服务乡村。与此同时，

采取多种措施加大农村民间文化人才的培养，缩小城乡文化人力资源的鸿沟。

合理配置城乡文化组织的政策工具。由于各方面的原因，文化组织一般分布于中心城市，乡镇文化组织数量少、规模小，对农村居民的文化传播作用较弱。因此，要通过财政支持、组织合作、乡村响应、居民参与等工具手段，实现城乡文化组织的合理布局与互助合作，加快城乡文化整合进程。

合理布局城乡文化设施的政策工具（徐春燕，2013）。综合运用现代地理信息技术，发现文化服务短缺区，加大对文化服务短缺区的文化投资。综合考虑图书馆（站）、文化场馆等文化设施的服务能力、服务半径、服务人口和可达性等因素，进行合理、科学的文化设施布局规划。

城乡文化产品多样化政策工具。制定吸引城市优质文化人才到乡村采风和创作的政策，让文化产品更加贴近农民生活。制定加快乡村文化产品的市场化、规模化的政策，让城市消费者能真实感受原汁原味的传统乡村文化产品。

市场和政府配置城乡文化资源的协同关系。市场和政府是配置城乡文化资源的两个主体力量，是驱动城乡文化整合的两种力量。当前文化资源市场配置的体制机制尚未形成，文化市场主体数量较少，对市场的反应不灵敏。与此同时，城乡文化需求较为疲软，农村文化需求还没有达到足够的市场门槛，因此，应该充分利用各级政府政策工具的杠杆作用，撬动农村文化市场。

7.3 企业行为：开发优质的城乡文化产品

企业文化创新是城乡文化产品长期繁荣的有效途径（常婕，2007）。文化是明天的经济（刘圣佳，1995），对于企业来说，文化就是个性，文化就是气氛，文化就是素质，文化就是一种经营战略。笔者将一一回答以下问题：企业如何塑造创新型文化产品，拓展企业自发创新的空间；如何强化城乡文化人才队伍建设，提升文化企业竞争力；如何改善文化创新氛围，提高文化资源的整合能力等。本书旨在开发优质的城乡文化产品，加快城乡文化整合进程，促进城乡文化系统科学地发展。

7.3.1 塑造创新型文化产品，拓展企业的创新空间

城乡文化产业协调是城乡文化整合的基础。城乡文化产业属于社会文化中

的经营性文化部分，是文化经济属性（文化经济）的集中体现，城乡文化产业协调是城乡文化整合的基础，是推动城乡文化产业整合有序和有力发展的手段。首先，产业主管部门对若干产业的管理体制进行调整和合理化改进，包括对不同文化产业的不同主管部门进行利益调整甚至是合并重组，提高城乡文化产业的集约化程度、扩大经营规模，实现资源的有效配置、优势互补；其次，创新城乡文化产业协调发展投资机制，通过文化产业规划和政府政策引导搭建文化产业投融资平台，设立乡村文化产业发展专项基金，完善文化市场体系，组建文化产业投资公司以拓宽文化产业发展的融资渠道；最后，做好城乡文化事业与文化产业协调发展的体制改革，既要抓好“文化下乡”公益性文化事业，也要做好经营性文化产业。

（1）塑造创新型文化

城乡文化自主创新能力的提升无论如何也离不开各种文化创新活动的开展（梁美华，2007），如机制创新、技术创新、管理创新，尤其是文化创新。因而，城乡文化创新的首要动作是在企业内部创新企业文化，塑造有利于企业文化自主创新飞速提升的创新型企业文化，创新型企业文化是指在一定的社会历史条件下，企业在文化创新及创新管理活动中所创造和形成的具有特色的创新物质形态及创新精神财富的总和（康劲，2006）。在企业中培育和构建创新型企业文化的真正意义在于给予企业自主创新源源不断的精神动力和智力支持。塑造创新型企业文化，可从企业文化的物质文化——表层、行为文化——幔层、制度文化——中层、精神文化——核心四个层面（图 7.2）来由浅入深进行。

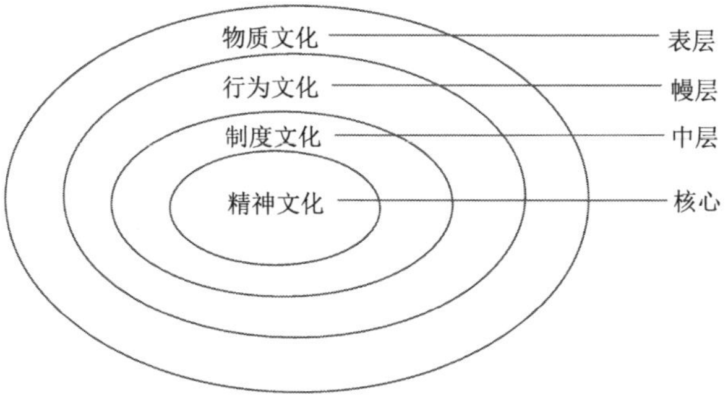

图 7.2　文化企业的层次结构

（2）培育大众消费者

文化企业在产品上创新的同时，在市场上要培育大众消费者。传播学认为，受众的需求是有个性的，对文化产品的要求也是多样化的，追求新鲜、奇特、有趣，忌单调划一。因此，求变、求新、求奇成了文化产品的创作规律和基本特点……求变、求新、求奇不仅表现在内容上，还表现在形式上，这要求文化产品在表现形式和思想内容上不断翻新，以适应大众消费者的消费需要。可以说，作为文化企业，没有创新就会走向死亡。以创新取得成功的例子是很多，《爸爸去哪儿》就是其中之一，该节目以星爸为卖点，以“萌娃”为亮点，以两者之间的碰撞为看点，自然成了“众星捧月”，一缓收视“审美疲劳”。另外，节目火爆的深层原因是对中国传统中长期的“女主内、男主外”文化中存在“父亲角色缺位、失位”的重新审视，也是切中了中国现在的社会热点：太多的人将过多的精力放在赚更多的钱，成就更大的事业，过于重视给家庭带来物质保障而忽视了与家庭成员在精神文化层面的交往。

文化企业在自身上有了创新之后，还需要加强对大众消费者能力的培育，以更好地实现创新文化产品的价值。在培育过程中，对潜在消费者进行培育，引导其变成现实的消费者。培育消费者存在成本问题和方法问题，当前文化创意产业市场的结构方面，对文化消费者的培育与提高，是一个十分紧迫的问题，这是国内文化市场形成的关键因素之一。文化市场中的大众消费能力，并非只是一个被动、静态、自然而然的增长过程，而是需要去培育消费能力、拉动消费、提高与丰富其审美品位，这个过程所支付的资源投入，理应进入文化产品的成本，并且这个成本是必须要有的。在具体的培育方法方面，要对社会大众进行群体分类，找准目标群体，然后制定具体的方法，并对这个方法进行评估。培育文化产品的消费者，必然要依赖于既懂文化又懂心理的复合型人才。另外，在把潜在消费者培育成消费的同时，还要注重对潜在消费者的培养。

7.3.2 加强城乡文化人才队伍建设，提升企业的竞争力

强化城乡文化人才队伍建设，夯实文化企业的竞争力（周延召，2008）。人才是城乡文化产业发展、文化事业繁荣的关键，在文化工作全局中文化人才队伍建设工作占据非常重要的地位。于是，要大力发展文化事业和产业，并使

之具有一定的实力，积极地创造文化发展条件，有计划地培养一批擅长管理、懂经营、高素质的文化专业人才。与此同时，特别注重培养外向型人才、文化创新型人才、策划型人才，为城乡文化企业的持续健康发展提供人力资本，迅速占领城乡文化产业发展的人才优势。

（1）人才是城乡文化产业腾飞的翅膀

实践证明，文化产业具有可持续发展的能力，而且是具有无限增长潜力的新兴产业，同时也是新时期我国社会发展的支柱型产业、经济发展的新增长点。文化产业是高智力、高科技的行业，为此，文化产业的竞争焦点集中在人才、创新能力等层面上。其中，城乡文化产业发展的根本动力、基础竞争力所在是人才，夺取未来城乡文化产业战略制高点的决胜因素是人力资本。进入 21 世纪，我国城乡文化产业领域产生了良好的发展趋势。然而，在文化产业蓬勃发展、方兴未艾之时，高素质的文化人才匮乏危机已经显现出来。没有一支高素质的文化产业队伍，在一定程度上文化产业发展会成为空谈。

人才和科技是我国城乡文化产业发展的两只翅膀。科学技术是文化产业发展的根本动力，在文化产业领域里人力资本组成的需求变动，将伴随文化产业战略发展的需求而流动起来。尤其是符合多种产业整合需求的人才，将成为各种文化投资集团、文化企业争夺的对象。因此，要积极培养、大力引进一批高素质的文艺创作和文化产业经营管理人才。先进文化和科学技术的联姻便产生了文化产业，文化产业对专业人才的知识构成、能力水平有着特殊的要求，这种战略需求能否有效地得到满足是城乡文化产业发展的决胜因素。从事文化产品创造和物质产品生产的人才之间存在极大的差别。文化具有社会意识功能，因而文化产品的创作者应该具备高度的社会责任感，以创造文明的文化产品为己任，同时又必须具备高度的创作能力和创新能力。只有这样的文化产品创造者，才能加强城乡文化建设，使文化产品始终坚持先进文化的前进方向。

（2）人才是城乡文化发展的第一资源

城乡文化发展的第一资源是人才资源，人才优势是文化发展的最大优势。城乡文化发展的人才队伍建设是文化产业、文化事业繁荣发展的重要推动力量之一，城乡文化发展的不断推进越来越多地取决于文化专业人才的数量和质量，专业的文化人才在我国社会主义文化发展的过程中起到越来越大的促进作用。进入 21 世纪以来，人才被人们称为第四生产要素；知识经济时期，企业家发挥的作用也越来越大。不论是产品创新、管理创新，还是制度创新，都极强地依赖高素质的文化企业家推动。例如，美国的科技、经济、文化之所以发展迅猛，最主要的原因之一就是它从全球吸引了大批人才。目前我国文化领域的管理者一般不善于经营，非文化产业的管理者又大多搞不懂艺术，加上传统的思想观念影响，导致文化界对企业经营知识、文化产业管理的了解不多。在实际工作中，我国应注重培养文化产业方面的管理人才。另外，改变人才激励的制度，拓宽选拔人才的途径，创造优秀人才得以发展的社会大环境。通过加强文化人才培养，完善人才引进政策，大力引进文化人才；完善用人机制，合理配置人才资源；建立学习型组织构筑文化产业的人才平台。

7.3.3 改善文化创新氛围，提高文化资源的整合能力

培养良好的创新氛围和创新激励制度体系，为文化产业技术创新提供良好的外围环境（周赵丹，2002）。文化产业外显性主要是通过企业的制度层面作用于技术创新。卡洛塔·佩雷斯（Perez，2009）在用“社会制度框架”和“技术经济范式”的匹配和失调解释经济周期时指出，技术创新本身包含一定的制度创新。“创新是由个人发起的，个人必须感受到做新事情的机会，以及具有将其完善的能力。因此，经济发展问题归结起来就是不同的制度对能自由地进行创新，并且能够进入金融市场系统的人所具有的预期影响”（Perez，2009），这就要求文化企业进行相应的制度创新。好的制度可以使企业员工有一种机遇感，并保持强烈的创新意识和进取心，激发出企业员工的创新热情。文化企业制度中激励制度对技术创新影响最大，文化产业创新的速度及其产生的相关利润与创新激励制度有关。

激励制度主要包括人事激励和产权收益激励两大方面，如何制定一套科学合理的收益分配政策，是企业依靠技术创新立足于市场的关键因素。如果企业只有创新精神和创新价值观，而缺乏合理的制度安排，那么文化企业的创新只能停留于意念上。大多数日企设有丰富的鼓励企业员工努力创新的提案制度。这种制度使企业员工的创新行为和创新意识习惯化，进而成为企业文化创新中的重要内容。而当前我国企业少有创新，主要原因在于企业制度方面存在问题。因此，现阶段我国企业构建和设置的创新制度文化应包括创新的行为规范、创

新组织体系的设置、创新的激励制度、创新的管理制度、创新的考评制度等。

充分发挥文化产业市场的调节能力，提高政府部门文化资源的整合能力。中华文明五千年的积淀，带来了我国丰富的文化资源。但是，我国文化产业发展水平仍然处于起步阶段，整体上文化产业缺乏竞争力，存在着人才短缺、实力弱、科技水平低、规模小等问题，文化资源整合能力有限。我国的文化产业大多源于事业文化单位，传统意义上事业单位的体制束缚仍然存在，行政式的管理制约着企业对文化资源的有效利用，致使作为竞争主体和文化产业基础的文化企业，至今没有独立的市场地位，更没有充分实现市场效益和经济效益。一方面，我国部分地区文化管理部门对文化产业市场开发的意识不是太高，不利于文化资源的整合发展；另一方面，传统体制机制过分细化的文化市场，阻碍了文化资源的合理流动和配置。

7.4 城乡社区：建立完善的公共文化服务系统

城乡社区是城乡文化系统的重要构成单元，城乡社区中各项文化活动的协调运转是城乡文化系统健康发展的基础保障。在城乡社区中，开展文化活动对丰富城乡居民的日常生活和城乡社区自身的发展具有重要的促进作用。因此，积极开展城乡社区的文化活动是十分重要的。城乡社区是城乡文化系统的细胞，更是构成社会的基础，一个国家、一个社会总是由若干个城乡社区组成。因此，城乡公共文化服务体系建设的重点就是社区公共文化服务体系建设。丰富多彩的社区文化，对于改善城乡居民的生活质量，提升城乡居民的精神境界，提高整个城乡文化系统的创造力、竞争力和软实力具有重要意义。

7.4.1 公共文化服务体系建设的意义

保障城乡居民的文化权益、提升城乡居民的自身素质（彭如良和杨瑞容，2013）。加强城乡社区公共文化服务体系建设，是维护好、实现好、发展好人民群众基本文化权益的主要途径，对于保障城乡居民享有基本平等的文化权益，提高他们的思想道德修养和科学文化素质，建设富强、民主、文明、和谐的社会主义现代化国家具有重大意义。每一个公民均有享受文化的需求，有听广播、读书看报、看电视、鉴赏公共文化、参与大众文化活动的需要。公共文化服务体系具有公益性和均等性，必须让每个居民享有相同的文化服务，共享改革开放成果，实现社会公平正义。农村居民由于文化水平低，绝大多数从事体力劳动，重力劳动之余，基本的文化需求更显重要。因此，城乡社区组织的学习培训和有组织的就业指导，对农村居民来说是渴望至极的。通过学习，提高技能，增强素质。通过建立农村服务站，如法律援助站、爱心救助站、矛盾调解和权益维护站等，解决农村的实际困难，维护他们的权益。

城乡社区公共文化服务体系的建设有利于建设和谐社会。中共中央明确指出：注重促进城乡居民之间的心理和谐，引导农村居民正确对待他人和社会，塑造理性平和、自尊自信、积极向上的社会心态具有重要意义。城乡居民的社会流动性比较大，特别是农村居民向城市的流动性，因此他们经常处在一种“新鲜”的文化环境中，在城乡文化差距日益拉大的环境下，农村居民做的是苦、累、脏、重的活，收入却是非常微薄的，长此以往他们的心里就会失衡，逐渐地仇视社会，犯罪率逐渐攀升。城乡社区公共文化服务体系建设对农村居民深入地了解社会，了解城市，拉近与城乡居民之间的距离，共享改革开放文化成果，以及提高文化素养，更好地融入社会有重要的作用。

7.4.2 公共文化服务实现连接互通

将政府职能从“发展推进型”转向“公共服务型”。服务公众社会是政府的首要职能，政府制度创新的起点和归宿是及时、准确地把握社会公众文化需求的转向。从政府如何好更好地向社会提供公共产品，以实现自己的本质职能来看，在新时期地方政府必须从“发展推进型”向“公共服务型”转型。“发展推进型”主要是指，发展中国家在向现代工业社会转变的过程中，以“经济先行”为战略，以经济指标增长为目标，以担当经济发展的主体力量为主要方式，以经济增长作为政治合法性主要来源的政府类型。这一政府类型是我国计划经济向社会主义市场经济转型期间的主要模式，为我国经济持续发展起到了主导和保障的作用。受竞争压力等方面影响，地方政府过度介入经济活动，成为“发展推进型”政府。“公共服务型”政府以协调、和谐为发展战略，以有效的制度、体制、机制的建立为目标，以担当城乡文化整合发展的调节者为主要方式，以提供私人、企业、社会公共部门不愿提供或无能力提供的公共文化物品为主要职能，并通过充分履行社会文化管理和公共文化服务的职能，防止和纠正市场失灵。能否建立“公共服务型”政府，取决于地方政府能否及时准确地把握社会发展的大趋势，其推行的政策是否符合社会生产力发展的要求。在市场经济体制的确立和推动城乡文化整合发展的今天，以基础设施建设和公共文化服务向乡村扩展为手段，以缩小城乡文化发展差距为目的，从经济发展的“主体力量”转向社会发展的“推进力量”，政府职能从“发展推进型”转向“公共服务型”。

加大城乡社区公共文化产品和服务供给力度。根据公共文化服务公益性、便利性和均等性原则，尽可能地为城乡居民提供更丰富的文化产品和服务。进一步推动纪念馆、文化馆（站）、图书馆、博物馆、美术馆等向城乡居民免费开放。开展丰富多彩、生动活泼的城乡社区文化活动，尤其是科普、健身、艺术培训等，以丰富社区文化内容，以弹唱、歌舞音乐、琴棋书画、体育竞技等形式进行社区文化宣传、传播，改变部分农村居民爱打牌玩麻将的现象。由政府买单，积极引导全社会力量参与到城乡社区文化建设中来，形成样式丰富、互为补充的城乡社区公共文化服务供给系统，满足城乡社区居民越来越多样化的文化需求。

发展和完善城乡社区文化团体，调动居民参与文化活动的积极性（庄飞能，2012）。当前我国城乡社区文化团体还不够完善，大多组织程度较低，处于自发状态。为了实现城乡公共文化服务的社区化转向，城乡社区相关文化管理部门需要做到以下几个方面：营造良好的城乡社区环境，鼓励和帮扶民间文化团体发展与完善，根据实际情况进行科学、有效的激励，充分调动居民参与城乡社区公共文化服务的积极性；尽快完善社会监督制度，特别保障人民大众的监督权，使城乡社区文化团体的发展大众化、透明化，满足人民群众的多层次参与需求；完善和创新文化人才培养吸纳体制机制，设立专项基金支持文化人才培养和培训工作，奖励文化人才，培养社区文化先进工作者，保证城乡社区文化人才不出现断层，从而保证城乡社区文化活动的长期开展。城乡社区公共文化服务能够弥补目前文化部门供给模式的不足，深化城乡文化事业体制改革，提高城乡社区公共文化服务的效率和质量。充分发挥城乡文化部门及社区“两驾马车”的作用，使两者优势互补、协调发展，从而建构自给自足的“种”文化和自上而下的“送”文化相互结合的城乡公共文化服务机制。

7.4.3 规范运作公共文化服务体系

目前，城乡社区公共文化服务体系的观念尚未形成，片面看待城乡社区公共文化服务体系工作的地位与作用，齐抓共管城乡社区公共文化服务体系事业的合力作用差，全社会兴办城乡社区公共文化服务体系的理念比较淡薄。城乡社区公共文化服务体制改革阻力较大，改革成本难以计算，改革政策不明确，改革外部环境不成熟。特别是在城乡艺术表演团体的改革上，存在着严重的等待观望的思想，积极探索能力不够。因此需要从以下三个方面做出努力。

第一，加强城乡社区公共文化建设，规范运作城乡社区公共文化服务体系。人们的一切活动都是在一定的具体的城乡社区内进行的，城乡居民往往以社区为基本单位消费公共文化服务，居民参与公共文化服务体系构建的重要主体形式是城乡社区。城乡社区公共文化服务体系的建设是社区文化建设的一个重要方面，城乡社区公共文化服务体系的构建可以有力地推动社区文化建设。

第二，加强城乡社区文化管理和文化建设。大力开展丰富多彩的城乡社区文化活动，既能满足城乡社区居民求知上进、做文明市民的心理需求，展示城乡社区文明风尚，又能增进城乡社区居民对社区的归属感、认同感和自豪感，进而增强城乡社区广大居民群众对社区文化建设的参与意识。城乡社区文化建设的前提是政府的主导作用，城乡社区相关文化管理部门要完善规范城乡社区文化生活的各项管理制度，逐步推动各种组织对城乡社区文化的广泛参与，提高我国城乡社区文化建设的社会化程度，改变其文化建设过度依赖政府的不良局面。

第三，规范运作城乡社区公共文化服务体系（刘文俭，2010）。首先，建立健全城乡文化服务资源供给体系，创新城乡社区公共文化服务体制。积极探索城乡社区公共文化服务社会化发展之路，政府机构、文化机构、社团组织和企业单位依据各自的优势和任务联手合作，通过签署协议来确认义务提供的公共文化服务，将城乡社区公共服务的管理者和提供者相分离，使城乡社区公共文化服务体系走上社会化的可持续发展轨道。其次，以满足城乡居民文化需求为前提，丰富公共文化服务的内容。解决城乡社区的居民文化需求和城乡公共文化服务提供不对称的问题，是城乡社区公共文化服务体系可持续发展的基础。要坚持以城乡居民文化生活需求为导向，重视居民的要求，以文化服务精细化、文化内容多元化、文化管理规范化和文化设施现代化为特征，为城乡居民提供社区文化服务的整套服务设施和场所，尽最大可能满足城乡社区居民对文化生活的需求。

7.4.4 发挥非政府组织的文化功能

非政府组织在乡村社区中有着显著的文化功能，它把乡村社区中处于弱势地位的边缘群体整合起来，开展互帮互助，以提高其幸福指数和生活质量（林宏彬和王琼，2012）。在乡村社区中建立非政府组织，可以用较少的物质投入获取较高的幸福产出，调动了农民生产生活的积极性。与此同时，组织开展有意义的法律常识、文化、学习、娱乐保健等活动，对提高乡村社区居民的文化生活是十分有利的。农村社区中文化服务类非政府组织的成立，有利于保护濒临灭绝的地方传统文化，保证我国民族文化遗产的有效传承，特别是偏远山区、少数民族地区等地的独特文化。在乡村社区的非政府组织可以形成与基层政府组织之间的良性互动；在一定程度上，也提高了农村治理的绩效，使基层政府注重治理农村居民生活环境、净化社会风气。在乡村社区形成相互扶持的组织网络，非政府组织积极调动乡村居民参与社会文化活动的积极性。

非政府组织介入社区文化活动的管理，使文化管理模式有效地运行。引导非政府组织加入社区文化活动管理，提高文化活动内容的质量，促使文化活动主体的多元化。以社区为基本单位，从居民不同文化活动的需求出发，设计针对性较强的高品质文化活动，使文化活动的供给走出小团体、大规模的局面，吸引更多居民的加入，以推动社区文化建设的价值观实现。城市社区文化活动管理中非政府组织的功能如图 7.3 所示，政府可以通过招标的方式将文化活动的提供机会让给非政府组织，并向其划拨资金，签订合同，监督文化活动的质量；而非政府组织则实行资金、人员的自主管理，以社区建设共同的文化价值观为目标，向社区提供形式多样的文化活动。其中，由社会公众、政府、社区居民及新闻媒体对社区文化活动管理模式的运行进行监督，实现文化管理模式的有效运行。同时，也要强化社区中基层行政组织的管理职能（顾敏敏等，2011）。

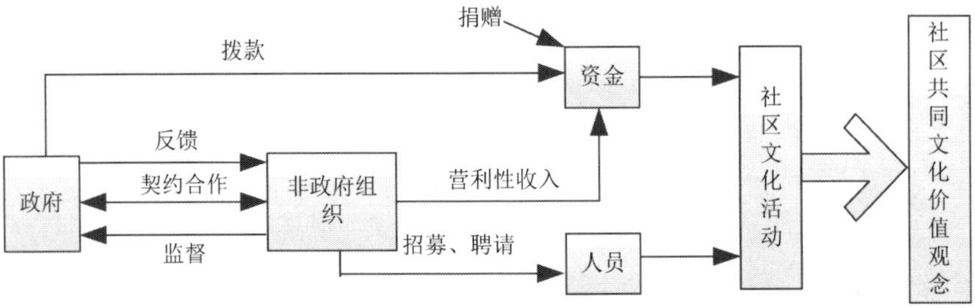

图 7.3 城市社区文化活动管理中非政府组织的功能

加大政府财政投入，合理规划。在资金上应充分发挥财政的主导作用，建立专项资金，合理规划，逐步完善城乡公共文化服务体系建设。在建设中应按照政府倡导、社区主导、文化部门指导、社区组织、居民参与、单位配合的原则进行。文化、宣传、文明办等部门应该成为城乡社区文化建设的专业主导部门，科普、共青团、妇联、体育、司法、老龄等部门也需要参与到社区文化建设中来；同时制定相关的优惠政策，让民间资金进入到城乡社区文化建设中来，形成资源共享的局面。进一步推进均等性、公益性、基本性的公共文化服务体系建设运行（李世泰和孙峰华，2006），努力革新城乡社区公共文化服务运行的体制。深入贯彻实施文化资源共享、共建工程，普及公共电子阅览室，逐步实现公共文化设施数字化的基层建设。大力发展非政府组织，形成国家、社会、民间共同发展文化事业的健康格局。建立合适的参与机制，保证城乡居民享有共同的文化参与权。

7.5 非政府组织：监督城乡文化整合的科学运行

非政府组织是在国际、国家或地方层面上组织起来的非营利性的、自愿的公民组织，包括：社会团体、行业协会、农业合作社等，民办非企业单位、民办学校、民办医院，基金会如邵逸夫基金会、嫣然基金、红十字会等。非政府组织在沟通政府与市场、政府与社会方面，缓解贫困、解决就业、促进社会融合方面，以及弘扬社会主义精神文明方面发挥了积极的作用。

7.5.1 促进城乡文化整合的发展

非政府组织在城乡文化整合进程中发挥着巨大的作用，如缓解城乡文化建设经费投入不足的困境，缓解城乡文化建设人才的匮乏，填补政府在乡村文化管理上的缺位，促进城乡文化整合的健康发展，建立城乡文化整合建设的长效机制等。

（1）弥补城乡文化建设经费的不足

非政府组织参与城乡文化建设，有利于缓解建设费用投资不足的境况。在国外，非政府组织参与城乡文化建设的情况非常普遍，通过非政府组织大量的资源流入到城乡文化各种公益事业建设中。在自愿的原则下，非政府组织可以将政府无法运作的社会资源，如本土资源、国外资源等，顺利地引入到城乡文化建设中。在我国城乡文化建设经费严重不足的情形下，非政府组织将弥补城乡文化建设的困境，在一定程度上，减轻了政府的经济负担。例如，我国非常著名的“希望工程”，就是非政府组织加入乡村文化建设的典型案例。

（2）缓解城乡文化建设人才的匮乏

非政府组织参与城乡文化建设，有利于缓解人才匮乏的困境。2000 年我国非政府组织中民办非企业单位的登记数字为 213 万家，2001 年这个数字上升为 812 万家，2002 年已高达 1111 万家，1988～2006 年我国非政府组织数量年均增长率接近 28%，2006 年年底在民政部门登记的非政府组织共有 28.94 万个。它们的活动扩展到社会福利、教育、经济、卫生、体育、环保、文化等多个领域，文化建设将逐渐成为非政府组织的主要阵地。同时，这些非政府组织又聚集了大批各有特长的专业人才，引导非政府组织积极参加城乡文化建设，既可以充分发挥各类人才的特长，又可以缓解城乡文化建设人才匮乏的现状。

（3）填补政府在乡村文化管理上的缺位

非政府组织参与城乡文化建设，有利于弥补政府在乡村文化管理上的缺位。我国当前出现在农村地区的非政府组织，正在积极地发展农村地区会员。这一行为逐步地将非政府组织的活动范围延伸到我国广大的农村地区，接触乡村文化的机会不断增加。由于各种原因，农村大部分非政府组织并没有在民政部门登记，也没有得到法律部门的认可。然而从笔者的调研来看，乡村居民最喜爱的文化产品往往是由农民自发组织的各类民间文化活动，其次是卫生机构和高校的下乡文化服务。反而，各种协会在农村的发展因为专业性较强、受众面小而没有得到广泛的回响。由此可见，乡村中非政府组织提供的文化产品有很强的针对性，能更好地满足城乡居民的文化需求。

（4）促进城乡文化整合的健康发展

非政府组织参与城乡文化建设，有利于城乡文化整合的健康发展。赌博、贩毒吸毒、迷信等腐朽、落后文化存在的原因有两点：其一是部分居民受教育的程度不高；其二是公共文化服务产品不能满足居民特别是广大的乡村居民、城乡结合部居民的文化需求。在国家教育体系外，非政府组织可以通过如文化扫盲、“希望工程”、大学生下乡支教支建等形式为众多乡村居民开展各种讲习活动，以提高农民的文化水平，从根本上提高农民的受教育程度，增加他们抵制各种腐朽、落后文化的能力。此外，非政府组织所提供的文化产品更具有及时性、针对性，能更好地满足广大农村居民的文化需要。

（5）利于建立城乡文化整合的长效机制

非政府组织加入城乡文化建设，有利于建立城乡文化整合的长效机制。非政府组织具有公益性、正规性、非营利性、民间性、自愿性、自治性等特性，其中，自愿精神是非政府组织的基本精神。非政府组织的内在驱动力不是利润动机，也不是权利原则，而是以志愿精神为背景的利他、互助的主义。正像企业是组织化的资本、政府是组织化的权力一样，非政府组织（即非营利组织）是组织化的志愿精神（王名，2003）。自愿精神是人类对自由的向往，其内在的驱动力是人类的自我实现需要。自我实现的需要是一种螺旋式上升的需要，具有可持续性。非政府组织的这种内在驱动将会成为城乡文化整合建设长效机制的有力保证。

7.5.2 建设城乡文化整合机制

避免“山寨型”城市文化与“破落型”乡村文化现象，确保城乡文化整合科学特色发展。国际、区际及城乡各种要素的流动，架构出了都市精英文化与乡村传统文化交流整合的空间格局，但同时也出现了“山寨型”的城市文化（千城一面）与“破落型”的乡村文化（“百鸟朝凤”的凋零）。为了使城市圈尽可能避免或减少这两种不良倾向，必须加强科学管理、合理利用城乡要素流动，促进城乡文化整合进入合理的运行轨道。首先，城乡不同层次、不同文化的流动人口在进行文化交流时，乡村流入城市的人口认识到城乡文化的差异，逐渐注重乡村教育，一定程度上改善了农村文化的落后状况。其次，人口流动对文化建设是一把双刃剑，在乡村传统文化和都市精英文化的交流、冲突过程中应注重提升农民的文化素质、推进农村居民生活方式现代化，防止传统文化衰落和“山寨型”城市文化的形成。最后，科学合理地利用城乡人口流动带动都市精英文化与乡村传统文化交流整合，防止“山寨型”城市文化与“破落型”乡村文化等畸形现象出现。

（1）非政府组织是城乡文化繁荣和发展的有力保障

城乡文化繁荣和发展的有力保障是把政府外在的推动力与城乡文化的内生力、社会的创造力紧密结合，形成发展合力。借助非政府组织的动能和活力，激发城乡居民的创造作用。放宽法律许可，营造非政府组织良好的发展环境。当前，双重管理体制是我国非政府组织登记管理的最核心原则，即对非政府组织实行“业务主管单位”“登记管理机关”双重负责、双重审核、双重监管的原则。伴随非政府组织的发展，要协调好双重管理体制的利弊，为非政府组织留出足够的法律空间，为它们获得合法地位提供条件。

（2）充分运用税收优惠政策，激发非政府组织积极参与城乡文化建设

通过税收优惠政策，调动非政府组织参与城乡文化建设的动力。从我国实际情况来看，非政府组织的税收优惠包括非政府组织自身和捐赠方两个方面。目前，我国还没有确立一套适用于非政府组织的税收制度，对它的税收大多是依据各个行政部门的规章而调整，散见于各类规章、法规、法律之中，立法的层次性比较低。除此以外，当前我们仍然是按照私有组织来确定非政府组织的税率，这种纳税主体的定位是不合适的。对捐赠问题我国现行的法律法规已有一些原则性规定，尚待落实和细化。此外，面向捐赠人的税收优惠标准也不够规范，我国税法的规定往往限定捐赠的性质和额度，要求在内资企业所得税中必须是间接捐赠，才可以限额扣除。这种税收政策对捐赠人的鼓励性不足。税法中应明确体现出对不同类型的非政府组织减免的税种、减免幅度等具体内容。另外，要刺激非政府组织参与城乡文化建设还要做好两方面工作，其一是扩大税收优惠的辐射范围，其二是出台具有针对性的公益（非营利）文化产品的优惠税收制度。

（3）增加财政支持力度，引导非政府组织参与城乡文化建设

增强财政支持力度，引导非政府组织积极加入我国的城乡文化建设。尽管表面上我国非政府组织发展快速，但是它们大多数存在资金不足的现状，再加上政府和非政府组织的合作机制没有达成，因此，在城乡文化建设过程中非政府组织的功能没有得到充分的发挥，也没有更好地融入到政府的城乡文化建设进程之中。通过财政转移支付方式，既可以在一定程度上资助非政府组织，使其充分发挥在城乡文化建设中的作用，又可以激励非政府组织的行为，使它参与城乡文化建设的行为符合政府的期望。此外，政府公开招标的采购途径，应该是非政府组织获得财政支持的重要方式。但是，在目前的运转中，大部分非政府组织并没有被纳入采购的对象。因此，政府在进行城乡文化公共产品的采购时，有必要也可以向非政府组织稍微倾斜。通过政府采购的方式为非政府组织提供参加城乡文化建设的行为导向。

（4）建立健全信息渠道，方便非政府组织参与城乡文化建设

其一是要让非政府组织有效地了解政府制定的城乡文化发展战略。各级政府应开办专门的文化信息网站，以发布文化建设方面的相关信息，建立起政府和非政府组织之间良好沟通的网络平台。也可以定期举办新闻发布会，或者成立政府和非政府组织之间的固定联系体系。其二是要为非政府组织提供方便、畅通的发布信息渠道，以便于其发布信息和宣传价值。我国人民对非政府组织的了解还处于模糊阶段，这也是非政府组织不能及时、有效地获取各种社会资源的原因。相关政府部门应及时地发布信息，使社会大众了解、认同非政府组织的行为和价值作用。

（5）强化监管，提高非政府组织在城乡文化建设中的绩效

由于先天不足和后天环境的限制，我国非政府组织自身的管理问题已成为制约其发展、充分发挥作用的主要因素之一。事实上，非政府组织成千上万个，有限的管理人员很难对其进行有效的监督管理。另外，由此而产生的巨大成本政府也无力承担。因此，现实中监管的效果很差。社会监督是建立在信息公开的基础上的，从国外发展经验看，社会监督是一个十分重要的机制，我们应该充分应用社会监督的功能，通过相关制度的建设，促使非政府组织向社会大众公开其管理、财务、活动等方面的信息。此外，由于非政府组织的非营利性、民间性等特性，为其成立特有的财务和审计制度，是监督管理的前提，也促使

其在城乡文化建设中发挥出更大的功能。

7.5.3 推动公共文化服务体系的健全

建立完善的公共文化服务体系，保障城乡文化整合的科学发展。为了缩小城乡文化发展差距，增加乡村文化服务总量，应该构建城乡公共文化服务体系和优秀传统文化传承体系，发展现代文化传播体系，加快城乡文化整合发展的速度。构建完善的城乡公共文化服务体系，旨在保障人民群众的文化权益与维护公民文化权利，提供思想健康、内容丰富的各类文化产品和服务，培育社会主义核心价值观，有效缩小城乡、区域和群体之间的公共文化服务差距，逐步实现全社会基本公共文化服务的均等化。

伴随社会的进步，我国在不断深化文化体制改革，在城乡公共文化服务体系中非政府组织发挥的作用越来越重要。在提供公共物品时市场常常缺乏积极性，没有动力，政府提供的公共文化产品也无法满足广大民众的基本需求，非政府组织加入公共文化服务体系后，可以提供多元的、多样化的产品与服务，将会起到弥补市场失灵、政府失灵的作用。对于政府公共文化服务而言，它具有拾遗补缺的功能，可以填补市场和政府城乡公共文化服务的空白区域。

（1）丰富城乡公共文化服务的内容

计划经济时期，政府是城乡公共文化服务的主体，往往对其大包大揽。但是由于政府机关自身的限制，加上文化事业单位体制的缺陷，城乡公共文化服务水平不尽如人意。社会主义市场经济条件下，非政府组织和文化事业单位一起共同提供城乡公共文化服务，城乡公共文化服务更加社会化、多元化、市场化，为社会提供不同层次的城乡公共文化服务，改变了城乡公共文化服务品种单一的局面。这样既丰富了城乡公共文化服务的内容，也提高了城乡公共文化服务的效率和质量。

（2）加快行政管理体制变革和政府职能转变

非政府组织不仅能够充当城乡公共文化服务的角色，还可以承担一部分城乡公共文化管理职能。伴随市场化进程的不断加深，形式多样的非政府组织将会不断涌现。它们是社会组织机体自律的主要形式，当非政府组织将城乡公共文化管理以民间自治和行业自律的形式承接下来时，这将极大地推动城乡公共文化管理部门的职能转变，并将积极地引导文化体制机制的变革。

（3）促进社会主义公共道德建设

非政府组织不仅为社会提供了优质的城乡公共文化服务，而且还极大地推进了社会公共道德的建设。在市场经济深化的过程中，不可避免地出现了社会公共道德的缺失、混乱等现象，建设形式多样的城乡公共文化活动、公共道德是政府应尽的义务和责任，非政府组织是对政府在城乡公共文化服务职能上的补充，同时由于其特有的民间性、非营利性、公共性等特性，与广大人民群众进行沟通的过程中具有巨大的亲和力，在城乡公共文化服务过程中将发挥强大的作用，在促进社会主义公共道德建设方面也将发挥极其重要的作用。

7.5.4 弥补城乡文化市场失灵

第一，非政府组织是弥补城乡文化市场失灵的重要主体之一。公共物品具有非排他性和不可分割性，因此无法通过市场体系提供，这给非政府组织带来了生存发展的机会。通过培育有竞争实力的城乡文化市场主体，积极推进文化事业单位的转企改制，培育有影响力、有实力、有竞争力的国有控股或国有文化企业集团。第二，健全现代城乡文化市场体系，使文化产品、文化市场主体的流通同市场接轨（高曲，2012）。重点开发演艺娱乐、图书报刊、电子音像制品、动漫游戏、影视剧等产品市场；努力打造一些国际性的、全国性的城乡文化产品交易平台。第三，创新文化投入机制。当前，我国总体上已经进入了以工促农、以城带乡的发展时期。这个阶段必须按照统筹城乡的发展要求，认真贯彻工业反哺农业、城市支持农村的发展方针，坚持“多予、少取、放活”的方针政策，尤其要在“多予”上下工夫，加大文化繁荣方面的投入力度（专栏 7.1）。

专栏 7.1　日本如何避免“城乡二元结构”

日本在 20 世纪前半叶因追求发展工业，一度出现工农收入和城乡差距拉大等现象。但此后，日本通过根本性制度安排，从源头上避免“城乡二元结构”的形成，实现了较为均衡的统筹发展。

1. 助推城乡发展一体化

在经济高速发展时期，日本政府的一系列根本性制度安排成为日本避免“城乡二元结构”出现的核心因素。

首先，城乡居民享受同等的政治经济待遇，在房籍、政治权利、社会保障和人员流动等政策上对城乡居民一视同仁，避免人为造成城乡差别。

战后经济高速发展时期，日本大量农民离开土地进城工作，有些大企业甚至采用“集团就职”方式，到农村中学整班招收毕业生进城务工。对此，日本政府一方面为新进城务工的农民提供与城市居民相同的社会保障和市民身份；另一方面严格要求企业保障劳动者就业，采用“终身雇佣制”等方式确保农民在进城后不会因失业而陷入困境。这在很大程度上避免了农民在“失地”后再“失业”所带来的严重后果，避免了城市出现“流民”阶层。

其次，消除阻碍人员、资金等经济要素在城乡间流动的壁垒，促进各种资源向农村和落后地区流动。

在大量农村人口进城的同时，也有很多日本城市居民希望到农村和小城镇居住或投资从事农业经营。为此，日本建立了较为完善的农业耕地和农村住宅流转体制，鼓励城市人口到农村居住或投资。从城市“下乡”从事农业经营的居民，往往会给农村带来一定的资本，这有利于农业生产集约化。此外，还有很多老年城市居民退休后到大城市远郊或地方小城镇购房生活，其中有些人还租用或购买小块土地耕作。这一方面减轻了东京、大阪等超大城市的人口压力，另一方面也给地方带来大量投资并拉动个人消费。

第三，重视城市化过程的总体布局，避免出现“城乡结合部”和“贫民窟”。

在经济高速发展时期，日本也经历过大城市人口迅速增长的阶段。以东京为例，1955～1970年，每年净流入人口达30万～40万人。但由于东京的城市规划以放射状大容量轨道交通为依托，沿轨道交通站点(多为过去的小城镇)建设生活服务、文化娱乐和治安配套完善的居民区，包括大学教授等较为富裕人士在内的、大量在东京工作的居民选择在距东京市中心数十千米的千叶县和埼玉县等地居住。

由于规划合理、配套齐全、日本很多大城市带动了周边大片区域发展，东京周边的“首都圈”和大阪神户周边的“阪神圈”等发达经济圈应运而生。

2.细化配套措施攻克制度壁垒

日本通过建立统一的社会保障体系、建设高标准的卫星城和小城镇、维持农产品较高价格以保障农民收入等措施，打通了城乡之间存在的各种壁垒。

第一，统一社会保障体系和宽松的户籍制度是城乡居民相互流动的前提。在日本，居民的养老、失业和医疗保险全国统一，不以地区或身份区分，居民转移户籍几乎不受限制。这使得日本全国人员流动较为方便，解除了农民进城或城市居民“下乡”的后顾之忧。

第二，高标准建设大城市外围卫星城和小城镇是大城市减轻人口压力的前提条件。日本很多大城市的外围卫星城和小城镇的基础设施、生活服务、文化娱乐等条件与大城市中心区相差无几，吸引了很多城市居民前去居住。充分利用好包括退休老人、不必每天通勤的上班族、小企业主及其雇工等群体的资本和消费需求，在很大程度上促进了日本中小城市和小城镇的发展，既避免了大城市人口过快膨胀，又拉动了农村发展，有力促进了城乡平衡和区域平衡。

第三，采取各种措施维持农产品较高价格以保障农民收入。为增加农民收入，日本在对外贸易中多利用高关税、高检疫检验标准等有形或无形“保护壁垒”，在国内则通过农协等行业组织或地区组织维持农产品较高价格。这实际上是以城市消费者出资的形式对农业进行隐形补贴。同时，为保障城市低收入阶层人群的基本生活，日本政府通过补贴等方式使国内市场鸡蛋、牛奶和面包等基本食品的价格处于较低水平。

按照人口和国土比例，日本的人口密度约为中国的3倍，且其国土山地多平原少。在这种基本国情下，日本不仅实现了城乡共同富裕和高度城市化，还发展了农业、确保了大米完全自给和大部分蔬菜自给。以日本的情况来看，我国无论在大城市郊区、中小城市和小城镇建设方面，还是在农业集约化、精细化方面，都具有巨大潜力。

——2010-01-21 记者刘华/东京报道 来源：经济参考报

7.6 小结和讨论

1）城乡文化整合的动力机制是指驱动城乡文化相互作用、整合发展、城乡文化系统演化的力量结构体系及其运行规则，具有相对稳定的构成方式和作用规律。城乡文化整合的动力机制，是对文化整合系统内外影响要素的数量、对各驱动力对文化整合运行发展作用机制的解析；而基于动力机制的文化整合发展模式，则是文化整合在内外驱动力的作用下所采取的发展策略，其表示形式是简单的理论概括。本章从政府、企业、非政府组织、城乡社区四个角度诠释城乡文化整合的内外驱动力，以解释城乡文化整合发展模式。

2）政府、企业和城乡社区是城乡文化整合的三大实施者，形成了城乡文化整合的三边关系。政府、企业和城乡社区三大实施者也是三大利益主体的代言人，它们之间的利益格局和权力结构共同推动城乡文化整合的时空结构的重组。政府的利益需求是宏观文化的可持续发展和社会的安定团结；企业的最大利益需求是以尽可能少的投入获取最大的利益空间；城乡社区代表地方利益，是城乡文化整合的时空结构的管理者。政府、城乡社区和企业共同构成了城乡文化整合的时空结构重组的三方力量，由于各自的利益主体并不总是统一的，三者相互制约，其理想状态是相互协调，形成三边体系。其中，政策体系优化是文化发展方式改变的根本点。

3）政府是城乡文化整合的保障体系。政府的保障作用体现在对城乡文化网状设施建设的引导与保护。政策与制度是影响城乡文化系统空间布局的一个重要的长期性决定因素，是政府作用于城乡文化系统发展的主要方式。文化整合机制、价值引导机制等通过制定一定的行为规范、制度以及建立相应的执行机构，引导人们建立与社会发展需要相适应的人类价值系统。深化文化领域的改革开放，政策保障和法律保障是城乡文化整合的重要前提条件，必须长效化、机制化。实施推进城乡文化一体化纲要，有系统地推进城乡文化整合的新型城镇化建设实践。

4）企业通过开发优质的城乡文化产品，促进城乡文化整合的健康发展。“文化是明天的经济”，企业文化创新是城乡文化产品长期繁荣的有效途径。

通过塑造创新型文化产品来拓展企业自发创新的空间，强化城乡文化人才队伍建设来提升文化企业竞争力，改善文化创新氛围来提高文化资源的整合能力等，以开发优质的城乡文化产品，加快城乡文化整合进程，促进城乡文化系统科学地发展。

5）城乡社区中各项文化活动的和谐发展是城乡文化系统改善的有力保障。城乡社区是城乡文化系统的重要组成部分，城乡社区公共文化服务体系的建设有利于保障城乡居民基本的文化权益，构建和谐社会的保障体系，提升城乡居民的自身素质。通过促进政府职能从“发展推进型”向“公共服务型”的转变，加大城乡社区公共文化产品和服务供给力度，发展和完善城乡社区文化团体，调动居民参与文化活动的积极性，充分发挥非政府组织在农村社区的文化功能等措施，使文化管理模式有效地运行。

6）非政府组织有效监督城乡文化整合的科学发展。非政府组织参与城乡文化建设，有利于缓解文化建设人才匮乏和建设经费投入不足的现状，有利于城乡文化整合的健康发展，有利于城乡文化整合建设长效机制的建立。随着社会的发展和文化体制改革的不断深入，非政府组织在城乡公共文化服务体系中发挥的作用越来越重要，可以有效地弥补市场失灵、避免“山寨型”城市文化和“破落型”乡村文化现象，确保了城乡文化整合的科学发展。

8 城乡文化整合发展模式解析

评价城乡文化整合发展模式是否成功，不应该简单地从原则或从某种先验的理论框架出发，而应该对特定时空条件下发展的成果进行检验。另外，发展的成果具有历史性的评价问题，每个发展阶段都需要有在该阶段解决的问题和发展的内容，也有需要留给下一阶段解决的问题。如果用后一阶段的发展标准去衡量前一阶段的成果，并进而否认前一阶段的发展模式，显然不符合历史唯物主义。一个地区采取何种城乡文化整合发展模式，有它自身的发展规律和机制，并且存在自我强化的机制，这就是路径依赖，城乡文化整合发展模式都要适合当地社会、文化等要素的发展状况。城乡文化整合发展模式的差异乃是对文化发展阶段差异的正常反映。城乡文化整合在不同的地区或同一地区不同时段可以有不同的发展模式，主要是各自文化发展的状况不同，不能机械地以一种城乡文化整合发展模式作为标准去评价另一种模式的发展。本书从城乡文化整合模式解读入手，深入分析城乡文化整合发展模式萌芽阶段的板块式发展模式、形成阶段的波状式发展模式、聚散阶段的廊道式发展模式、兴盛阶段的网络化发展模式四个阶段，并以武汉城市圈为例，深入分析改革开放以后城镇化进程中，我国城市群地区在政策因素、经济发展、全球化、信息化等多种要素影响下的城乡文化整合发展模式，为其他地区城乡文化整合发展模式分析提供案例参考。

本章通过对不同运作层面、空间载体、度量维度和构成主体的研究，试图科学探讨城乡文化整合发展模式的基本特性、空间结构、运行规律、衡量标准、形成机制和实施方略等。

8.1 城乡文化整合发展模式的特性

城乡文化整合发展模式具有区域性、时间性、系统性、社会性等多种特性。

研究城乡文化整合发展模式，不应只局限于文化发展的某些具体领域，而应从社会哲学的高度，着眼于城乡文化系统的整体结构和发展的全进程，进行整体性的研究和审视（贾高建，2007）。城市文化和乡村文化作为城乡文化系统中两个相对独立而又相互联结的子系统，具有各自的发展规律和特点。城乡文化整合进程中的城镇化，不只是农村人口向城市的转移或集中，而是城市和乡村这两个文化子系统的升级、分化和整合，是城乡文化系统的整体演变。在现阶段的实践中，要真正做到统筹城乡文化发展，必须强调城乡文化关系的整体协调发展。

8.1.1 区域性

城乡文化整合的发展模式具有区域性。千里不同风，百里不同俗，各个地方的文化发展模式差异是很大的，城乡文化整合的发展模式也是不同的。城乡文化整合发展模式不是人们计划的结果，而是在一定的文化生态环境中长时间形成的。尽管文化创造是人类的一种有意识的行为，但是，要任意设计一种文化模式，让人们去遵照生活，恐怕是不行的。

8.1.2 时间性

城乡文化整合的发展模式具有时间性。文化模式的历史性是指人们长期适应一种文化模式所表现出来的心理、性格和行为特征。所谓风格模式，是针对文化模式个性而言的。人们长期生活在一种文化环境之中，受这种文化模式的影响和作用，因此他们的心理、性格、行为，必然表现出该文化模式的个性。教化越久，这种性格特征也就越明显。一般来说，一种文化的历史越悠久，时间延续越长，它的模式就越稳定，其个性就越突出，价值取向也就越明确。文化模式并不是一成不变的，而是随着历史的发展、科学的进步及外来文化的传播和影响，而不断发展、变化的。

8.1.3 社会性

城乡文化整合的发展模式具有社会性。社会是城乡文化整合发展模式的载体。在人类的生存和延续过程中，社会是整个文化的承担者或载体，是各种文化的生产和再生产以及各种文化功能相互整合的单位和代表者。只有把城乡文化整合发展模式放到人类社会发展中，即引进“社会”这个变量，才能从根本上说明它们发展的历史过程，因为文化是在群体参与、互动中产生和发展的。文化是社会发展的产物，是人在社会化过程中的一种创造，任何文化都不能脱离社会及社会化的人而存在。文化不仅有维护社会体系的功能，也是指导人们社会行为的规范。社会系统是非常庞大的，本书简单地从文化信息流、文化易感知者、最短文化传播路径等要素探讨城乡文化整合模式的时空变迁。城乡文化整合发展模式一般受制于三个条件：一是城乡之间的利益关系；二是城乡之间生产的技术状况；三是城乡文化商品经济的发达程度。而从总体上看，由于乡村文化模式变动慢，是相对静态的，而城市文化模式则是动态的，因而城乡文化整合发展模式的变迁更多地表现为伴随城市文化模式的变化而改变（图 8.1）。

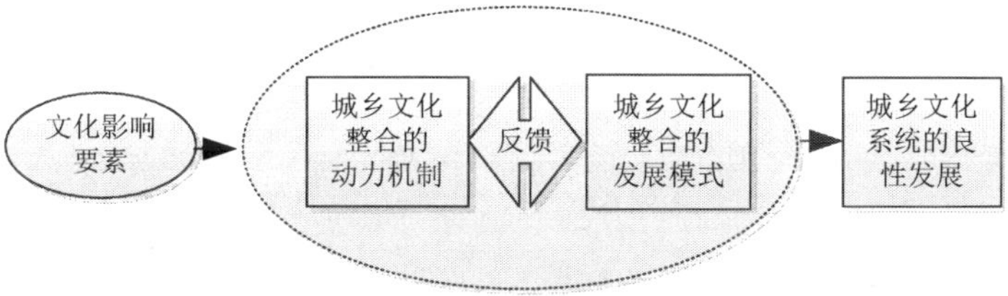

图 8.1　城乡文化整合的动力机制和发展模式的关系

8.1.4　系统性

系统（system）一词，来源于古希腊语，意思是由部分构成整体。当今社会人们从各种视角上研究系统，给系统下了几十种的定义。譬如，“系统是诸元素及其正常行为的给定集合”，“系统是有组织的、被组织化的全体”，“系统是相互关联的物质和过程的集合”，“系统是诸多要素保持有机的秩序，向某一目标运行的东西”，等等。一般系统论则试图给出一个能描述各种系统共同特征的一般定义，通常把系统概括为：由若干要素以一定结构形式联结构成的具有某种功能的有机整体。此定义包括了结构、要素、系统、功能四个概念，表明了要素间、要素与系统间、系统与环境间三方面的关系。

系统论认为系统具有等级结构性、整体性、关联性、动态平衡性、时序性等基本特征，这些基本特征既是系统所具有的基本思想观点，也是系统方法论的基本原则，表现了系统论既是反映客观规律的科学理论，也具有科学方法论的含义。贝塔朗菲（Ludwig von Bertalanffy）对此曾做过说明，system approach 直译为系统方法，也可译成系统论，因为它既可代表观点、概念、模型，又可表示数学方法。他说故意用 approach 这样一个不太严格的词，正好表明系统论的性质特点。

系统论的中心思想是系统的整体观念。贝塔朗菲认为，任何系统都是一个有机的整体，它不是各个部分的简单相加或机械组合，系统的整体功能是各要素在孤立状态下所没有的性质。亚里士多德的“整体大于部分之和”可以很好地说明系统的整体性，那种认为要素性能好，整体性就一定好，以局部说明整体的机械论观点是不科学的。系统中各要素不是孤立存在的，每个要素在系统中都有一定的位置，起着特定的作用。要素之间相互联系，构成了一个不可分割的整体。要素是整体中的要素，要素构成了整体，如果将要素从系统整体中分割出来，它将失去要素的作用。系统论的任务，不仅在于认识系统的特点和规律，更重要的还在于利用这些特点和规律去管理、控制、改造或完善某一系统，使它的存在与发展合乎人的生产生活需求。也就是说，研究系统的目的在于完善系统结构，协调各要素间关系，使系统达到更加优化的目标。

城乡文化系统由城市文化和乡村文化的各种要素共同组成，是城乡文化产品、文化设施、文化传播路径、文化传播媒介等要素的多向度的透视。用系统的观点来分析城乡文化系统，首先，要把城市文化和乡村文化看作一个有机的整体（整体观）；其次，要分析城乡文化系统内部的各组成要素（局部观），以及要素间的相互联系（联系观）；最后，从城乡文化系统和环境整体间、城乡文化系统和要素间、要素与要素的关系中进行综合处理，以达到最佳目的。城乡文化系统是由城市文化和乡村文化的各要素组成的，但又不是文化各要素的简单相加，城乡文化系统大于各文化部分之和。城市文化、乡村文化融于系统之中，各部分按其内在规律组成有机整体，充分发挥城乡文化系统的意义和功能。城乡文化系统是一个有机的整体，这个整体是由许多文化要素组成的。一种文化，首先，应该对它本身作系统的分析，分析其内部更小的系统和这些系统的关系，方能把握这种文化的意义和本质；其次，把它放在更大的文化系统中考察，才能认清它的地位作用和发展规律。例如，城乡文化系统，首先应该对城市文化系统、乡村文化系统做出充分认识、定位，明白其各要素的发展优势、劣势及其之间的相互关系，然后将其置于城乡文化系统大环境中，解读城乡文化系统的结构、类型、发展模式等。

城乡文化整合的发展模式具有系统性。城乡文化整合的发展模式是城市文化和乡村文化两种文化的各个特质丛（内容）相互联系整合成为协调一致的城乡文化系统（整体）的结构状态或复合体的特征。城乡文化整合的发展模式主要从城市文化和乡村文化内部的协调一致的整合中区别其内在结构。简单地说，文化可分为物质文化系统与精神文化系统。物质文化系统又可分为服装系统、实物系统、房屋建筑系统、器皿系统等；精神文化系统又可分为宗教信仰系统、伦理道德系统、哲学系统、艺术系统等。这些不同的文化系统在长期的历史发展过程中，依据不同的文化特质及其发展方式构成了一个复合体的不同特征。城市文化和乡村文化在传播、扩散的进程中是趋于整合的，城市文化、乡村文化的各种文化特质只有通过整合才能成为协调一致的城乡文化整合的发展模式。城市文化和乡村文化的各种文化特质是否能实现整合，取决于这些条件：第一，城市文化和乡村文化的各种文化特质、各文化要素的发展水平相近似；第二，以城市和乡村的民族文化各文化要素、文化特质为整合基础；第三，城市居民和乡村居民共同的心理结构和文化追求，如对美的追求、对幸福的渴望、对舒适的向往、趋利避害等。

8.2　城乡文化整合发展模式演进

城乡文化关系是在社会分工发展的推动下不断地向前演进的。生产力是人类社会发展和进步的最终决定力量。生产力决定着生产关系的性质，进而决定着其他社会关系的基本面貌，也决定着城乡文化发展的历史进程。在人类社会的早期，劳动生产率极其低下，人类社会尚处于“自然分工”的阶段，不具备城市文化产生的条件，城乡文化仍处于城乡同一的发展模式。随着物质和精神的劳动分工，城市和乡村逐渐分离，城乡文化发展也逐步过渡到对立的模式。当生产力发展到一定高度，将对生产方式和分工的发展提出新要求，旧的生产方式将逐渐变革，旧的分工将慢慢消灭，物质和精神之间的劳动对立也不再存在，每个人都将获得自由全面发展的机会，由此将推动城乡关系进入城乡融合的阶段。可见，分工的发展是推动城乡文化发展模式演进的直接动因。在生产力和生产方式变革的影响下，城乡文化整合的发展模式大致经历了前工业化时期的萌芽阶段、工业化前期的形成阶段、工业化中期的聚散阶段、后工业化的兴盛阶段四个阶段，各个阶段的城乡文化整合发展模式表现出不同的形态与特点。

8.2.1 “斑块”式发展

文化是人类在特定的生态环境中进行创造的，它一方面在特定的“文化场”中进行经验积累，另一方面又具有维持经验的功能。当文化积累到一定程度，它的结构和排列秩序处于稳定状态时，它所维持的经验及其价值就会出现一种特定的情势，并形成人的价值心理定势，即文化发展模式。自然，文化模式的价值是通过人的社会化过程内化为价值意识定向的，或者说是通过社会化将人的价值意识稳定下来的。每一种文化模式都有一种主要目的，一种主题，一种主导观念。文化模式是人类在不同“生态环境”中文化创造、文化积累的结果，由于“生态环境”的不同，应对“生态环境”和解决生存问题的方法、手段不同，其文化模式的结构及价值体系有很大差异（司马云杰，1990）。城市文化与乡村文化之间是相互联系和相互作用的，这种相互联系和相互作用通过城乡之间的文化易感知人口、文化传播路径、文化设施、文化投资、文化信息流等在空间上呈现出各种分布形式，这些点与点、点与线、线与面、面与面之间的空间分布模式便是城乡文化整合发展模式的基础。

“斑块”式发展模式一般出现在前工业社会时期，城乡呈现离散状态，城乡文化结构相互独立，城乡之间、城乡与区域之间的关联少。文化从空间内的一个斑点萌生出来，然后扩散到相邻地区，形成“斑块”式文化发展模式。这种“斑点”是文化发展的核心区，也是文化圈的生长核心。

1. 社会发展模式：城乡文化关系拮抗

城市文化是从乡村文化中分化出来的。农业的兴起代替了狩猎游牧的生产后，建立了永久和固定的居民点，成为最初的农业人口。劳动分工的加强促进了城市的兴起，进而促进了城市文化模式的出现。城市文化形成以后也经历了逐步发展的过程，但城乡文化总的格局则是由于农业活动在各地区的文化活动中占据主导地位，文化活动集中在农村。这一时期是农村文化统治的阶段，城市的发展不是取决于自身的实力，而是依赖于农业繁荣，城市对农业文化生产的依赖性较大，农业生产力水平左右着城市文化的兴衰荣枯，城市文化内容也与乡村生活关系密切。全国的经济依靠广大农村的生产，农村养活了城市。城市文化没有形成独立的生产方式，生活方式也带有浓厚的乡土性，称为“城市文化乡村化”阶段。

城乡文化的发展和生产力发展水平水乳相融。生产力发展水平往往从文化导向、文化需求、文化行为、文化精神等各个方面渗透于文化系统之中，对城乡文化整合的结构、机制和模式诸方面产生影响（郭文和黄震方，2013）。在某一特定地域中，生产力发展水平和文化系统并非是简单对应的。实际上，生产力和文化的发展往往是此前彼后的，表现为时空上的二维运动，在时序上两者都有超前或滞后的现象。一般来说，只有在生产力发展到一定程度时，才可能产生相应的比较成熟的文化系统。一定生产力的发展，会对文化系统提出新的要求，将不断刺激文化系统发生进化和变革，这是文化发展的一般规律。因为文化并不能凭空产生和发展，而是随着生产方式的变革而发展的。多数地区都表现为文化受制于社会发展水平，生产力为先导，以社会综合实力开拓文化、发展文化，而文化系统的发展反过来又促使社会进一步进步。

（1）城乡文化分离的过程

手工业和农业的分工是城市文化和乡村文化发生分离的基础。伴随着文字的发明和应用，以及农业的拓展，人们除了种植豆科植物、谷类植物和水果以外，还掌握了制作植物油、葡萄酒的生产技能，人类开始由野蛮社会向文明时期过渡。手工业的发展和农业之间的差别日益突出，金属加工业、织布业等行业的发展丰富了手工业的生产方式，革新了生产技术，增加了个人掌握财富的拥有量，伴随手工业和农业的发展人口规模也迅速增长。个人财富的积累为手工业的发展和壮大提供了物质前提，手工业逐渐地从农业中分离出来。人口的增长带来了农业劳动力的剩余，农业剩余人口逐渐从农业生产中脱离投身于手工业生产。早期物品交换和手工业生产的场所是城市，它和农村有明显的界线，城市文化与乡村文化的差异也逐渐拉大，城乡文化出现了分离。个人财富在迅速累积，金属加工业、纺织业，以及其他一切日益分离出来的手工业，凸显出日益进步的生产技术和日趋多样化的生产方式。如此多种多样的活动，一个人已经无暇顾及，于是便出现了手工业和农业的第二次社会大分工。这个过程是私有制日益形成的过程，也是城市文化和乡村文化差异日益拉大的过程。

（2）城乡文化分离的意义

从某种意义上来说，社会发展史也是城乡文化整合发展的过程。首先，城乡文化分离为精神文化和物质文化的彻底分离创造了前提条件。城乡文化的分离标志着精神劳动和物质劳动分工的开始。精神文化集中分布在城市，物质文化则在乡村，城乡文化整合呈现分离状的“斑块”式空间分布形态。其次，伴随私有制的产生形成了城乡文化的分离，它的形成既是不依赖于地产的资本存在的开始，也是以劳动和交换为基础的私有制开始。城市文化和乡村文化的分离还可以看成是资本独立于地产而发生、发展的开始，也是以劳动和交换为基础的所有制的开端。最后，城乡文化的分离使文化交流在深度和广度上得到了延伸。一般来说，生产的发展和结构决定了文化交流的深度、广度、方式，如乡村间的文化交流、城市间的文化交流、城市中的文化交流等。因此，它是文化产业产生和发展的前提和基础。总之，一切发达的、以文化产品交换为媒介的分工合作，都是城乡文化的分离。可以说，社会的发展其实质是城乡文化分离、整合、融合的运动。

（3）城乡文化分离的局限和弊端

城乡文化的分离是伴随着生产力和社会分工的发展而产生的历史产物。在一定程度上，城乡文化分离体现了生产力前进的方向和人类社会的发展诉求。城乡文化分离的过程也是以城镇化、工业化为特征的先进工业文明替代落后农业文明的过程，在一定的历史阶段上它促进了人类社会的发展，体现出了历史进步性的效应。然而，与此同时城乡文化分离也存在着多种弊端和历史局限性，主要体现在以下几个方面。

第一，城乡文化分离日益拉大了城乡文化发展差距。城乡文化发展差距是城乡两种文化走向对立的必然趋势。在城乡文化分离的前提下，文化被区分为乡村文化和城市文化，相应的人口也被分为乡村居民和城市居民。于是，乡村和城市处于独立发展的局面，城乡文化发展的差距日益被拉大。凭借工业的发展优势，城市在社会生产中占尽了资源配置、社会分工等一系列优势，资本、劳动力等资源迅速从乡村转移到了城市。伴随发展资源和生产资本的聚集和积累，城市逐渐成为文化发展中心，而乡村完全居于从属地位，被动地接受城市文化的冲击和洗礼，陷入了分散、隔绝、衰败的困境。第二，城乡文化分离和对立的结果就是产生了“城市文化病”。在城乡对立的条件下不断涌现的一系列城市文化问题，统称为“城市文化病”，如文化堕距的加大等。城乡文化的对立是城乡一系列文化问题产生的根源。第三，城乡文化对立还造成了人的片面甚至畸形发展。城乡文化的对立使得城市居民被其用以谋生的技能和手艺所奴化，乡村居民则被自身的愚昧和孤立所奴役，破坏了城市居民体能和乡村居民的精神发展的前提和基础。

2. 空间结构模式：城乡文化“斑块”式离散发展

城乡文化整合“斑块”式发展模式对应于自给自足式，以农业文明为主体的阶段。这一时期城乡分离，以小型文化节点发展为主，缺少大中型文化节点，没有核心结构，构不成文化节点体系。文化从空间内的一个斑点萌生出来，然后扩散到相邻地区，形成“斑块”状文化圈。这种斑点是文化核心区，也是文化圈的生长核心。文化核通过极化作用和扩散作用，进一步对整个区域产生影响，形成文化受容区。一种文化特质覆盖的地区，随着文化生命力的消长将会扩张或缩小。城乡文化整合协调型首先呈现“斑块”状分布，城乡文化整合“斑块”具有“源”的特点，该“斑块”上城乡文化整合度较高，城乡文化流向外扩散，同时“斑块”的边缘具有廊道特征和通道作用。在城乡文化整合进程中，城乡文化协调型一般选择文化设施完善、城乡文化易感知人群较多、交通系统完备的地区据点分布，然后通过城乡文化交流和融合，“斑块”地区通过极化作用带动整个区域发展。

（1）城乡文化整合度呈距离衰减的模式

文化从文化节点向外进行空间传播或转移时往往在高相互作用（高能量）的点首先出现，然后向低相互作用的点或区域扩散。如果文化扩散的介质是均匀的，文化扩散形式将如同波浪。起始阶段城乡文化扩散过程中接受新文化的人口比例随扩散距离的增大急剧减小，文化节点与偏远地区形成强烈的对比。城乡文化系统空间中各子系统之间存在高度的相互依赖性，这种相互依赖性导致了文化要素的“斑块”式空间扩散。文化要素不是以等同的、均匀的形式向周围地区扩散，它受到距离的制约，表现为从中心向外围，随距离的扩大而衰减。

文化流随距离的扩大而衰减具有一定的普适性。文化流距离衰减可以阐明城市文化与乡村文化之间的相互关系。城市文化对乡村文化的影响随距离的扩大而衰减。这种衰减作用的实质主要体现在三个方面：一是交通费用。一般来说，交通费用随运行距离增加而递增，运行距离越大，人口流、物质流、信息流等流要素的成本越高，文化节点对周围地域的文化引力衰减作用越明显。二是距离大小。距离越大，文化节点的便捷程度相对越低，运输工具的转换次数越多，中转费用增加带来的流动成本增加，从而使影响力衰减。三是时间效益。随着交通工具的改进，文化节点间距离的影响在不断下降。在社会发展水平较低时，城乡文化整合的空间结构受距离的制约较大，文化节点的辐射区域较小，往往呈现“斑块”的形式（图 8.2）。

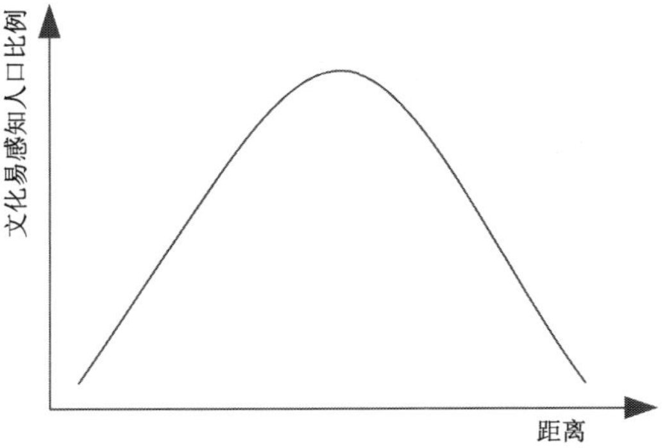

图 8.2　城乡文化扩散

（2）城市是文化扩散的中心，乡村是扩散基质

城乡文化整合的空间结构模式受到文化节点等级的制约。高等级文化节点无论进入城乡文化系统的何种地方，都很可能迅速地出现在某些或所有文化系统最大单元上。高等级的文化节点具有迅速抢占文化辐射区的潜力，由于这些文化节点与许多其他文化节点具有高度联系，文化整合度将沿文化节点等级从高等级到次一级文化节点依次减少。而事实上，通常高级文化节点之间的相互作用最大，高等级的文化节点的辐射力趋于集中化和再循环，这样空间整合并不一定完全沿高等级到低等级文化节点之间进行传输。例如，把城市看作高等级文化扩散节点，把周围乡村看作一个面，城市文化对乡村文化的影响是不同文化要素在不同距离上的叠加，反映了距离对乡村文化地域分

异的作用。

（3）城乡文化“斑块”式空间扩散模式

在城乡文化发展的不同阶段，“斑块”式文化空间扩散的方式和内容有所变化。传统的乡村文化空间大多是在农耕社会中形成和发展起来的，农业文明和社会形态是它的大背景。在上述农业文明的影响下，形成了以村落为中心的乡村文化空间系统，即村落结构化的空间（哈维，2003）。然而，随着距离在区位选择中地位的下降，距离衰减效应作用的范围、形式均已发生了变化：首先，城市具有有利于文化创新的社会环境，而乡村地区文化创新、竞争力不足。城市在经济、文化等方面的优势，使得城市文化功能迅速扩张，导致城乡文化差别的扩大。其次，城市的文化活动向乡村多重扩散，乡村不断地学习和接受城市文化，形成了相互交织的城乡文化综合体，从而使一部分乡村加入到城市体系中。最后，城市向乡村的扩散根据区位变化的特征，可以分为三种基本类型：扩展扩散——以城市为中心，向周围乡村地域连续扩散；等级扩散——以城市为中心，沿着一定的文化节点等级序列顺序扩散；位移扩散——扩散地随时间产生非均衡的移动。

8.2.2 波状式发展

工业化初期阶段，工业化兴起和迅速增长并成为主导产业，中心文化节点的辐射能力加强。城乡呈现集聚形态，以城市文化节点为核心，向周围乡村地区扩散发展呈现波状式的城乡文化空间结构形态，城乡间的文化关联逐渐增多。空间动力学认为，空间集聚与文化发展需要“种子”，如果没有原始的“斑块”存在，城乡文化系统永远不会发展，这也是城市地理学中的增长极理论、点—轴学说等理论的基础。一般来说，“种子”的形成是“先验”的，正如克里斯泰勒在中心地理论中所提出的：事物的基本现象之一是物质向核心区集聚；地理空间中的事物起源于中心，逐渐四周扩散；城镇是一定区域的“元首”和核心。扩散现象发生的前提条件之一是区域要有核心（中心），或者为各种形式的社会、经济、文化事物的集聚中心。物理学理论认为，在空间中所有的物质都具有势能，而且无时无刻不在向周围地区扩散和输送着自身的势能。在城乡文化整合过程中，这种势能的扩散方式表现为文化流、政策流、资金流、信息流、人口流、技术流等形式，这些“流”由核心区（“斑块”）区域流向四周，在距核心区不同方位和距离的地方重新聚集，与当地原有的自然、文化、经济、社会等要素相结合，形成新的集聚点。文化扩散往往在高相互作用（高能量）的点首先出现，然后向低相互作用的点或区域扩散。在均匀介质中，文化扩散如同波浪。聚散阶段，这一阶段文化扩散几乎不受距离的影响，各文化节点接受者的增加速度几乎相等。

1. 社会结构模式：城乡文化关系发轫

韦伯区位论认为，在市场经济的一般条件下，生产要素总是向能够获取最大效益的最优区位方向扩散，而其方向不是固定的。城乡文化扩散过程具有同样的特点，城乡文化要素沿交通路线由城乡文化整合度较高地区向城乡文化整合度较低的地区扩散。工业革命以来，伴随中小城市和小城镇的出现，城乡之间、城际之间人口流动迅速加快、规模迅速扩大，封闭式的城乡文化关系开始破冰，城乡文化整合发展处于形成时期。城乡文化整合空间格局呈现以高级文化节点为中心，沿主要交通路线向外波状式发散。在这个阶段，首先是城市节点文化按照“优势扩散原则”，通过大众媒介呈波状式向广大乡村地区渗透。其次，人口流动也是城市文化向农村渗透的重要途径。此外，由于乡镇是城市文化向农村波状式发散的直接接受者和进一步扩散的枢纽，也是乡村文化的集中体现者，因此，城市文化主要通过乡镇这个媒介对农村波状式发散。

（1）工业化拉大城乡文化差距

工业革命使城乡文化差距拉大，加剧了乡村文化和城市文化之间的对立。工业革命加速了工业化的发展进程，不断拉大农业和工业之间、乡村文化和城市文化之间的发展差距，从而激化了城乡两种文化间的矛盾。当前工业革命正在开足马力地进行，乡村和城市之间的隔离、农业区和工业区之间的分离已经达到了非常严峻的程度。

首先，城镇化既是工业革命的结果，又体现了工业化发展的矛盾。一方面，随着城镇化的推进，以工业文明为主的城市逐渐形成并发展起来，为工业文明的进一步发展提供了有利基础。在工业化的推动下，逐步建立工业企业，工人大量地聚集在同一个地点一起工作。为了劳动的方便，这些工人聚居在工作地点附近。即使是在规模较小的工厂附近，也慢慢形成了比较完整的村镇。基于工人们的生活需求，逐渐吸引了各行各业的人到这些村镇附近工作。这些村镇里出生的“工二代”，在成长的过程中日益熟悉并习惯工厂的工作。渐渐地工人的数量供过于求，加之便利的生活条件和低廉的生活成本，以及工人对工厂的高度依赖性，于是工厂降低了工人的工资。廉价的劳动力成本将吸引新工厂的到来，村镇将逐步扩展成为小城市，小城市逐步演变成大城市。

其次，工业化不断破坏其自身在城市中的生存和发展条件。工业的生产规模越大，它带来的排泄物和生产废料就越多，造成的环境污染也就越严重，最终将影响工业生产自身。尽管大城市为工业的发展提供了有利的条件，但由于生产环境的恶化，资本家试图逃离工业生产所造就的大城市，选择到乡村地区去经营。工业生产逐渐集中的趋势仍将持续，在乡村中所建立起来的每个新工厂都是工业城市的前身。这种工厂乡村大多是潜在的工业城市的中心，并且出现了工业城市所产生的一切弊害。要消灭这一恶性循环，必须解决这个不断重新产生的工业化的矛盾，只有实现城乡融合，才能使这个矛盾得到化解。另外，在城镇化的进程中，随着工业人口在城市的集中，相继产生了一系列城市问题，不断恶化工人们的生活环境。

（2）城镇化加强了城乡文化之间的联系

交通设施的发展和改善，促使城乡文化之间的联系不断加强。工业革命直接改善了城乡交通设施的发展水平，加强了城乡文化系统间的联系。在工业革命的推动下，公路、铁路等陆路交通取得了巨大发展。蒸汽机不仅给陆路交通工具带来了变革，而且更新了水路交通工具。日益完善的交通网络，不仅加强了城乡间的联系，也加速了城镇化的进程，更为城乡文化之间的传播和扩散提供了便利条件，把大量与世隔绝的乡村居民从愚昧无知的状况中解脱出来。

城镇化体现出文化强大的聚合效益和极强的带动作用。伴随工业化水平的不断提升，工业产品的生产规模快速提升，进而产生了很大的劳动力缺口。伴随便利的交通条件和日益提高的工资待遇，乡村居民大量地涌入城市，城市工业人口的数量快速增长起来。如同资本一样工业人口在城市快速聚集起来，并和现代先进科学技术、工业机器大生产结合在一起产生巨大的聚合效应，城市的生产力水平成乘数效益增长。工业化的发展吸引了大批乡村居民向城市转移，他们在工业文明、城市文明的熏陶下，逐渐感染了城市文化，逐步脱离了乡村文化中原有的“思想落后、愚昧无知”的状态。这批涌入城市并感染城市文化的农民，成为无产阶级队伍发展和壮大的力量。城市文化的扩散和辐射加速了乡村文化的发展。在城镇化的带动下，荒野变成了耕地，乡村变成了城市等，而且生产者也在改变着，通过生产而发展和改造着自身，从而产生了新力量、新需要、新语言、新交往方式、新观念等。城镇化过程中所表现出来的这种强大聚合效益和带动作用，在城乡关系未来发展的过程中将起着强大的推动作用。因此，必须注重发挥城市的文化功能。

2. 空间结构模式：以“斑块”为核心的波式发展

城市与乡村是文化系统中两类最基本的地域系统，城乡文化之间存在着相互作用与相互关联。这种作用在时空两个维度展开，即在不同历史阶段上具有不同的表现形式与基本特征，具有不同的空间地域模式与结构的变动。在工业革命前期，城乡文化相互作用的时空模式表现为以“斑块”为核心的波式空间结构模式。

（1）文化圈理论

1911 年德国民族学家格雷布纳（Robert Fritz Graebner）提出“文化圈”的概念。从地理空间角度看，文化圈是一个空间范围，在这个空间内分布着彼此关联的文化丛。文化圈不仅局限于一个地理空间，有时它的空间分布呈分离状态。世界各地可以属于一个大型文化圈，一个文化圈也可以包括多个民族或部落，是一个大民族群。可以通过具有相同文化特质的民族，发现文化系统发生、发展的历史渊源。在一个文化丛相关的不同地区，只要有一部分文化元素是相符的，它们就同属一个文化圈，如北美文化圈、汉字文化圈等。文化圈是持久独立的，也可以向外扩散。文化圈内部的文化系统，包含人类生活所需要的各个部分，如宗教、器物、社会、经济等。向外扩散的不仅是整体文化的子系统，也可能是整个文化发展模式。

（2）城乡文化系统波式结构

文化扩散是指一种文化从源地向外进行空间传播或转移的过程。文化扩散往往在高相互作用（高能量）的点首先出现，然后向低相互作用的点区域扩散。在均匀介质中，文化扩散如同波浪。扩散阶段的特点是，在远离文化节点的地方形成了一个新的快速增长的文化节点，扩散过程具有强烈的离心作用，远离文化节点的地方接受创新增长较快，与萌芽阶段相比，城乡文化差异性变小。

前工业时期城市的文化职能主要侧重于文化产品的商业和贸易方面，往往是文化产品的交换中心、文化服务的聚集地，文化消费大于生产，属于消费性文化节点，这种寄生性文化对农业的依赖性较大。往往一个小城镇拥有自己的文化市场，几乎全依赖周围农村人口生活。城市的空间区位大多是水陆交通便捷地，因此也成了联系广大乡村的交通枢纽。农村文化商品交换的发达程度和交通运输通道构成了影响城市文化节点等级和区位的两大重要因素。城乡文化之间存在着纵向和横向的联系。首先，城乡间纵向行政等级关系密切，上级城市往往是下级城市的文化主宰，而下级城市则是上级城市的文化“臣民”。这种城乡文化之间的联系更多地表现在特需文化产品的流通上。同时，伴随着工业化的发展，文化节点之间横向联系也在不断加强。这种横向联系往往以文化贸易的形式出现。因此，城市之间的封闭状况已被打破，文化节点相互联系不断加强，促进了不同等级城市之间交通网络的发育和各自集散功能的发挥，而基层的文化节点起着服务于周围乡村地区，并起着把农村文化与城市文化联系起来的作用。

8.2.3 廊道式发展

廊道是连通性结构，空间上它是各“斑块”、各圈层间建立联系的线状或带状区域以及这些联系通道相互交织形成的网络;内容上它包括各通道上道路、景观等各种发挥连通关联作用的软硬件。文化廊道与相邻两边文化景观不同的线性或带状区域，对于促进“斑块”间物质、能量、信息的流通，对于城乡文化的传播与交流，维持文化系统的发展具有重要作用（苏美蓉等，2008）。工业化结构高度发展时期，中心文化节点的文化轴向扩散进而带动中小型文化节点的发展，廊道式城乡文化发展模式形成。

1. 社会发展模式：城乡文化关系磨合

城镇化进程的加速，为城市文化的发展注入了一股强大动力，城市文化从作为农村文化的依附者迅速转化为城乡文化系统的主导者。城市和农村地区日益频繁的人口流动、资源流动和信息流动，促使城乡之间的地理界限与功能界限逐渐模糊，人们越来越难以将城市和农村视为相互排斥的一对实体，城乡文化关系处于磨合期。

（1）城乡物质文化景观融合

工业化高度发展时期，随着城镇化的快速发展，城乡文化关系再次重构。在城镇化、工业化发展水平较高的地区，文化服务业、文化产业成为整个城乡文化系统的核心。农业文化虽然仍然存在，但已经发生实质性的改变。在高度机械化的基础之上，农业成为建立以市场交换为目的、规模化生产的现代大农业。传统意义上自给自足式的农民已经不存在了，传统意义上的农民被以营利和交换为生产目的的农业生产者所替代。在这一阶段，城乡之间的空间界限渐渐模糊，乡村文化景观逐渐转变成为城市文化景观，工商业成为乡村居民就业的主体，乡村居民的生活方式逐步城镇化。传统的乡村农业和城市工业的分工格局被彻底打破，城乡文化关系处于磨合期。

（2）城乡文化产业结构调整

工业化进入到中期以后，文化服务业比例增加。伴随工业化的发展，工业生产能力日益增强，同时，随着城镇化进程的加速，也具有了规模相对庞大的城市人口，在工业化、城镇化的双重作用下，文化产业结构开始转换。伴随着人们生活水平的不断提高和城市人口的日益增加，广大居民必然对文化服务产业产生强烈的诉求。强大的文化生产能力自然也需要健全的文化服务体系，文化服务业势必替代文化生产业成为城乡文化发展的主导力量，文化服务业最大的特点就是就业弹性大，对劳动力的吸纳能力强，这个阶段城乡文化系统发展速度较快。另外，科学技术的进步也推动了乡村文化的发展速度。在工业化、城镇化的进程中，科学技术的进步必将推动农业的发展和城乡关系的改善。机械辅助手段的使用，特别是科学原理应用的普及，是进步的源泉。科学技术在工业生产中最大范围地使用，同时也有应用于农业的趋势。新的农具和农业化学技术的使用，都是科学技术对农业生产的积极效应。同时，科学技术对城乡文化关系发展产生了巨大影响。

（3）文化要素的流向改变

大量的农村资本、劳动力等文化资源快速流向城市。从资源流动的方向上来说，强势的城市文化产业相对于弱势的乡村文化产业，它们之间最突出的差距是大量的乡村剩余劳动力涌入城市。由于城乡文化差距已经比较大，加上高门槛的城市文化，于是，转移到城市的居民往往是乡村里的优质劳动力。因此伴随着人口的流动，物质、人力资本也进一步流出，同时土地等其他资源也在不断地被“城镇化”，大量的乡村文化资源被转移到城市，这样的结果就是，相对强势的城市文化与弱势的乡村文化并存，城乡文化矛盾加剧。

2. 空间结构模式：城乡文化廊道式发展

点轴系统理论认为，在区域发展过程中优势资源聚集的“斑点”沿交通、通信干线和能源、水源通道等线状基础设施扩散，进而形成廊道式发展模式。城乡文化流沿着交通线扩散，迅速地形成了城乡文化整合进程中的发展廊道。廊道是文化资源、文化要素和文化产业等传输的通道，亦是区域发展的纽带和城乡文化交流的通道。城乡文化整合廊道具有聚散功能，对附近区域有很强的文化要素集聚作用和扩散作用，从而沿廊道形成城乡文化聚集带。因此，在城乡文化整合进程中，优先选择具有发展潜力的城乡文化整合廊道，有利于充分发挥城乡“主流文化”的作用，实现文化基础设施与线状基础设施束之间最佳的空间结合；有利于实现城乡之间的专业化与协作，初步形成有机的城乡文化整合系统。

城乡文化廊道式一般出现在工业化成熟阶段，城乡文化之间呈现扩散性空间结构形态，城乡文化系统空间结构以城市文化节点为文化服务中心、文化管理中心、文化扩散中心，并且在城乡文化系统空间结构内呈现次级文化核心，城乡文化空间结构逐渐成为一个整体。韦伯区位论认为，在一般的市场经济条件下，生产要素将向能够获得最大效益的最优区位方向扩散，而其方向不是固定的。城乡文化扩散过程具有同样的特点，城乡文化要素沿交通路线由城乡文化整合度较高地区向城乡文化整合度较低地区扩散。城乡文化整合空间格局呈现以一级文化节点为中心，沿主要交通路线向外波状式发散。在这个阶段，首先是城市节点文化按照“优势扩散原则”，通过大众媒介向乡村波状式渗透。其次，人口流动也是城市文化向乡村渗透的重要途径。另外，由于乡镇是城市文化向农村波状式发散的直接接受者和进一步传播的中枢，又是农村文化的集中体现者，因此，城市文化主要通过乡镇这个中介对农村波状式发散。最后，完善交通系统，保证城乡文化廊道的通畅。通过打造公交主干道、干道和支路分级道路网络，建立公交优先通道；改善城乡路面状况，建立公路、铁路、航空并举的多层次、立体化综合交通系统，进而建立起城乡“畅达、舒适、安全、清洁”的交通系统。开发城乡文化联合线路，在挖掘城乡各种文化内涵的基础上，加强城乡文化间的联系，进行文化整合，开发联合文化通道。

8.2.4 网络化发展

网络化发展阶段一般出现在后工业化社会，即信息化时期，信息化使传统的空间时间化，时间则信息化、知识化，也催动了网络社会的兴起从而改变了城乡文化整合的发展模式。此时，城乡文化整合的发展模式呈现相对均衡的状态，所有潜在的文化易感知者都接受了新文化，城乡文化区域差异很小。核心文化节点呈现网络化发展，次级文化节点、乡村文化节点相对均衡，并且开始出现互相融合现象，呈现城乡文化一体化状态。

1. 社会发展模式：城乡文化关系协调

进入 20 世纪以来，尤其是第二次世界大战以后，一些发达国家进入了后工业社会。从城市发展阶段来说，世界进入了普遍城镇化阶段，即所谓“城市世纪”。城镇化呈现广域推进的趋势，城市文化和乡村文化更多地呈现为一个整体系统，朝向城乡文化融合方向发展。

（1）城镇化的广域推进

工业化带来的集中趋势，引发了一系列难以解决的文化、经济、社会问题，不仅大规模地占用农田，而且大城市的蔓延给城市居民居住、工作、交通、生活带来不便。信息化和交通运输技术进入后工业化后期，城乡文化关系融合。交通运输系统的发展为城镇化的广域推进创造了良好的条件。据研究，发达国家的城镇化经历了两个阶段：一是郊区化阶段，二是逆城镇化阶段。在前一个阶段，人口和基础设施向郊区扩散，城市文化自然伴随扩散。在逆城镇化阶段，郊区人口的增加速度放缓，逐渐开始外迁，整个大城市圈出现人口分散化减少的现象。城镇化的广域推进给城乡文化系统发展带来两个特点：一是随着分散城镇化的发展，多个大城市圈形成，而且相互之间越来越近，城乡文化逐渐相互连接起来，形成城乡文化一体化的现象。城镇化的广域推进不是意味着城市文化的空间衰退，恰恰相反，这是城市文化普遍向乡村地域推进，并以中小文化节点的扩散发展为主。

（2）城乡文化发展的整体观

20 世纪 50 年代以来，工业革命导致的城乡文化对立关系有了一定的变化。农村发展的相关理论和实践逐渐受到发达国家的重视，近年来更盛行为全球性的趋势。提高乡村地区的文化娱乐场和社会服务水平以推动乡村文化的发展成为焦点。在发达国家由于大城市越来越严重，甚至无法解决的社会、经济、文化等一系列问题背景下出现了农村发展转向。农村发展转向是发展中国家解决农村贫困的现实努力与社会经济文化不平衡发展的选择。城市和乡村是在紧密联系、互相帮扶中发展的，城市文化和乡村文化也是一个完整的系统。过去城市偏向论策略的影响，使乡村人口、文化服务设施、文化资源等社会发展要素枯竭。事实上城市文化和乡村文化之间存在着相辅相成的关系，它们之间的发展必须保持适当的平衡。应该把城市文化的发展与乡村文化的进步联系起来。城市及它所处的区域是相互联系、彼此影响的。无计划和无秩序的发展，造成了城市主流文化的混乱和传统乡村文化的衰落，应当在区域规划的指导下，使城市文化与乡村文化融合为一体。许多国家围绕城乡文化发展这个主题，进行了形式多样、富有成效的探索。

（3）城乡文化融合

城乡文化融合，意指社会生产力水平发展到一定高度以后，乡村文化和城市文化之间的对立将会被消除，城乡文化走向融合，城乡文化系统成为城市和乡村文化的优势相结合的社会综合体。城乡文化融合是城乡文化整合发展的最高阶段。城乡文化融合的基本特征：其一是城市和乡村的界线逐渐消融，城乡居民以及一切文化生产部门都按照发展的需求在世界范围内均衡地分布。在信息化、科学技术的推动下，文化生产的技术手段不断改良，交通系统网络日益完善，城乡文化对立逐渐消失，城乡文化融合逐步实现。其二是农业生产、公共文化卫生事业的发展化解了城乡文化之间的对立。因为城乡文化对立，工业生产原料和城市居民的日常起居所消费掉的土地组成部分无法回归原来的土地，反而以废水、废气、废料等“三废”的形式在城市里排放。这不仅对城市环境造成了巨大的污染，也对城市公共卫生文化事业的发展提出了挑战，另外还造成了农村地力的巨大浪费，对农业的可持续发展构成了威胁。由此产生的巨大矛盾，只能在农业生产和公共文化卫生事业的发展中得到化解。它们的发展，将化解城乡文化的对立，促进城乡文化融合的实现。

当城镇化达到一定水平进入成熟期后，城乡文化要素流已经不再是文化发展的主要现象，这个时候城乡文化关系进入融合阶段。城乡文化融合并不是说城乡文化没有了差异，或者农村变为城市。农村和城市总是相对存在的，只是城乡之间的文化要素自由流动，共同享有文化发展的成果，农村居民和城市居民享有同样的文化服务，“城市文明”与“乡村文明”成为同样具有现代性的两种文明。在快速城镇化背景下，城乡文化拮抗走到城乡文化融合是一种发展方向，但有很长的路要走。一是城市资本具有了强大的实力，城市资本促进农村文化产业的大力发展，进而缩小城乡文化差距；二是政府通过很多有利于农村、农民的政策，以缩小城乡文化发展差距；三是通过城乡技术转移不断提高农村的生产能力。

2. 空间结构模式：全球网络化发展

城乡文化的空间结构包括诸文化要素在空间中的相对位置、相互关联、相互作用、相互适应、集聚程度，以及城乡区域间的相对平衡关系等。信息化在城乡文化资源配置上已经并将继续改变传统的空间关系。信息技术的广泛应用，使文化传播在某种程度上突破了空间距离摩擦定律，城乡文化的空间结构也越来越受信息科技要素的影响。文化节点、文化廊道和文化网络是城乡文化空间结构的三个基本要素。在信息化背景下研究城乡文化的空间结构，必须首先认识和判别其空间结构的基本要素，进而研究诸要素的空间组合、关联形态和趋向高级化的演变规律。

（1）文化节点：规模更显重要，功能趋向软化

文化节点是城乡文化系统空间结构最基本的构成元素，通常出现在文化资源富集区，主要包括城镇、乡村、开发区、港口、大型水利工程、大型博物馆等，是文化活动空间最密集、最活跃的地方。从微观空间尺度观察，被视为文化节点的地区也表现为不同文化活动“板块”所组成的空间，其内部又有多层次的空间结构。文化节点作为文化社会的物质功能实体，它的发育生长决定着城乡文化系统的空间结构形成、发展方向与内涵，高级文化节点是城乡文化系统空间发展状态的调控者和稳定器（陈修颖，2003）。文化节点、文化流、文化的矢量流动和文化网络共同刻画了城乡文化系统空间结构的运动过程，经过

沉淀和时间累积逐渐物化成为一种动态的、均衡的流动空间网络模式，不同的空间集聚单元依托这一网络模式，将构建成全球化的等级结构网络空间形态。

1）文化节点规模和功能的变化。文化节点有规模等级之分，系统内各种规模不等的文化节点相互连接在一起就形成了文化节点的等级体系。由于各种文化要素的集聚，文化节点往往充当着整个城乡文化系统空间的增长极。在大航海数据时代，封闭的文化节点已经“被暴露”在了国际、国内大环境之中，文化信息流正重塑着文化节点规模及等级体系，这使得文化节点的功能、规模、地位发生了许多改变。第一，文化信息流重新定义了文化节点的规模、功能。在整个文化节点网络体系中，文化信息流流入和流出信息的强度、类别决定了文化节点的规模及其功能，文化节点将处于更高层次的文化信息网络之中。第二，文化节点功能的软化。知识经济的到来、信息技术的发展及应用使得城乡文化活动更多地表现为对文化信息的使用、分配、消费，新技术、新思想的不断涌现，使文化节点日益成为一个巨大的文化信息库和系统内的文化创新源。因此，文化节点将会从传统文化产品的生产消费中心转向成为城乡文化系统变革的内燃机、系统常态的调控器、凝聚文化的黏合剂、文化发展的助推器，即出现文化节点功能软化现象。

2）文化节点系统定位和体系的变化。首先，每个文化节点均具有成为全球性文化源地的潜力。在航海时代，城市作为重要的文化信息流节点、文化管理和文化服务中心而出现，在城乡文化系统中充当重要文化信息流枢纽的作用。在信息技术的作用下，文化节点从一个基于地方场所的、固定的空间，向一个基于网络的、流动的全球性空间转型。从理论上来讲，无论是城市还是乡村，每个文化节点都面临着这种转变的契机。其次，文化节点体系出现了重新分级分化的态势，即高级文化节点的不断极化，同时会出现区域性文化节点、地区性文化节点，这在地理上表现为全球性文化节点、区域性文化节点、地区性文化节点体系的出现，而那些处于信息化边缘地带的文化节点则相对落后。尽管在工业化时期这一趋势也已经出现，但是在航海时代信息化的作用下，这个现象将被逐步强化，甚至出现“信息鸿沟”“信息边缘化”区域。

（2）文化廊道：要素流动更加通畅，空间结构弹性化增强

文化廊道是在文化节点要素基础上发展起来的一种相互作用的城乡文化系统空间结构要素，是城乡文化行为主体相互作用的一种存在形式。随着城乡

文化相互作用关系的加强而向纵深方向发展，文化节点间的人口流、信息流、能量流、物质流等各种流的流入越来越密集，这一方面强化了文化节点间的联系，另一方面更要求建设通畅的能保证这些要素流正常运转的物质载体，从而形成了相互作用的文化活动空间的另一种类型——廊道空间。

1）信息化与文化廊道。文化廊道具有空间构成要素复杂性的特征，由城镇文化节点所组成的廊道是城乡文化系统空间结构中一种综合性的“线”，在城乡文化系统空间相互作用过程中，其文化轴线的延伸方向往往与自然地理轴线的实际走向一致。文化廊道可以根据文化节点组成的数量、密度、级别等分为不同的等级，同类但不同等级的廊道之间往往在功能上是互补的，它们相互连接，相互补充，共同完成某一种文化活动，如城乡文化整合。大航海时代的到来，促进城乡文化系统空间结构的廊道组成要素发生了一些新变化，主要表现在以下几个方面：第一，在文化服务业和文化生产部门信息活动更加密集，客观上提高了文化信息廊道的重要性，进而凸显文化信息廊道在城乡文化系统空间结构中的作用；第二，文化信息技术在交通网络等有形网络运行和管理中的使用，增强了这些网络原有的功能，大大提高了文化要素流动的空间性、方向性、机动性，使得文化要素流的空间载体和流通通道更加通畅；第三，信息技术及信息活动在无形网络中的应用，促使无形网的组织模式更加灵活，也加强了不同文化廊道之间的互动；第四，城乡文化系统的发展将是有形与无形网络的日益结合过程，同时也是城乡文化系统空间结构弹性化增强的过程。

2）巨型文化廊道的浮现。在全球化进程中，伴随通信和信息技术的发展与应用，文化信息流不断重塑着城乡文化系统的空间结构，具体表现在主要文化节点的空间分布形式上，即从巨型节点的浮现，逐渐发展成为巨型文化走廊，并最终发展成城市群系统体系。巨型文化走廊是在巨型文化节点发展到一定程度，并随着高速交通廊道和信息通信干线的发展而发育的，一般是由快速交通干线的核心文化节点共同构成的。通过信息、物质、能量的交换文化节点间形成的空间关联网络承载了城乡文化活动所产生的空间位移和潜在移动。通过文化信息流巨型文化节点所形成的流空间不断强化与邻近地区的合作，争取了相邻区域传统的生产力要素；通过流空间对相邻节点的组织，以及地理位置的邻近性，很大程度上降低了文化整合成本，进而增强了文化产品在全球市场体系中的竞争力。随着城市群和文化走廊的形成，在更大系统范围内文化空间结构调整和文化整合的深入，通过流空间的高效组织，集合不同等级文化节点，以巨型文化节点为核心的，具有较强弹性功能、多中心结构的城乡文化空间结构开始形成。在信息时代，由于空间管制、协作等目的，对无形网络的诉求将会增加，一定程度上技术、组织和制度创新对城乡文化系统发展及其空间结构合理化有着重要的作用。

（3）文化网络：基于文化信息流的全球化等级空间组合模式

文化网络是经过沉淀和时间的累积，物化成为一种均衡的、动态的、流动的空间网络模式，是城乡文化系统空间结构得以运转的通道和保证，不同的空间集聚单元体依托这一文化网络模式，将构建成全球化的等级结构网络空间形态。城乡文化网络由有形网络和无形网络组成。有形文化网络如文化依附的立体交通网络、信息网络及其他基础设施网络等，是整个城乡文化系统空间结构赖以存在的物质骨架；无形文化网络如社会网络、文化节点间合作网络、政府组织关系网等，是城乡文化系统空间结构得以存在和发展的组织保障。

1）信息化与文化网络。随着经济的发展和信息网络化的建设，城乡文化系统空间结构即将走向网络组织。在信息化时代，信息区位的重要性大幅提升，城乡文化系统空间结构向扁平化、网络化方向发展，城乡界限趋于模糊，使得城镇与乡村的区分没有实际意义，将形成城乡文化功能组团体系（季增民，1989）。首先，在一种动态均衡的城乡文化系统空间结构中，文化节点间形成一种关联模式。在城乡文化系统空间中，文化流按照既定路径，流动方向、规模和强度等基本稳定。文化要素流的整合就是要初级文化要素自由流动，低等级文化要素向低等级文化节点集中，高等级文化要素向高等级文化节点集中。其次，在特定社会经济背景下，信息、知识等相关活动在文化活动中的比例不断地增加，加上交通网络、信息网络对城乡文化系统空间的集聚作用，会促使新的城乡文化系统空间结构组合出现，如信息城市、城乡网络、智能区域等。最后，构建全球化等级结构文化网络。信息技术的时空超越，有利于城乡文化系统空间结构内各板块之间在功能上的互动。当城乡文化系统发展进入新的发展阶段后，文化节点之间、文化廊道之间就会产生一系列新的文化整合，文化生产要素和文化资源配置开始在更大范围系统间流动和重新配置，进而构建全球化等级结构文化网络。

2）智能文化信息网络的形成。城乡文化系统空间结构要素在一定时空范围所发生的量与质的转移、交换现象（万家佩和涂人猛，1992）是其空间结构形成和发展变化的必要条件。信息通信技术和互联网等电子媒介的广泛应用是城乡文化物质空间信息化的关键因素。传统物质空间在引入先进的通信技术及信息网络技术后逐渐信息化，从而形成不同信息化强度的空间组合，当信息化强度达到极致便出现了虚拟空间。随着信息和通信技术的深入发展和广泛应用，虚拟空间将更加具有互动性、广泛参与性和真实性，甚至在一定程度上替代场所空间，如智能化空间、物联网的广泛应用等虚拟空间。虚拟空间将使得人们对场所空间的需求、依赖程度大大降低，市场的需求也呈现出网络化特征，社会生产方式和人们的生活方式也将随之改变。智能化生存空间将人和建筑之间建立起一种智能化的动态空间，物联网通过信息传感设备与互联网连接，实现物与人、物与物之间的联结，增强了对物品和过程的智能化管理、识别、感知。此外，文化信息流促进系统和文化节点之间的空间转换。在信息化社会，通信技术和信息促使生产组织形式发生变化，信息技术和生产组织方式的结合使新型文化在节点间传播和扩散，导致其文化空间结构变化，进而形成新的发展方式。文化信息流通过促进信息产业融入到文化生产的各个过程中，从而提高文化产业的生产效率，改善城乡文化系统的文化产业结构；高效的文化生产效率又能促进通信技术和信息行业的发展，使文化信息流更加高效、有序地运转，最终影响文化节点与城乡文化系统之间的空间转换。

（4）城乡文化系统空间的全球网络化

全球化、信息化是一种文化现象（胡元梓，2000），在信息化时期城乡文化生产力向均衡化方向发展，城乡文化发展空间结构网络化，形成文化节点—文化廊道—文化网络系统，整个区域城乡文化系统成为一个高度发达的全球网络化城乡文化整合发展模式。

1）城乡文化空间结构的破碎化。在信息技术的推动下，文化传播和扩散的形式将发生根本性的改变（表 8.1），等级扩散、临近扩散的强度将逐渐减弱，在信息流作用下，文化扩散的空间增加了跳跃性传播的概率（Haggett，1965）。文化信息地区间的不对称和交互，不断地引导着文化节点按照要素禀赋的比较优势展开合作。在文化信息流的导引下，人们也越来越强调地方间的联系与互动，以文化信息流为主要扩散方式的“流空间”成为行为支撑，从而使城乡文化系统的传播空间破碎化。

表 8.1 信息化背景下城乡文化系统的变化

系统要素	传统地理背景	信息化背景
传播媒介	交通运输设施、通信设施	信息网络设施、通信设施
传播方式	交通方式决定	网络与通信手段决定
空间特性	物理实体空间	信息化网络空间
传播范围	明确的场所感应	依附于实体空间
传播距离	主要受地理距离影响	完全不受地理距离影响
时空关系	时空同步	时空分异
地方认同感	明确的地方认同感	新的认同感

2）城乡文化系统空间结构的全球网络化（图 8.3）。信息时代，文化节点间的联系得以突破区域间的行政界限，国家、区域、城市、乡村间的概念开始模糊。文化信息网络缩短了乡村和城市、城市和区域之间的时空距离，文化产业分布呈小型化、分散化的分布状态，从而使文化节点的空间分布分散化、规模中小型化，形成网络型、开放式、多中心型的文化节点体系。这种开放结构加强了文化节点间的横向联系，促进了城乡文化的共同增长，文化节点之间互补、竞争、协同的关系将替代传统的等级关系。在这个巨大的网络系统中，国家级文化节点的功能将进一步被强化，网络的主干是国家级文化节点之间的文化廊道，分支是区域级文化节点与其他地方级文化节点的文化廊道，小分支则是参与文化全球化分工的中小文化节点，世界级文化节点仍是国际化网络的集聚节点。通信设施和交通的发展是城乡文化系统空间的全球网络化物质基础，生产和生活方式的信息化则提供社会基础，经济全球化为其奠定了经济基础。城乡文化系统空间的全球网络化发展使城乡的界限逐渐消失，城乡系统结构在较高水平上达到新的平衡，形成功能上城乡文化一体化的空间结构体系。

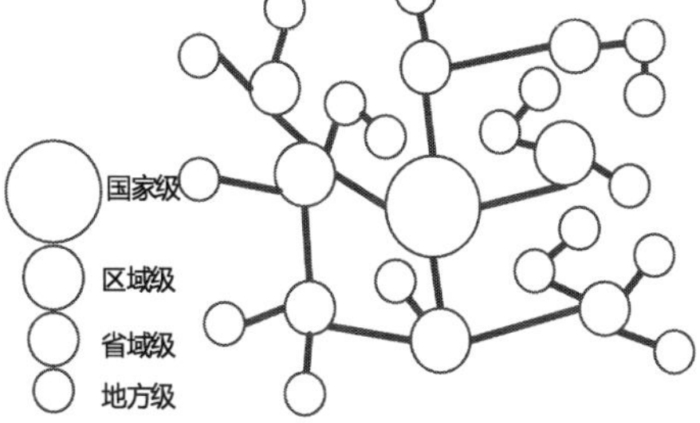

图 8.3 全球化网络化城乡文化系统

8.3 小结和讨论

1）城乡文化整合的发展模式是城市文化和乡村文化两种文化的各个特质从（内容）相互联系整合成为协调一致的城乡文化系统（整体）的结构状态或复合体的特征。由城市文化系统和乡村文化系统构成的城乡文化系统是城乡文化产品、文化设施、文化传播路径、文化传播媒介等要素的多向度的透视。研究城乡文化整合发展模式，不应只局限于文化发展的某些具体领域，而应从社会哲学的高度，着眼于城乡文化系统的整体结构和发展的全进程，进行整体性的研究和审视。

2）生产力和生产关系决定着城乡文化整合的发展模式。城乡文化关系是在社会分工发展的推动下不断地向前演进的，生产力是人类社会发展和进步的最终决定力量。生产力决定着生产关系的性质，进而决定着其他社会关系的基本面貌，也决定着城乡文化发展的历史进程。在生产力和生产方式变革的影响下，城乡文化整合的发展模式大致经历了前工业化时期的萌芽阶段、工业化前期的形成阶段、工业化中期的聚散阶段、后工业化的兴盛阶段四个阶段，各个阶段的城乡文化整合发展模式表现出不同的形态与特点。

3）城乡文化发展模式的发展和演变，充分体现了发展方针和政策措施的重要性。改革开放以后，从城乡文化发展模式的历程来看，伴随生产力和生产方式的发展，在国家的方针和政策影响下城乡文化发展模式不断地调整和变化，城乡文化差距也出现了“增大—缩小—增大—缩小”的反复，在这个发展过程中，城市文化和乡村文化都取得了重大发展，城乡文化系统进入了新的发展阶段，从整体上得到了提升和改善，表现出前进的和上升的趋势。

参考文献

阿木. 2005. “千城一面”忧思. http://www.people.com.cn/GB/paper83/16336/1442237.html[2013-05-24].
奥格本 W F. 1985. 社会变迁——关于文化和先天的本质[M]. 王晓毅, 陈育国译. 杭州: 浙江人民出版社.
鲍曼 Z. 2001. 全球化:人类的后果[M]. 郭国良, 徐建华译. 北京: 商务印书馆.
本尼迪克特 L. 1988. 文化模式[M]. 王炜译. 北京: 生活·读书·新知三联书店.
蔡云辉. 2003. 城乡关系与近代中国的城市化问题[J]. 西南师范大学学报(人文社会科学版), (5): 117-121.
蔡正非, 李喜景. 2008. 少数民族农村劳动力转移中城乡文化的冲突与协调[J]. 云南民族大学学报(哲学社会科学版), 25(2): 87-92.
曹胜斌, 李磊, 刘庆法. 2006. 高速公路路域文化探析[J]. 长安大学学报(社会科学版), (2): 84-86.
曹诗图. 1994. 文化与地理环境[J]. 人文地理, 9(2): 49-53 .
柴彦威. 1998. 时间地理学的起源、主要概念及其应用[J]. 地理科学, 18(1): 65-72.
柴彦威. 1999. 中日城市结构比较研究[M]. 北京: 北京大学出版社.
柴彦威, 赵莹. 2009. 时间地理学研究最新进展[J]. 地理科学, 29(4): 593-600.
柴彦威, 塔娜, 张艳. 2013. 融入生命历程理论、面向长期空间行为的时间地理学再思考[J]. 人文地理, 130(2): 1-6.
常婕. 2007. 我国企业国际化文化创新模式分析[J]. 商业研究, (7): 74-76.
陈吉元, 胡必亮. 1996. 当代中国的村压经济与村落文化[M]. 太原: 山西经济出版社.
陈修颖. 2003. 区域经济空间结构重组理论初探[J]. 地理与地理信息系统, 19(2): 65-68.
陈忠, 盛毅华. 2005. 现代系统科学学[M]. 上海: 上海科学出版社.
程叶青, 邓吉祥, 房艳刚. 2010. 吉林省中部粮食主产区城乡关联的空间分析[J]. 地理研究, 29(4): 727-736.
程渝. 2012. 城乡统筹发展中城乡文化冲突及整合研究[D]. 西南石油大学硕士学位论文.
代金平, 郝烨. 2008. 信息时代中国主流文化整合与文化多样化发展的矛盾——基于社会学视角的一种探讨[J]. 重庆大学学报(社会科学版), 14(5): 133-138.
戴耀昌. 1996. 从古代治水析水文化的内涵[J]. 北京水利, (3): 57-59.
邓述平. 2006. 文化·城市文化·建筑文化[J]. 理想空间, (6): 3-8.
段晶晶,李同昇.2010. 县域城乡关联度评价指标体系构建与应用——以大西安为例[J].人文地理, 114(4):82-86.
方修琦. 2007. 时间维的自然地理学研究[J]. 古地理学报, 9(2): 669-674.
房国坤, 王咏, 姚士谋. 2009. 快速城市化时期城市形态及其动力机制研究[J]. 人文地理,

106(2): 40-43.
费孝通. 1999. 更高层次的文化走向[J]. 民族艺术, (4): 8-16.
费孝通. 2006. 乡土中国[M]. 上海: 上海人民出版社.
冯天瑜, 何晓明, 周积明. 1990. 中华文化史[M]. 上海: 上海人民出版社.
冯之浚, 刘燕华. 2008. 我国循环经济生态工业园发展模式研究[J]. 中国软科学, (4): 1-10.
傅崇兰. 2003. 中国城市发展问题报告[M]. 北京: 中国社会科学出版社.
傅腾霄. 2002. 文学价值的文化时空结构[J]. 四川大学学报(哲学社会科学版), (1): 64-67.
傅兆君. 1992. 合与分的地理效应与民族个性差异[J]. 人文地理, 7(4): 43-46.
高建明. 1999. 文化界定三题[J]. 武汉交通科技大学学报, 12(2): 43-46.
高曲. 2012. 加快构建有利于文化繁荣发展的体制机制[J]. 长春理工大学学报, 8: 32-33.
高善春. 2010a. 城乡文化一体化建设的路径探析[J]. 福建农林大学学报(哲学社会科学版), 13(6): 32-35.
高善春. 2010b. 论城乡文化一体化的内涵与实现途径[J]. 重庆科技学院学报(社会科学版), (21): 40-46.
高善春. 2010c. 论城乡文化一体化建设的意义、条件与措施[J]. 内蒙古农业大学学报(社会科学版), 6(12): 240-241.
高善春. 2011a. 城乡文化一体化建设的制约因素及应对策略[J]. 河北理工大学学报(社会科学版), 3(11): 68-70.
高善春. 2011b. 论城乡文化一体化建设的原则与路径[J]. 安徽工业大学学报(社会科学版), 28(1): 36-37.
高善春. 2012. 城乡文化从二元到一体:制度分析与制度创新的基本维度[J]. 理论探讨, 165(2): 166-169.
戈列吉 R G, 仕琦. 1997. 地理学理论[J]. 国际社会科学杂志(中文版), 14(4): 27-41.
谷中原. 2003. 论社区发展的交通支持[J]. 求索, (4): 107-110.
顾朝林, 庞海峰. 2008. 基于重力模型的中国城市体系空间联系与层域划分[J]. 地理研究, 27(1): 1-12.
顾丽娟, 曾菊新. 2013. 中国区域城乡文化系统耦合关联分析[J]. 经济地理, 33(1): 86-104.
顾敏敏, 贾霄燕, 苗敏. 2011. 非政府组织介入城市社区文化活动管理的模式分析[J]. 科技创新导报, (4): 205-206.
郭文, 黄震方. 2013. 基于场域理论的文化遗产旅游地多维空间生产研究——以江南水乡周庄古镇为例[J]. 人文地理, 130(2): 117-124.
国家统计局城市社会经济调查总队. 2005. 2004 年中国城市发展报告[M]. 北京: 中国统计出版社.
哈达赫 K. 1984. 二十世纪德国经济史[M]. 扬绪译. 北京: 商务印书馆.
哈维 D. 1996. 地理学中的解释[M]. 高泳源, 刘立华, 蔡运龙译. 北京: 商务印书馆.
哈维 D. 2003. 后现代的状况——对文化变迁之缘起的探究[M]. 阎嘉译. 北京: 商务印书馆.
韩社林. 2011. 中国区域文化的地理空间结构[J]. 西北民族大学学报(哲学社会科学版), (6): 93-98.
韩铣丰. 1990. 从地理学观点来看中西文化之差异[J]. 人文地理, 5(3): 49-51.
郝涛, 李楠. 2005-08-17. 183 个城市争建国际大都市全不顾实事求是[N]. 市场报, 第 4 版.
亨廷顿 S P. 2009. 文明的冲突与世界秩序的重建[M]. 周琪等译. 北京: 新华出版社.

洪银兴. 2007. 苏南模式的演进及其对创新发展模式的启示[J]. 南京大学学报(哲学·人文科学·社会科学版), (2): 31-38.
胡杰成. 2008. 农民工城市融入问题研究综述[J]. 兰州学刊, (12): 87-89.
胡菁菁. 2009. 构建覆盖城乡的公共文化服务体系[J]. 今日浙江, 20: 68.
胡元梓. 2000. 全球化与中国[M]. 北京: 中央编译出版社.
湖北省社会科学院课题组. 2005. 振兴汉派文化的战略思考[J]. 江汉大学学报(人文科学版), 10(5): 63-69.
黄成林. 1993. 试论徽州地理环境对徽商和徽派民居建筑的影响[J]. 人文地理, 6(4): 57-63.
黄成林. 1995a. 徽州文化生态初步研究[J]. 地理科学, 15(4): 299-305.
黄成林. 1995b. 试论徽商对徽州文化的影响[J]. 人文地理, 10(4): 36-39.
黄栋, 戴迎华. 2009. 农民工流动问题的实证研究——以江苏靖江文东村为例[J]. 内蒙古农业大学学报(社会科学版), 11(47): 63-67.
黄进良. 2001. 近500年江汉平原湖区土地开发的历史反思[J]. 华中师范大学学报(自然科学版), 12(4): 158-162.
黄坤明. 2009. 城乡一体化路径演进研究:民本自发与政府自觉[M]. 北京: 科学出版社.
霍华德 E. 2000. 明日的田园城市[M]. 金经元译. 北京: 商务印书馆.
季增民. 1989. 信息地理学初探[J]. 人文地理, (3): 17-22.
贾高建. 2007. 社会整体视野中的城乡关系问题[J]. 中共中央党校学报, (2): 23-27.
蒋建国. 2011. 加快城乡文化一体化发展[J]. 求是, (23): 17-20.
卡斯特尔 M. 2001. 网络社会的崛起[M]. 夏铸九, 王志弘译. 北京: 社会科学文献出版社.
康劲. 2006. 自主创新: 渴望创新文化的滋养[EB/OL]. http://news3.xinhuanet. com/comments/2006-03/15/content_4304555.htm[2006-03-15].
克朗 M. 2003. 文化地理学[M]. 杨淑华, 宋慧敏译. 南京: 南京大学出版社.
兰勇, 陈忠祥. 2006. 论我国城市化过程中的城乡文化整合[J]. 人文地理, 21(6): 45-48.
李炳坤. 1981. 工农业产品价格剪刀差问题[M]. 北京: 农业出版社.
李国平, 杨军. 2009. 网络化大都市: 杭州市域空间发展新战略[M]. 北京: 中国建筑工业出版社.
李军, 朱顺应, 李安勋, 等. 2006. 长株潭城市群城际与城内客运出行特征[J]. 交通科技, (6): 69-72.
李君如. 2011. 统筹城乡文化最难是统筹价值观的矛盾[EB/OL]. http://finance.ifeng.com/news/special/qmxklt/20111211/5249039.shtml[2011-12-25].
李君如. 2012. “文化自觉”与“城乡文化统筹”[J]. 小康杂志, 14(1): 79.
李仁主. 2005.“2005 中国城市十件大事”评选活动今天揭晓[EB/OL]. http://news.sina.com.cn/c/2005-12-30/16067861196s.shtml[2010-01-18].
李少惠. 2007. 公共文化服务体系建设的主体构成及其功能分析[J]. 社科纵横, 22(2): 37-39.
李少惠, 裴玲. 2008. 实现我国城乡文化服务权利公平的探讨[J]. 经济问题, 10:25-27.
李世泰, 孙峰华. 2006. 农村城镇化发展动力机制的探讨[J]. 经济地理, (5): 815-818.
李伟. 2009. 我国循环经济的发展模式研究[D]. 西北大学硕士学位论文.
李伟, 俞孔坚. 2005. 世界文化遗产保护的新动向[J]. 城市问题, (4): 7-12.
李伟, 俞孔坚, 李迪华. 2004. 遗产廊道与大运河整体保护的理论框架[J]. 城市问题, (1): 28-31.
李小文, 曹春香, 常超一. 2007. 地理学第一定律与时空邻近度的提出[J]. 自然杂志, 29(2):

69-71.
李秀忠. 2009. 统筹城乡文化建设的基本途径探讨[J]. 山东师范大学学报(人文社会科学版), 54(6): 140-145.
李映民，张乾铄，连少琴，等. 2010. 珠三角部分家庭欲“逃离”一线城市摆脱伪幸福[EB/OL]. http://www.chinanews.com.cn/sh/news/2010/03-27/2193395.shtml[2010-03-28].
李云鹏. 2011. 如何以创新体制机制为动力加强农村文化建设[J]. 华章, (3): 19.
梁美华. 2007. 文化创新——企业自主创新的动力源[J]. 湘潭大学学报(哲学社会科学版), (5): 72-75.
梁漱溟. 1934. 民众教育何以能救中国[J]. 乡村建设旬刊, (7～8 期合刊), (4): 10-11.
梁漱溟. 1989. 梁漱溟全集[M]. 济南: 山东人民出版社.
梁漱溟. 2006. 乡村建设理论[M]. 上海: 上海人民出版社.
梁漱溟. 2009. 东西文化及其哲学[M]. 济南: 山东人民出版社.
列斐伏尔 H. 2003. 空间: 社会产物与使用价值[A]//鲍亚明. 现代性与空间的生产[C]. 上海: 上海教育出版社: 34-39.
林宏彬, 王琼. 2012. 农村社区非政府组织文化发展研究——以甘肃静宁贾庄村社火协会为例[J]. 行政事业资产与财务, (6): 218.
刘奔. 1996. 哲学与文化[M]. 北京: 中国社会科学出版社.
刘滨谊. 2004. 城市文化与城市景观吸引力构建[J]. 规划师, 20(2): 5-7.
刘承良, 丁明军. 2007. 武汉都市圈城际联系通达性的测度与分析[J]. 地理科学进展, 26(6): 96-108.
刘国光. 1991. 中外城市知识辞典[M]. 北京: 中国城市出版社.
刘豪兴. 2008. 农村社会学[M]. 北京: 中国人民大学出版社.
刘恒江, 陈继祥. 2004. 产业集聚动力机制研究的最新动态[J]. 外国经济与管理, (7): 2-7.
刘圣佳. 1995.文化是明天的经济[J]. 民俗研究,1:14.
刘盛佳. 1990. 地理学思想史[M]. 武汉: 华中师范大学出版社.
刘士林. 2009. 大城市发展的历史模式与当代阐释——以芒福德《城市发展史》为中心的建构与研究[J]. 江西社会科学, (8): 27-34.
刘曙东. 2007. 中国近代城乡的文化差异及启示[J]. 湖南文理学院学报(社会科学版), 32(1): 76-77.
刘卫东，甄峰. 2004. 信息化对社会经济空间组织的影响研究[J]. 地理学报，59(增刊): 67-76.
刘文俭. 2010. 公民参与公共文化服务体系建设对策研究[J]. 行政论坛, (3): 80-83.
刘向. 1987. 说苑校证[M]. 曾巩校阅. 北京: 中华书局.
刘新. 2009. 中国城乡二元经济社会结构形成原因探析[J]. 农业经济, (5): 3-5.
刘益. 1992. 岭南文化的特点及其形成的地理因素[J]. 人文地理, 7(4): 43-46.
刘元春, 罗玉波. 2003. 我国未来经济增长的制度基础[J]. 中国人民大学学报, (2): 28.
陆大道. 1979. 工业区的工业企业成组布局类型及其技术经济效果[J]. 地理学报，34(3): 248-263.
陆大道. 1990. 中国工业布局的理论与实践[M]. 北京: 科学出版社.
陆大道. 2006. 城市化“大跃进”的陷阱[EB/OL]. http://c.360webcache.com/c?m=221c329bf1d9480f781825849669bb0e&q=城市化+大跃进+的陷阱&u=http%3A%2F%2Fwww.globalview.cn%2

FReadNews.asp%3FNewsID%3D8885[2013-5-24].
陆学艺. 2000. 走出“城乡分治，一国两策”的困境[J]. 读书，(5)：3.
陆益龙. 2004. 超越户口——解读中国户籍制度[M]. 北京：中国社会科学出版社.
路幸福. 2012. 文化生态保护研究尺度与进展[J]. 成都理工大学学报(社会科学版)，20(4)：1-7.
罗伯森 L. 2000. 全球化：社会理论和全球文化[M]. 梁光严译. 上海：上海人民出版社。
罗科萍. 2012. 从文化堕距理论探析我国近现代民族文化危机[J]. 现代企业教育，(12)：197-198.
罗能生，谢里. 2010. 国家文化软实力评估指标体系与模型构建[J]. 求索，(9)：22-24.
罗能生，张希，肖丽丽. 2011. 中国文化软实力影响因素实证研究[J]. 经济地理，31(7)：1146-1151.
吕红平. 2001. 农村家族问题与现代化[M]. 保定：河北大学出版社.
马克思，恩格斯. 1962. 马克思恩格斯全集[M].第 13 卷. 中共中央马克思恩格斯列宁斯大林著作编译局译. 北京：人民出版社.
马克思，恩格斯. 1979. 马克思恩格斯全集[M]. 第 46 卷. 中共中央马克思恩格斯列宁斯大林著作编译局译. 北京：人民出版社.
马克思，恩格斯. 2001a. 马克思恩格斯全集 [M]. 第 46 卷上册. 中共中央马克思恩格斯列宁斯大林著作编译局译. 北京：人民出版社.
马克思，恩格斯. 2001b. 马克思恩格斯全集 [M]. 第 3 卷. 中共中央马克思恩格斯列宁斯大林著作编译局译. 北京：人民出版社.
马凌诺斯基. 2009. 文化论[M]. 费孝通译. 北京：中国民间文艺出版社.
麦肯齐 R D. 1987. 城市社会学：芝加哥学派城市研究[M]. 宋俊岭，吴建华译. 北京：华夏出版社.
芒福德 L. 2005. 城市发展史——起源、演变和前景[M]. 宋俊岭译. 北京：中国建筑工业出版社.
芒福德 L. 2009. 城市文化[M]. 宋俊岭，李祥宁，周鸣浩译. 北京：中国建筑工业出版社.
苗长虹，王兵. 2003. 文化转向：经济地理学研究的一个新方向[J]. 经济地理，23(5)：577-581.
倪姗. 2008. 乡村文化与现代化的乡村建设[J]. 闽江学院学报，29(3)：77-80.
宁越敏. 1998. 新城市化进程——90 年代中国城市化动力机制和特点探讨[J]. 地理学报，53(5)：88-95.
牛文元. 1992. 理论地理学[M]. 北京：商务印书馆.
《农业投入》总课题组. 1996. 农业保护：现状、依据和政策建议[J].中国社会科学，(1)：1.
帕克 R E，伯吉斯 E N，麦肯齐 R D. 2012. 城市社会学：芝加哥学派城市研究[M]. 宋俊岭，郑也夫译.北京：商务印书馆.
潘玉君. 2002. 地理学元研究:地理学的研究维度[J]. 云南师范大学学报(自然科学版)，22(3)：49-52.
庞效民. 2000. 90 年代西方经济地理学的文化研究趋向评述[J]. 经济地理，20(5)：5-8.
彭静. 2004. 人文地理学中的文化整合理论探析[R]. 中国地理学会 2004 年学术年会暨海峡两岸地理学术研讨会，中国广州.
彭如良，杨瑞容. 2013. 城市社区公共文化服务体系建设与农民工共享文化成果[J]. 湘潮(下半月), (1): 136-138.
任成金, 潘娜娜. 2013. 城乡文化整合的功能定位与路径选择[J]. 深圳大学学报(人文社会科学版), (4): 120-125.
沈丽珍. 2010. 流动空间[M]. 南京: 东南大学出版社.
石德生. 2001. 转型时期中国文化的时空特性[J]. 攀登, (6): 35-38.
司马云杰. 1990. 文化价值论—文化价值哲学[M]. 济南: 山东人民出版社.
司马云杰. 2003. 文化价值论—关于文化建构价值意识的学说[M]. 西安: 陕西人民出版社.
斯大林. 2001. 斯大林选集下卷[M]. 中共中央马克思恩格斯列宁斯大林著作编译局译. 北京: 人民出版社.
苏美蓉, 杨志峰, 徐琳瑜. 2008. 景观生态学指导下的城市生态文化建设[J]. 环境科学与技术, (4): 123-126.
孙兆刚. 2003. 论文化生态系统[J]. 系统辩证学学报, 11(3): 100-103.
泰勒 E. 1992. 原始文化[M]. 刘魁立译. 上海: 上海文艺出版社.
泰勒 E. 2005. 原始文化[M]. 连树声译. 桂林: 广西师范大学出版社.
唐晓峰. 2000. 文化转向与地理学[J]. 读书, (7): 72-79.
陶建杰. 2011. 十大国际都市文化软实力评析[J]. 城市问题, (10): 2-8.
陶犁. 2012. “文化廊道”及旅游开发:一种新的线性遗产区域旅游开发思路[J]. 思想战线, 38(2): 99-102.
万家佩, 涂人猛. 1992. 试论区域发展的空间结构理论[J]. 江汉论坛, 11: 19-24.
王恩涌. 2000. 人文地理学[M]. 北京: 高等教育出版社.
王凤青. 2010. 城乡公共文化服务体系一体化建设面临的问题及对策[J]. 中国农村小康科技, 4: 3, 29.
王合生, 李昌峰. 2000. 长江沿江区域经济空间结构系统调控研究[J]. 长江流域资源与环境, 9(3): 269-276.
王会昌. 1992. 中国文化地理[M]. 武汉: 华中师范大学出版社.
王建波, 阮仪三. 2009. 作为遗产类型的文化线路[J]. 城市规划学刊, (4): 86-92.
王立国, 陶犁, 张丽娟等. 2012. 文化廊道范围计算及旅游空间构建研究——以西南丝绸之路(云南段)为例[J]. 人文地理, 128(6): 36-42.
王丽, 杨永志. 2013 . 当前我国文化生态格局及其重构[J]. 中州学刊, 195(3): 102-105.
王名. 2003. 非营利组织管理概论[M]. 北京: 中国人民大学出版社.
王苹. 2010. 略论城市文化反哺农村的必要性及其对策[J]. 成都行政学院学报, (2): 88-90.
王晓冬, 索志林. 2007. 城乡文化强弱差距与新农村建设[J]. 东北农业大学学报(社会科学版), (5): 23-26.
王兴中. 2004. 社会地理学社会—文化转型的内涵与研究前沿方向[J]. 人文地理, 19(1): 2-8.
王兴中, 刘永刚. 2007. 人文地理学研究方法论的进展与“文化转向”以来的流派[J]. 人文地理, 95(3): 2-11.
王勇. 2012. 城乡文化一体化与乡村学校的文化选择[J]. 中国教育学刊, (3): 46-48.
卫戈. 2008. 都市艺术:当代都市的文化记忆[J]. 都市文化研究, (3): 308-314.
魏峰. 2010. 城乡教育一体化: 基于文化视角的分析[J]. 复旦教育论坛, 8(5): 20-24.
温铁军. 2000. 中国农村基本经济制度研究[M]. 北京: 中国经济出版社.
翁志超. 2004. 城市文明秩序的重建论城乡文化的冲突与融合[J]. 商场现代化(学术版), 10:

85-86.
吴丰林, 方创琳, 赵雅萍. 2011. 城市产业集聚动力机制与模式研究的 PAF 模型[J]. 地理研究, 30(1): 71-82.
吴康. 2009. 戏曲文化的空间扩散及其文化区演变——以国家非物质文化遗产淮剧为例[J]. 地理研究, 28(5): 1427-1438.
吴康, 方创琳, 赵渺希, 等. 2013. 京津城际高速铁路影响下的跨城流动空间特征[J]. 地理学报, 68(2): 159-174.
吴理财. 2011. 公共文化服务的运作逻辑及后果[J]. 江淮论坛, 4: 143-149.
吴良镛. 2009. 中国建筑与城市文化[M]. 北京: 昆仑出版社.
吴涛. 2011. 陕西省城乡关联发展与基础设施建设动态关系分析[J]. 经济地理, 31(12): 2021-2027.
吴相利, 张晶. 1996. 寒区冰雪文化的地理阐释[J]. 人文地理, 11(1): 25-27.
吴永平. 2005. 试论汉派文化[J]. 湖北社会科学, 11(11): 156-158.
西拉姆 C W. 1984. 神祇·坟墓·学者[M]. 刘迺元译. 北京: 生活·读书·新知三联书店.
夏冬莹. 2014. 论城市风貌改造. 中华民居, 3(1): 70-71.
夏征农, 陈至立. 2009. 辞海[M]. 上海: 上海辞书出版社.
向小川. 2010. 统筹城乡文化发展动力分析[J]. 人民论坛, 305(10): 204-205.
萧统. 1986. 文选[M]. 李善注. 上海: 上海古籍出版社.
新华社. 2011. 中华人民共和国国民经济和社会发展第十二个五年规划纲要. http://news.xinhuanet.com/politics/2011-03/16/c_121193916_24.htm[2013-05-24].
新华社. 2011.中央关于深化文化体制改革若干重大问题的决定[EB/OL].http://www.gov.cn/jrzg/2011-10/25/content_1978202.htm[2011-05-24].
熊月之, 周武. 2007. 上海: 一座现代化都市的编年史[M]. 上海: 上海书店出版社.
徐春燕. 2013. 河南省文化体制机制改革创新存在的问题及对策建议[J]. 中州大学学报, (1): 21-24.
许大明, 修春亮, 王新越. 2004. 信息化对城乡一体化进程的影响及对策[J]. 经济地理, 24(2): 221-225.
许灵. 2006. 农民流动与中国传统乡村文化的变化[D]. 南京师范大学硕士学位论文.
许然, 朱竑, 司徒尚纪. 2006. 文化锋面的地理学诠释[J]. 人文地理, 92(6): 27-30.
许文兴, 林萍, 王子炯, 等. 2009. 社会主义新农村建设中的新型农民培养研究[J]. 福建农林大学学报(哲学社会科学版), 12(1): 26-31
许学强, 周一星, 宁越敏. 2009. 城市地理学[M]. 北京: 高等教育出版社.
杨广晖. 2006. 城市文化的转型:从“物”到“心”的演变[J]. 江西社会科学, (1): 182-185.
杨浩. 2010. 中国城乡跨文化传播的文化适应性分析——以河南为例[D]. 浙江大学硕士学位论文.
杨晴川. 2007. 美国印第安人夹缝中求生:未能从美式民主中受惠. http://intl.ce.cn/gjzx/bm/200711/07/t20071107_13518804_1.shtml[2010-05-24].
杨吾扬, 梁进社. 1997. 高等经济地理学[M]. 北京: 北京大学出版社.
姚小玲, 张越. 2012. 当前中国文化建设中的文化生态维度分析[J]. 北京航空航天大学学报（社会科学版）, 25(6): 66-68.
衣俊卿. 2002. 论文化危机与文化批判[J]. 求实, (6): 4-8.

殷醒民. 1999. 制造业结构的转型与经济发展[M]. 上海: 复旦大学出版社.
余秋雨. 2012-9-17. 文化到底是什么. 商周刊, 第 89 版.
余秋雨. 2013. 何谓文化[M]. 上海: 长江文艺出版社.
曾菊新. 1996. 空间经济:系统与结构[M]. 武汉: 武汉出版社.
曾菊新, 祝影. 2002. 论城乡关联发展与文化整合[J]. 人文地理, 17(4): 6-11.
曾磊, 雷军, 鲁奇. 2002. 我国城乡关联度评价指标体系构建及区域比较分析[J]. 地理研究, 21(6): 763-771.
詹姆逊 F. 2000. 文化转向: 后现代论文选[M]. 胡亚敏译. 北京: 中国社会科学出版社.
战金艳, 鲁奇, 邓祥征. 2003. 城乡关联发展评价模型系统构建——以山东省为例[J]. 地理研究, 22(4): 495-502.
张弛. 2010. 浅析我国城乡文化冲突与犯罪的联系——以进城务工农民为视角[J]. 学理论, (3): 98-99.
张岱年, 方克立. 1995. 中国文化概论[M]. 北京: 北京师范大学出版社.
张岱年, 方克立. 2004. 中国文化概论（修订版）[M]. 北京: 北京师范大学出版社.
张荆. 2009. 现代社会的文化冲突与犯罪[M]. 北京: 知识产权出版社.
张梦晨. 2010. 社会转型期文化价值冲突与重建[D]. 郑州大学硕士学位论文.
张瑞琴. 2005. 关于缩小城乡文化差异的思考[J]. 理论导报, (12): 57-58.
张小飞, 郑小梅. 2012. 城市化进程中城乡文化的冲突与融合[J]. 人民论坛, 378(9): 118-199.
张晓虹. 2004. 文化区域的分异与整合——陕西历史文化地理研究[M]. 上海: 上海书店出版社.
张孝德. 2012. 中国的城市化不能以终结乡村文明为代价[J]. 行政管理改革, (9): 9-13.
章辉美, 谷中原. 2003. 论交通促进社会全球化的途径[J]. 求索, (3): 67-69.
章友德.2003.城市社会学案例教程[M].上海:上海大学出版社.
赵荣, 王恩涌, 张小林, 等. 2005. 人文地理学[M]. 北京: 高等教育出版社.
赵乙萤. 2011. 经济实力外化与文化软实力增长的综合测评[J]. 统计与决策, (14): 89-92.
甄峰. 1999. 城乡现代化与城乡文化[J]. 城市规划汇刊, (1): 51-77.
甄峰, 翟青, 陈刚, 等. 2012. 信息时代移动社会理论构建与城市地理研究[J]. 地理研究, 31(2): 197-206.
郑冬子. 2000. 地理学的时间、空间与人类的统一理论研究[J]. 信阳师范学院学报(自然科学版), 13(1): 49-54.
郑冬子, 郑慧子. 2010. 区域的观念——时空秩序与伦理[M]. 北京: 科学出版社.
郑卫民. 2005. 试论城市文化与城市现代化[J]. 湖南社会科学, (3): 119-121.
中国经济网. 2013. 十八届三中全会《决定》、公报、说明（全文）[EB/OL]. http://www.ce.cn/xwzx/gnsz/szyw/201311/18/t20131118_1767104.shtml[2014-05-24].
中国网. 2002.江泽民同志在党的十六大上所作报告全文[EB/OL].http://www.china.com.cn/guoqing/2012-10/17/content_26821180.htm[2012-05-24].
周尚意, 孔翔, 朱竑. 2004. 文化地理学[M]. 北京: 高等教育出版社.
周晓丽, 毛寿龙. 2008. 论我国公共文化服务及其模式选择[J]. 江苏社会科学, (1): 90-95.
周延召. 2008. 文化企业竞争力提升路径探析[J]. 学术交流, (5): 173-176.
周赵丹. 2002. 面向提高企业技术创新能力的文化创新模式研究[D]. 浙江大学硕士学位论文.
朱虹. 2004. 大学校园:二元结构的延伸与城乡文化冲突[J]. 探索与争鸣, (4): 23-24.

朱易安. 2006-9-20. “宜居”的首要条件是环境友好[N]. 文汇报, (5).
庄飞能. 2012. 公共文化服务的社区化转向——基于宁波后大街社区的调查与思考[J]. 中共浙江省委党校学报, (5): 118-121.
邹蓓, 北英, 陈丽. 2011. 探析在文化全球化背景下推进我国社会主义文化建设的思考[J]. 商场现代化, 653(20): 165-166.
邹广文. 2007. 当代文化哲学[M]. 北京: 人民出版社.
Anderson K, Domosh M, Plie S. 2003. Handbook of Cultural Geography[M]. London: Sage Publications.
Archer M S. 1985. The Myth of Cultural Integration[J]. The British Journal of Sociology, 36(3): 333-353.
Bain C. 1939. Cultural integration and social conflict[J]. American Journal of Sociology, 44(4): 499-509.
Baloglu S, McCleary K W. 1999. A model of destination image formation[J]. Annals of Tourism Research, 26(4): 868-897.
Barnes T J. 2001. Retheorizing economic geography: From the quantitative revolution to the “cultural turn”[J]. Annals, Association of American Geographers, (3): 546-565.
Bauder H. 2001. Culture in the labor market: Segmentation theory and perspectives of place[J]. Progress in Human Geography, 25(1): 37-52.
Ben Y . 2002. Between rural and urban[J]. Georgia Trend, 8(2): 1-7.
Benedict R. 2005. Patterns of Culture[M]. New York: Mariner Books.
Benet F. 1963. The ideology of the rural-urban continuum[J]. Comparative Studies in Society and History, 6(1): 1-23.
Black W R. 2003. Transportation: A Geographical Analysis[M]. New York: Guilford Press.
Bridge G. 1997. Mapping the terrain of time-space compression: Power networks in everyday life[J]. Environment and Planning D: Society and Space, 15(5): 611-626.
Brown M F. 1994. Beyond resistance: Comparative study of utopian renewal in Amazonian Indians from prehistory to the present[J]. Anthropological Perspectives, 2: 23-57.
Carson V, Iannotti R J, Pickett W, et al. 2011. Urban and rural differences in sedentary behavior among American and Canadian youth[J]. Health and Place, 17(4): 920-928.
Castells M. 1989. The Information City: Information Technology, Economic Restructuring, and the Urban-Regional Progress[M]. Oxford UK & Cambridge USA: Blackwell.
Castells M. 1996. The Rise of the Network Society[M]. Cambridge: Blackwell.
Castle E N, Wu J J, Weber B A. 2011. Place orientation and rural-urban interdependence[J]. Applied Economic Perspectives and Policy, 33(2):179-204.
Cavanagh J. 1998. Others and Structures in the Post(-)Rural: Degrees of Separation and Movement[D]. PhD thesis, University of Exeter.
Chairatudomkul S. 2008. Cultural Routes as Heritage in Thailand: Case Studies of King Narai’s Royal Procession Route and Buddha’s Footprint Pilgrimage Route[D]. Bangkok: Silpakorn University.
Chaney D. 1994. The Cultural Turn: Scene Setting Essays on Contemporary Cultural History [M]. London: Routledge.

Charles M. 1975. Green line Parks: An Approach to Preserving Recreational Landscapes in Urban Areas[M]. Tokyo: Library of Congress.

CIIC. 1999. Guanajuato Conclusions[M]. Mexico: International IIC/ICCR seminar Guanajuato.

Clanval P, Entrikin J N. 2004. Cultural Geography: Place and landscape between continuity and change[A]//Strohmayer U, Benko G. Human Geography: A History for the 21st Century[C]. London: A Hodder Arnold Publication: 25-46.

Coben J H, Tiesman H M, Bossarte R M. 2009. Rural-urban differences in injury hospitalizations in the US, 2004[J]. American Journal of Preventive Medicine, 36(1): 49-55.

Cosgrove D E. 1985. Prospect, Perspective and the evolution of the landscape idea[J]. Transactions of the Institute of British Geographers, New Series, 10(1): 45-62.

Couclelis H. 1996. The death of distance[J]. Environment and Planning B: Planning and Design, 23(4): 387-389.

Crang P. 1994. Teaching economic geography: Some thoughts on curriculum content[J]. Journal of Geography in Higher Education, (18): 106-113.

Crang P. 1997. Cultural turns and the (re) constitution of economic geography[A]//Lee R, Wills J. Geographies of Economies[C]. London: Arnold: 3-15.

Crang P, Goodwin M, Cloke P. 2005. Introducing Human Geographies[M]. London: Hodder Education.

Dewey R. 1960. The rural-urban continuum: Real but relatively unimportant[J]. American Journal of Sociology, 66(1): 60-66.

Douglass M. 1998a. Rural-urban Linkages and Poverty Alleviation: Toward a Policy Framework[M]. Curitiba: LAP Lambert Academic Publishing.

Douglass M. 1998b. Regional network strategy for reciprocal rural-urban linkages: An agenda for policy research with reference to Indonesia[J]. Third World Planning Review, 20(1): 1-33.

Duncan J. 1980. The super organic in American cultural geography[J]. Annals of the Association of American Geographies, 70(2): 181-198.

Ferrell. 2005. Urban vs. rural[J]. American Journal of Rural Health. 18(2): 66-71.

Goodwin M. 2002. Structure-agency [A]//Cloke P, Crang P, Goodwin M. Introducing Human Geographies[C]. London: Arnold: 72-79.

Graham S. 1998. The end of geography or the explosion of place? Conceptualizing space, place and information technology[J]. Progress in Human Geography, 22(2): 159-163.

Gregory D, Martin R. 1994. Human Geography, Social Change and Social Science[M]. Houndmills: The Macmillan Press LTD.

Guldin G E. 1992. Urbanizing China[M]. Moscow: Greenwood Press.

Haegerstrand T. 1970. What about people in regional science [J]. Papers of the Regional Science Association, 24: 7-21.

Haggett P. 1965. Location Analysis in Human Geography[M]. London: Edward Arnold.

Halishi M. 1968. The Rise of Anthropological Theory[M]. New York: Crowell.

Hathout S. 2002. The use of GIS for monitoring and predicting urban growth in east and west St Paul, Winnipeg, Manitoba, Canada[J]. Journal of Environmental Management, 66(3): 229-238.

Hawking S. 1998. A Brief History of Time[M]. New York: Bantam Press.
Hoshino S 2006. New village construction program and rural-urban integration policy in China[J]. Journal of Rural Planning Association, 25 (Special-Issue) : 31-39.
Hoshino S. 2006. New village construction program and rural-urban integration policy in China[J]. Journal of Rural Planning Association, 25(1): 515-520.
Jelena P. 2007. Traditional values and modernization challenges in forming urban and rural culture[J]. Series Philosophy, Sociology, Psychology and History, 6 (1) : 31-39.
Jordan T, Domosh M, Rowntree L. 1997. The Human Mosaic: A Thematic Introduction to Cultural Geography[M]. 7th ed. NewYork: Longman.
Kroeber A L. 1948. Anthropology: Race, Language, Culture, Psychology, Pre-History[M]. San Francisco: Hardpress Publishing.
Kwan M. 2004. GIS methods in time-geographic research: geocomputation and geovisualization of human activity patterns[J]. Geografiska Annaler Series B: Human Geography, 86 (4) : 267-280.
Lee R, Wills J. 1997. Geographies of Economies[M]. London: Arnold.
Linda M D. 1994. The transformation of cultural geography[A]//Gregory D, Martin R, Smith G. Human Geography: Society, Space and Social Science. Houndmills: The Macmillan Press LTD: 146-173
Louis C W. 2005. Conservation and management of ceramic archaeological sites along the Maritime Silk Road[C]. Organizational Office of the ICOMOS 15th General Assembly. Proceedings of the ICOMOS 15th General Assembly and Scientific Symposium. Xi'an: Xi'an World Publishing Corporation: 276-285.
Lynch K. 2008. Rural-urban Interaction in the Developing World: Perspective on Development [M]. London: Routledge.
Massey D. 1997. Economic/non-economic[A]//Lee R, Wills J. Geographies of Economies[C]. London: A Hodder Arnold Publication: 27-36.
Masson G. 2005. Cultural route and the heritage management challenge: the Klondike Gold Rush[C]. Organizational Office of the ICOMOS 15th General Assembly. Proceedings of the ICOMOS 15th General Assembly and Scientific Symposium. Xi'an: Xi'an World Publishing Corporation: 240-247.
May J, Thrift N. 2001. Time Space: Geographies of Temporality[M]. London: Routeledge.
Miller H J. 1999. Measuring space-time accessibility benefits within transportation networks: Basic theory and computational procedures[J]. Geographical Analysis, 31 (2) : 187-212.
Miller H J. 2004. Tobler's First Law and Spatial Analysis[J]. Annals of the Association of American Geographers, 94 (2) : 284-289.
Milošević B. 2003. Modernization bases of urban culture and multiculture[J].Centar za sociološka istraživanja, 23(5): 2-5.
Mitchel D. 2000. Cultural Geography: A Critical Introduction[M]. London: Blackwell Publishers Ltd.
Mumford L. 1938. The Culture of Cities[M]. New York: Greenwood Press.
Ono W. 2005. A case study of a practical method of defining the setting for a cultural route[C].

Organizational Office of the ICOMOS 15th General Assembly. Proceedings of the ICOMOS 15th General Assembly and Scientific Symposium. Xi'an: Xi'an World Publishing Corporation: 303-304.

Parsons T. 2005. The Social System[M]. London: Taylor & Francize Library.

Peach C. 2002. Social geography: New religions and ethnoburbs—contracts with cultural geography[J]. Progress in Human Geography, 26(2): 252-260.

Perez C. 2009. Technological revolutions and techno-economic paradigms. Cambridge Journal of Economics, 34(1):1-14.Chen Z, Wangemail J-N, Ma G-X, et al. 2013. China tackles the health effects of air pollution[J]. The Lancet, 9909(382): 21-26.

Petković J. 2007. Traditional values and modernization challenges in forming urban and rural culture[J]. Series Philosophy, Sociology, Psychology and History, 6(1): 13-19.

Price M, Lewis M. 1993. The reinvention of cultural geography[J]. Annals of the Association of American Geographies. 83(1): 1-17.

Ray C. 1998. Culture, intellectual, property and territorial rural development[J]. Sociologia Ruralis, 38(1): 3-20.

Rietveld P, Vickerman R. 2004. Transport in regional science: The 'death of distance' is premature[J]. Papers in Regional Science, 83(1): 229-248.

Rudmin F W. 2003. Critical history of the acculturation psychology of assimilation, separation, integration, and Marginalization [J]. Review of General Psychology, (7): 3-37.

Sauer C O. 1975. The fourth dimension of geography[J]. Annals of Association of American Geographers, 64(2): 189-192.

Sayer A. 1994. Cultural studies and the economy stupid [J]. Environment and Planning D: Society and Space, (12): 635-637.

Shackleton R. 1998. Exploring corporate culture and strategy: Sainsbury at home and abroad during the early to mid-1990s[J]. Environment and Planning A, (30): 921-940.

Silverman S Y. 1981. Totems and Teachers: Perspectives on the History of Anthropology[M]. New York: Columbia University Press.

Stephen B. 1996. The death of geography, the rise of anonymity, and the Internet[J]. American Enterprise, 7(2): 50-52.

Steward J H. 1955. Theory of Culture Change the methodology of multilinear evolution[M]. Urbana: University of Illinois Press.

Steward J H. 1979. Theory of Culture Change[M]. Urbana: University of Illinois Press.

Sugio K. 2005. A consolidation on the definition of the setting and management/protection measures for cultural routes[C]. Organizational Office of the ICOMOS 15th General Assembly. Proceedings of the ICOMOS 15th General Assembly and Scientific Symposium. Xi'an: Xi'an World Publishing Corporation: 253-256.

Tacoli C. 1998. Beyond the rural-urban divide[J]. Environment and Urbanization, 10(1): 3-4.

Thrift N. 2000. Pandora's Box? Cultural geographies of economies[A]//Clark G L, Feldman M P, Gertler M. The Oxford Handbook of Economic Geography[C]. Oxford: Oxford University Press: 37-45.

van Oort F, Burger M, Raspe O. 2010. On the economic foundation of the urban network paradigm: Spatial integration, functional integration and economic complementarities within the Dutch Randstad[J]. Urban Studies, 47(4): 725-748.

Vandermotten E. 2010. Urban-Rural Interaction Revisited[M]. New York: Routledge.

Ye X Q. 2009. China's urban-rural integration policies[J]. Journal of Current Chinese Affairs-China Aktuell, 38(4): 117-143.

Zhang J H. 2010. A meta-analysis of urban-rural differences in happiness [J]. Chinese Journal of Sociology, 30(2): 144-155.

Zook M A. 2001. Old hierarchies or new networks of centrality? The global geography of the Internet content market[J]. American Behavioral Scientist, 44(10): 1679-1696.

Zube E H. 1995. Greenways and the US national park system[J]. Landscape and Urban Planning, 33(1): 17-25.

后　记

本书终于脱稿，也算是我读博以来从事城乡文化整合研究以及区域发展与城乡规划研究的一项阶段性成果吧，虽然谈不上学术建树有多大，但难免会敝帚自珍。之所以选择城乡文化整合的研究多年不变，就像我在本书开篇所说的，一方面源于我对社会文化地理、城乡文化发展的浓厚兴趣；另一方面是因为我对城镇化进程中城市圈城乡文化时序上的断裂与传承、空间上的冲突与融合这一时空矛盾的长期关注，虽然暂时没能拿出什么卓有成效的解决方案，但总是丢不开、放不下，未来我将继续从事该方面的相关研究，也许 10 年、20 年，但将持续下去。

以上研究只是对城镇化进程中的城乡文化整合的尝试性研究，初步认为我国城镇化进程中的城乡文化二元结构的演化进程分为形成、缓和、固化、变革四个时期；城乡文化整合具有文化节点、文化廊道和文化网络三大空间基本要素；构建的城乡文化整合的时空测度模型具有一定的科学探究意义；城乡文化整合是一个动态演变过程，其空间结构随着时间的变化呈现萌芽、形成、聚散、兴盛四个阶段；不同时空维度武汉城市圈具有不同的城乡文化整合特质；城乡文化整合是政府、企业和城乡社区等多元主体博弈的过程；城乡文化整合具有前工业化时期的“斑块”式模式、工业化前期的波状式模式、工业化中期的廊道式模式、后工业化的网络式模式四种类型的时空模式。

由于城镇化进程中的城乡文化整合研究是我多年来倡导的工作，也属于原创性的探索性研究，后续的任务和空间均很大。后续研究中将努力获取研究区域的每年、每月甚至更具体微观的时间段数据，对研究地区实施城乡文化整合动态分析；通过更多的案例研究来判断信息流在城乡文化空间相互作用中的代表性，以及信息流空间的主导性，从不同层次和不同维度上科学把握城乡文化信息流的基本规律，有利于填补城乡文化信息鸿沟，也有利于构建公平、和谐与协同发展的现代化城乡文化整合模式。在全球化和信息化的语境下，将持续以武汉城市圈为实证区域，深入探讨城乡文化信息流整合的空间判断依据、认同模式和评判依据等问题。

本书成稿之际，首先要感谢我的恩师曾菊新教授。和曾先生结缘源于2010年的暑假，那时我孤身来汉“认识”导师，初次见面，曾先生那种平易近人的样貌和风趣的言谈瞬间化解了我的紧张感。感谢曾先生多年来对我的贴心指导。求学及工作期间，我给导师添加了许多“额外”的工作，求知若渴的我不停地撰写小论文、申报书等，而导师均是耐心地全程指导，并且每次都给出很多建设性的意见。此外，曾先生那种豁达的心态和认真、勤奋、执著的治学态度深深地影响着我，感谢曾先生，庆幸自己是他的弟子！

我要特别感谢为我提供参考文献和引用资料的各位认识和不认识的专家和朋友，是他们扎实的基础工作和前期研究，为我提供了许多有价值的数据、图表及观点支撑。

感谢华中师范大学城市与环境科学学院的罗静教授、余斌教授、吴宜进教授、胡静教授、李家清教授、刘嗣明教授等多位老师在读书期间的教导。感谢王宏志教授、谢双玉教授、李星明教授、梁志群书记、李云书记等多位老师读书及工作期间的陪伴和教导！感谢罗翔、金鑫、刘承良、朱丽霞、揭毅、冯娟、余瑞林、顾江、曾群、郑文升、王晓芳、马婧婧等老师在学习、工作、生活中给予我的帮助！感谢华中师范大学城市与环境科学学院给我提供了一个如此好的学习平台！

我要特别感谢多年来给予我鼓励和帮助的各位尊师、学长，他们分别是：王士君教授、修春亮教授、杨青山教授、周尚意教授、朱竑教授、刘沛林教授、宋长青老师、佟连军教授、朱晓华老师、李九全老师、何书金老师、甄峰教授、曾国军教授、孔翔教授、张宝秀教授、蔡晓梅教授、冯健老师、陈彦光教授、梅林教授、张伟然教授、房艳刚老师、李广全老师、汪丽老师、戴俊骋老师、薛熙明老师、杨永春老师、张祖群老师、张敏老师、叶超老师、刘博老师、孟召宜老师、姚华松老师、艾少伟老师、唐顺英老师、冯章献老师、刘艳军老师、李伯华老师、黄晓军老师、王擎擎老师、郝华勇老师、邓明艳老师、张慧敏老师，等等，是他们多年来的直接或间接的支持和鼓励，让我坚定地走在城乡文化整合研究这条宽阔的大道上！

最后，我要真诚地感谢我的家人，是他们持之以恒的支持、理解和帮助，让我能静下心来，做一点感兴趣的学问。

彩　　图

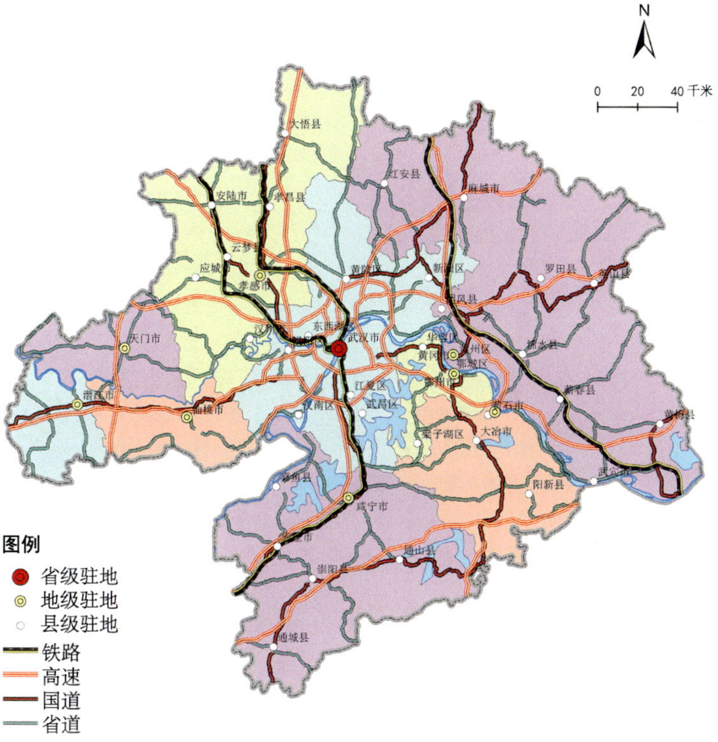

图 4.2　武汉城市圈

图 4.3　武汉城市圈文化节点等级体系

图 4.4　武汉城市圈文化节点缓冲分析

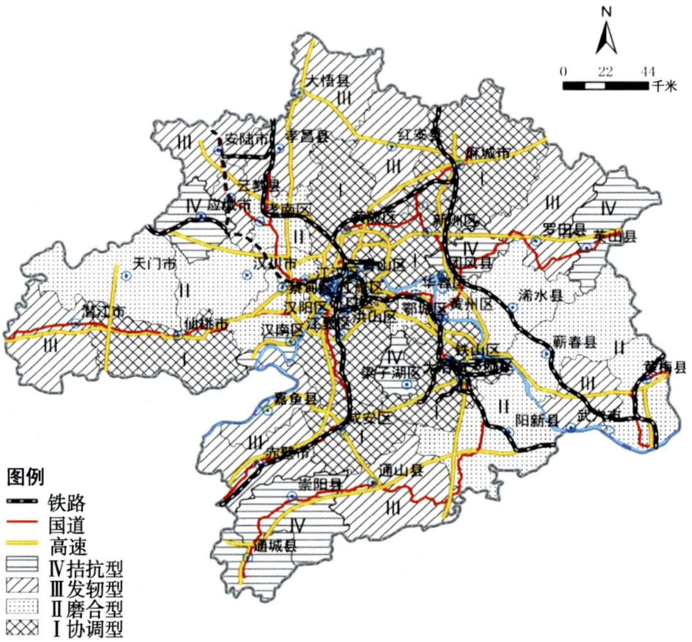

图 6.10　微观尺度上武汉城市圈城乡文化的空间整合格局

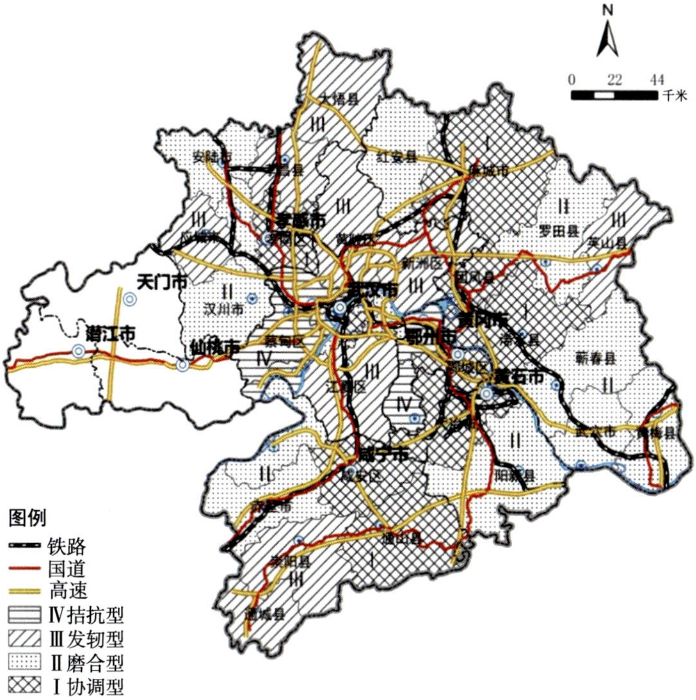

图 6.11 中观尺度上武汉城市圈城乡文化的空间整合格局

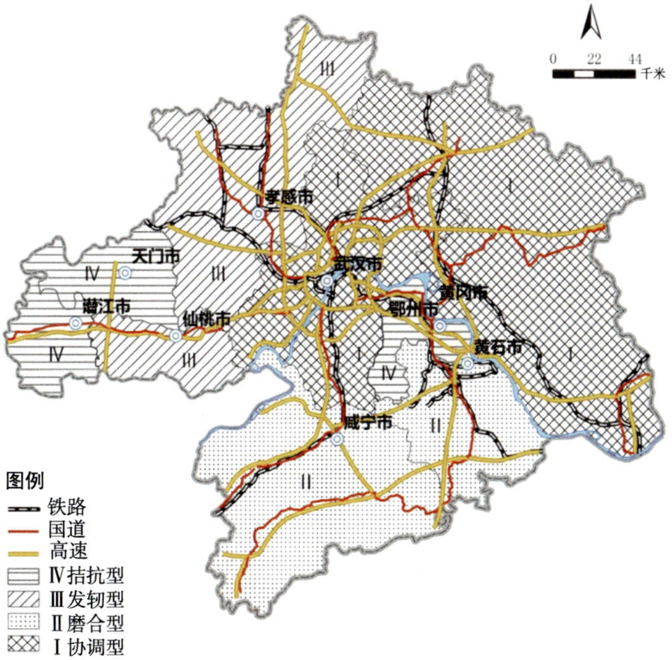

图 6.12 宏观尺度上武汉城市圈城乡文化的空间整合格局

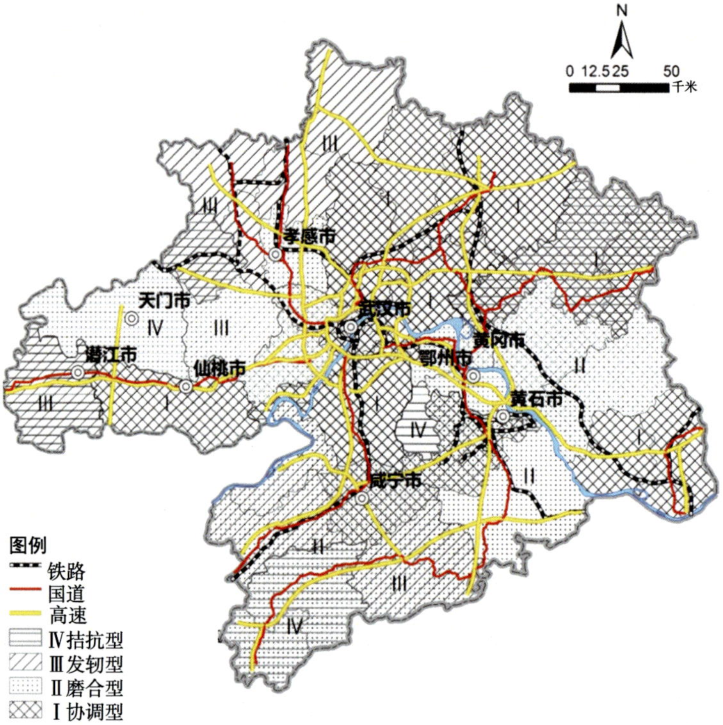

图 6.13　武汉城市圈城乡文化的空间整合嵌套格局